ALLE ZEIT WACH
1842

Datentechnik im Wandel

75 Jahre IBM Deutschland
Wissenschaftliches Jubiläumssymposium

Herausgegeben von W. E. Proebster

Mit Beiträgen von
G. Bauer R. Beyer A. Blaser P. Ehret H. Forner
K. Ganzhorn E. Lennemann G.H. Müller
L.F.W. Sparberg W. Wild E.O. Winkelmann

Mit 135 Abbildungen

Springer-Verlag
Berlin Heidelberg New York Tokyo

Professor Dr. Walter E. Proebster
Direktor Wissenschaftlich-Technische Verbindungen
IBM Deutschland GmbH
Entwicklung und Forschung
Schönaicher Straße 220
7030 Böblingen

ISBN-13: 978-3-540-16387-9 e-ISBN-13: 978-3-642-71123-7
DOI: 10.1007/978-3-642-71123-7

CIP-Kurztitelaufnahme der Deutschen Bibliothek
Datentechnik im Wandel : 75 Jahre IBM Deutschland ; wiss. Jub.-Symposium / hrsg. von W. E. Proebster. Mit Beitr. von G. Bauer ... – Berlin ; Heidelberg ; New York ; Tokyo : Springer, 1986.
ISBN 3-540-16387-5 (Berlin ...)
ISBN 0-387-16387-5 (New York ...)
NE: Proebster, Walter E. [Hrsg.]; Bauer, Gerhard [Mitverf.]; IBM-Deutschland-GmbH ‹Stuttgart›

Druck und Bindearbeiten: Beltz Offsetdruck, Hemsbach/Bergstr.
2145/3145-543210

Vorwort

Die IBM Deutschland, größte Tochter des internationalen Unternehmens IBM, beging am 30. November 1985 ihr 75jähriges Jubiläum. Dieses Ereignis gab Anlaß für einen Festakt in Stuttgart, dem heutigen Sitz des deutschen Unternehmens, sowie einen Empfang in Berlin, dem Gründungsort der Firma DEHOMAG, der deutschen Hollerith-Maschinen Gesellschaft, aus der später die IBM Deutschland hervorging. Neben diesen Feierlichkeiten fand ein Techniksymposium in Verbindung mit einer Technikausstellung in der Nähe des IBM Werkes Mainz statt, einer der größten deutschen Fertigungsstätten der Datenverarbeitungindustrie.

Zielsetzung dieses Techniksymposiums war es, die vielfältigen technischen Leistungen der IBM Deutschland einem geladenen Kreis von Ingenieuren, Wissenschaftlern und Technikern aus Hochschulen, Industrie und Behörden vorzutragen. In einem Überblick über die Spannweite der technischen Aufgaben und der erzielten Ergebnisse heute und in den vergangenen Jahren sollten auch zukünftige Entwicklungen und bevorstehende Veränderungen angesprochen werden.

Der hier vorliegende Tagungsband dieses Symposiums dokumentiert 75 Jahre Technikgeschichte der IBM Deutschland. Er ist darüber hinaus aber auch als Aufzeichnung wesentlicher Beiträge der Entwicklung der Datenverarbeitung in Deutschland zu verstehen. Dabei wird die

Verzahnung der technischen Disziplinen wie Mechanik, Halbleitertechnik, Magnetplattenspeicher, Kommunikationstechnik usw. ebenso deutlich wie die der Entwicklungsschritte von Forschung, Entwurf, Produktion und Qualitätssicherung. Die Vorträge zeigen aber gleichermaßen die ausschlaggebende Bedeutung der internationalen Zusammenarbeit auf allen Ebenen. Für die Teilnehmer des Symposiums sei am Rande vermerkt, daß die vorliegenden schriftlichen Ausführungen über den Inhalt der Referate hinausgehen, die aus Zeitgründen knapper gehalten waren.

Die Themen der einzelnen Beiträge sind so ausgewählt, daß eine möglichst umfassende Gesamtdarstellung in dem vorgegebenen Rahmen erreicht wird. Die Autoren sind langjährige Fachleute in den von ihnen vertretenen Bereichen, die sie fast ausnahmslos auch heute leiten, und damit für deren kompetente Darstellung prädestiniert.

Der Festvortrag von Prof. Dr. Wild, Präsident der Technischen Universität München, spricht als äußeren Rahmen die wachsende Bedeutung der Datenverarbeitung in der Hochschule an und die sich anbahnende Wandlung in Lehre und Forschung. In seinem Grußwort unterstreicht Lothar Sparberg, Vorsitzender der Geschäftsleitung, die Bedeutung von Forschung, Entwicklung und Produktion als unverzichtbare Voraussetzungen für die Erfolge des Unternehmens.

Prof. Dr. Ganzhorn skizziert in einer weitgespannten Übersicht die technische Entwicklungsgeschichte von der Firmengründung bis heute und leitet aus den verschiedenen Entwicklungsstufen grundlegende Leitsätze ab, die auch den Bogen in die Zukunft spannen.

Drei nachfolgende Referate behandeln Systemfragen: Dr. Lennemann zeichnet die Grundzüge der Systementwicklung der IBM Laboratorien Böblingen. Dr. Forner berichtet über Datenkommunikation, insbesondere über den immer stärker werdenden Bezug zur Datenverabeitung und die Beiträge der IBM Deutschland. Dr. Blaser faßt die Arbeiten des Wissenschaftlichen Zentrums Heidelberg als Brücke zwischen Anwendung und Informatikforschung zusammen.

Die folgenden drei Fachaufsätze befassen sich mit Technologien und Geräten der Peripherie: Dr. Ehret betont die Beherrschung der Defektmechanismen bei der Halbleiterentwicklung und -produktion für Speicher- und Logikbausteine und beschreibt auch deren Verbindungstechnologien, die Basis der Arbeiten zweier großer IBM Werke in Böblingen und Sindelfingen. Roland Beyer zeigt anhand von Beispielen aus der Mechanik verschiedene Strategien bei der Entwicklung von modernen Datendruckern. Egon O. Winkelmann schließlich führt eine große Zahl von Technologie- und Fertigungsverbesserungen von Magnetplattenspeichern vor, die von der RAMAC bis zur heutigen IBM 3380 führen, und bei denen die Werke der IBM Deutschland maßgebend beteiligt waren.

Gert H. Müller, Leiter der Forschung, Entwicklung und Fertigung der IBM Deutschland, faßt in seinem Festvortrag abschließend die verschiedenen Technikbeiträge zusammen: Er greift die von Herrn Sparberg vorgebrachte Forderung nach Integration der verschiedenen Funktionen auf und zeigt anhand des Beispiels der computerintegrierten Fertigung, daß nur durch Zusammenfassung verschiedener an einem Gesamtprozeß beteiligter Funktionseinheiten die Anpassung der Entwicklung und Fertigung ebenso wie der Menschen im raschen Wandel von Technologien und anderen Wirtschaftsfaktoren zu bewältigen ist.

Den Autoren sei an dieser Stelle für ihre Mühe herzlich gedankt. Besonderer Dank gebührt Herrn Präsident Prof. Dr. Wild, Technische Universität München, für seinen einleitenden Festvortrag. Dankend erwähnt werden soll auch der fachliche Rat bei der Drucklegung durch den Springer-Verlag. Nicht zuletzt ist Frau H. Kühnl und Mitarbeiterinnen, Textverarbeitungssekretariat IBM Laboratorium Böblingen, für die vielseitige Unterstützung zu danken. Die Druckvorlagen wurden hier mit dem IBM Textverarbeitungssystem "Document Composition Facility" und dem Grafiksystem "Interactive Presentation Graphics" auf dem Elektroerosionsdrucker IBM 4250 erstellt.

Autoren, Herausgeber und Verlag wünschen diesem Werk gute Aufnahme bei den Lesern. Den Teilnehmern und Beteiligten des Techniksymposiums "75 Jahre IBM Deutschland" möge es helfen, dieses Ereignis in guter Erinnerung zu behalten.

Walter E. Proebster

Inhaltsverzeichnis

Technikperspektiven gemeinsam entwickeln

Lothar F.W. Sparberg

Die IBM Deutschland begeht im Jahr 1985 ihr 75jähriges Jubiläum. Das Unternehmen hat sich über diese siebeneinhalb Jahrzehnte hinweg einen guten Ruf in Deutschland erworben und ist längst ein ebenso wichtiger wie integraler Bestandteil der deutschen Volkswirtschaft. Es sind Begriffe wie Qualität, Kundennähe und Innovation, die stets eng mit dem Namen des Unternehmens verbunden waren.

Ein maßgebliches Verdienst für diese Erfolgsbilanz kommt all denen zu, die auf der technischen Seite unser Unternehmen in diesen Jahren immer weiter vorangebracht haben. 75 Jahre IBM Deutschland wären nicht vorstellbar ohne die Beiträge von "Entwicklung und Forschung" und "Produktion". Dies gilt einerseits im naheliegenden engeren Sinne: Innovative Neuentwicklungen, legendäre Produkte, höchste Qualität haben das Unternehmen zu dem gemacht, was es heute ist. Dies gilt andererseits aber auch in einem umfassenden Sinne: Das Selbstverständnis der IBM in Deutschland konnte sich deshalb so günstig entwickeln, weil durch die eigenen Produktions- und Entwicklungskapazitäten auch eine engmaschige Vernetzung mit der industriellen und wissenschaftlichen Umwelt möglich wurde.

Das technisch-wissenschaftliche Symposium der IBM Deutschland bilanziert beides: hervorragende Leistungen innerhalb des Unternehmens und die vertrauensvolle Verbundenheit mit Hochschulen, Lieferanten, Kunden und dem gesamten wissenschaftlich-technischen Umfeld. Vortragsthemen, Redner und Teilnehmer beim Symposium spiegeln diesen hochgesteckten Anspruch wider. Der vorliegende Band dokumentiert damit ein wichtiges Stück Technikgeschichte, sicher aber auch eine gehörige Portion Technikperspektive.

Die IBM als Ganzes interessiert sich lebhaft für diese Zukunftsperspektiven der eigenen Technik. Sicher aus dem sehr naheliegenden Grund, daß damit ganz wesentlich der langfristige Unternehmenserfolg verknüpft ist, und ebenso deswegen, weil jeder Mitarbeiter auf die technische Leistungsfähigkeit des Unternehmens mit Recht sehr stolz ist. Schließlich liegt dieses Interesse aber auch darin begründet, daß es in der IBM ein tiefverwurzeltes Bewußtsein dafür gibt, daß das Ganze mehr ist als die Summe seiner Teile, und daß man deswegen gerne eine gute Zusammenarbeit pflegt.

"Zusammenarbeit" und "Blick für das Ganze" sind die Begriffe, die die Vorhaben des Unternehmens im technisch-wissenschaftlichen Bereich in den kommenden Jahren am stärksten kennzeichen werden.

Dabei kann auf Bewährtem aufgebaut werden. Dies trifft zunächst einmal für die interne Zusammenarbeit zu, bei der die Verzahnung der unterschiedlichen Unternehmensaufgaben unser ständiges Bemühen ist. Ein Beispiel: Bei der IBM ist es seit langem die Regel, daß am Anfang einer Neuentwicklung immer auch ein starkes "Fabrikteam" mit dabei ist, das insbesondere sein Fachwissen über die fertigungstechnische Realisierbarkeit des Projektes einbringt; umgekehrt begleitet ein "Ingenieurteam" die reife Entwicklung dann einige Zeit in die anlaufende Produktion hinein. Bewährtes wird auch in der externen Zusammenarbeit fortgeführt werden. Schon sehr früh knüpften wir Kontakte zum Wissenschaftsbereich. Heute sind es 40 gemeinsame Projekte mit Hochschulen, die ausnahmslos gegenseitigen Nutzen hervorbringen. Der Ausbau unseres eigenen wissenschaftlichen Zentrums in Heidelberg ist ein weiterer Beleg für die Kontinuität solcher gemeinschaftlicher Anstrengungen in Forschung und Entwicklung.

Die stürmische Entwicklung der Informationstechnologie hält für uns aber auch neue Aufgaben der Zusammenarbeit und der ganzheitlichen Sichtweise bereit. Einige Gedanken und Forderungen drängen sich aus der gegenwärtigen Situation heraus geradezu auf:

- Im internationalen Maßstab war einer der Schwachpunkte in den informationstechnischen Anstrengungen der Bundesrepublik die Unterschätzung von Anwendungsaspekten. Ein Unternehmen wie die IBM Deutschland wird diesem Schwachpunkt auf allen Ebenen seiner Außenbeziehungen künftig noch stärker entgegenwirken müssen. Entwicklung wie auch Produktion spielen dabei eine nicht zu unterschätzende Rolle.

- Damit zusammenhängend: Die einzelnen Stufen des Innovationsprozesses werden in Deutschland leider eher sequentiell abgearbeitet. Die wichtigen Gelenkstellen im Innovationsprozeß funktionieren demgemäß nur sehr unzureichend. Dem sollte begegnet werden durch einen intensiveren, aber auch durch einen ideenreicheren Personalaustausch zwischen Hochschulen, Instituten und Wirtschaft. Stichworte sind etwa "sabbatical years", universitäre Weiterbildung für Industrieforscher, Praxissemester und "Workshops".

- Ein letzter Punkt: Dort, wo es um Forschung über Informationstechnologie und um Lehre und Forschung mit Hilfe von Informationstechnologie geht, sollten Sozial- und Geisteswissenschaften künftig stärker berücksichtigt, aber auch stärker in die Pflicht genommen werden. Diese Disziplinen können und sollen sich durchaus mehr mit unserer Technik befassen. Dies ergibt sich allein schon daraus, daß die neuen Technologien sowohl Erfolge als auch Hindernisse mit sich bringen können. Es ergibt sich insbesondere im Falle der Sozialwissenschaften, aber auch aus den vielfältigen Optionen auf gesellschaftlichem Gebiet, die die Informationstechnologie für die Menschen bereithält. Die Förderung "gesellschaftlicher Innovationen" als komplementäre Strategie zu den in vollem Gange befindlichen technischen Innovationen ist ein Gebot der Stunde. Dabei sollte so oft wie möglich der Weg interdisziplinärer Projekte beschritten werden, denn der Querschnittcharakter des "Werkzeuges" Informationstechnik drängt uns ganz massiv in diese Richtung.

Die IBM Deutschland wird da, wo sie zusammen mit ihrem technisch-wissenschaftlichen Umfeld die Möglichkeit dazu hat, solche Perspektiven künftig gerne fördern und realisieren.

Im Unternehmen wissen Entwicklung und Forschung wie auch die Produktion, daß mit solchem bewußt angenommenen Wandel auch ihre Position weiter aufgewertet wird, ihre Kompetenz sich mit neuen Aktionsfeldern erweitert und sie zum Ansprechpartner für immer mehr Kooperationssuchende von außen werden.

Das wissenschaftlich-technische Umfeld der IBM kann darauf vertrauen, aber auch erwarten, daß das Unternehmen in einem solchen Prozeß hin zu intensiverer und erweiterter Zusammenarbeit ein verläßlicher und sicher auch anregender Partner bleibt.

Die Hochschule in der Informationsgesellschaft

Wolfgang Wild

Kurzfassung: Der Übergang zur Informationsgesellschaft stellt die Hochschulen vor große Aufgaben. Es werden drei Problemkreise diskutiert:

- die Herausbildung neuartiger und die Umgestaltung herkömmlicher Studiengänge,
- die Veränderung des Instrumentariums von Forschung und Lehre,
- der Wandel wissenschaftlicher Arbeitsmethoden und Forschungsstrategien.

Zum ersten Punkt wird vor allem die Entwicklung der Informatik zu einem der zentralen Studienfächer einer naturwissenschaftlich-technisch orientierten Hochschule beschrieben. Diese Expansion bereitet Schwierigkeiten, weil die Ausbauzielzahlen festgeschrieben und Umschichtungen wegen der Altersstruktur des Lehrkörpers kaum möglich sind.

Zum zweiten Punkt wird die dreistufige Konzeption der Rechnerversorgung behandelt:

- PCs (Privatbesitz oder lehrstuhlgebunden),
- Arbeitsplatzrechner (fakultätsgebunden) und
- Großrechner (Hochschulrechenzentrum).

Dabei wird insbesondere auf die Ebene der vernetzten Arbeitsplatzrechner näher eingegangen.

Bezüglich des dritten Punktes wird der Wandel der Arbeitsmethoden der Theoretischen Physik als Beispiel näher untersucht. Analytisch lösbare Modelle verlieren an Bedeutung gegenüber numerischen Verfahren. Vor- und Nachteile dieser Entwicklung werden diskutiert.

1.0 Einleitung

Für die Beschreibung des gesellschaftlichen Zustands in den hochentwickelten Ländern bürgert sich mehr und mehr der Begriff der Informationsgesellschaft ein. In diesem Begriff kommt zum Ausdruck, daß der bestimmende Faktor des gesellschaftlichen Lebens nicht mehr so sehr die industrielle Produktion ist, sondern der Austausch und die Verarbeitung von Informationen. Der Schwerpunkt der Beschäftigung verschiebt sich mehr und mehr aus dem Produktions- in den Dienstleistungssektor, und dort wird auch ein immer größerer Teil der volkswirtschaftlichen Wertschöpfung erbracht. Dieser Dienstleistungssektor aber wird mehr und mehr bestimmt durch die Verarbeitung von Informationen, wobei der Datenverarbeitung eine immer dominierendere Rolle zuwächst. Die Datenverarbeitung beherrscht jedoch nicht nur den Dienstleistungsbereich, sie revolutioniert auch den Produktionssektor, in dem die computergesteuerte Automatisierung der Fertigung rapide zunimmt.

Die tiefgreifende Veränderung unseres gesamten Lebens durch den Einsatz der elektronischen Datenverarbeitung macht vor den Toren der Hochschule nicht halt. Ganz im Gegenteil: Die Hochschule als eine dem wissenschaflichen Fortschritt verschriebene Einrichtung ist gehalten, der gesamtgesellschaftlichen Entwicklung nicht nur zu folgen, sondern diese sogar zu antizipieren.

Sie muß sich in Forschung und Lehre nicht primär auf die gegenwärtigen Bedürfnisse einstellen, sondern muß sich auf die Zukunft hin ausrichten, denn ihre Absolventen müssen für drei bis vier Jahrzehnte im beruflichen Leben bestehen können. Und nicht minder wichtig ist die Zukunftsorientierung für die Forschung - der Siegeszug der Datenverarbeitung hat den technischen Fortschritt sehr beschleunigt und die kommerzielle Nutzungsdauer technischer Produkte entsprechend verkürzt. Infolgedessen kann sich nur derjenige im internationalen Wettbewerb behaupten, der bei der Einführung neuer Produkte von Anfang an mit dabei ist, der also die Entwicklung dieser Produkte schon lange vor ihrer kommerziellen Einsatzreife vorangetrieben hat. Eine solche zukunftsorientierte Entwicklung aber ist nur möglich auf der Basis einer Grundlagenforschung von hohem Niveau, und eine solche Grundlagenforschung stellt nach wie vor eine zentrale Aufgabe der Hochschulen dar. Die Herausforderung für die Hochschulen ist also groß und sie manifestiert sich vor allem in drei Problemkreisen:

- der Herausbildung neuartiger und der Umgestaltung herkömmlicher Studiengänge,
- der Veränderung des Instrumentariums von Forschung und Lehre,
- dem Wandel wissenschaftlicher Arbeitsmethoden und Forschungsstrategien.

Wir wollen diese drei Problemkreise anhand typischer Beispiele im folgenden etwas näher untersuchen.

2.0 Die Herausbildung neuartiger und die Umgestaltung herkömmlicher Studiengänge

Eine der spektakulärsten Erscheinungen der neuesten Hochschulgeschichte ist der Siegeszug des Faches Informatik. Zur Illustration darf ich Ihnen einige Zahlen aus meiner eigenen Hochschule, der TU München, nennen. Vor einem Jahrzehnt, im Studienjahr 1975/76, gab es bei uns 471 Studenten des Diplomstudiengangs Informatik bei insgesamt 12 438 ordentlichen Studierenden an der TUM. Das entsprach einem Anteil von 3,79%, und die Informatik lag unter den Studiengängen hinter Maschinenwesen (1 551), Elektrotechnik (1 528), Architektur (1 041), Bauingenieurwesen (948), Lehramt an beruflichen Schulen (827), klinische Medizin (556), Agrarwissenschaften (492) und Physik (478) an neunter Stelle. Schon 1980/81 hatte die Informatik mit 935 Diplomstudenten unter den 16 559 ordentlichen Studierenden der TUM einen prozentualen Anteil von 5,65% erreicht und war unter den Studiengängen auf den sechsten Platz vorgerückt. Im Studienjahr 1984/85 gab es an der TUM 1 814 Diplomstudenten der Informatik, was einem Anteil von 8,48% an den 21 400 ordentlichen Studierenden dieses Studienjahres entspricht. Hinter Maschinenwesen (3 510) und Elektrotechnik (3 035), aber deutlich vor Architektur (1 300), Bauingenieurwesen (1 295), Physik (1 221), klinischer Medizin (1 199) und Agrarwissenschaft (1 144) lag die Informatik damit an dritter Stelle unter allen Studiengängen der TUM.

Dieser explosionsartige Anstieg eines Studienfaches, das noch vor wenig mehr als einem Jahrzehnt gar nicht existierte, schafft an den Hochschulen außerordentliche Probleme. Eine Schlüsselrolle kommt dabei der Festlegung von Ausbauzielzahlen zu. Bekanntlich haben die Hochschulen wegen der geburtenstarken Jahrgänge aus den späten 50er und frühen 60er Jahren und wegen des gestiegenen Anteils der Hochschulzugangsberechtigten an der Gesamtbevölkerung in den 80er Jahren und frühen 90er Jahren eine Studentenlawine zu bewältigen. Der Rückgang der Geburtenraten seit 1967 wird diese Lawine im Verlauf der 90er Jahre abflauen lassen, und es ist sicherlich vernünftig, den Endausbau unserer Hochschulen am langfristigen Bedarf und nicht an der gegenwärtigen Spitzenbelastung zu orientieren. Aus dieser Überlegung stammt die Ausbauzielzahl von 850 000 Studienplätzen in der Bundesrepublik Deutschland. Davon entfallen auf das Land Bayern 131 000 und auf meine Hochschule, die TU München, 14 300 Studienplätze. Diese Zahlen sind seit etlichen Jahren sakrosankt, und wenn Veränderungen diskutiert werden, dann sind es infolge des Drängens der Finanzminister Veränderungen nach unten. Ebenso sakrosankt sind die Länderquoten und die Anteile der einzelnen Hochschulen, denn jede Änderung würde eine regionale Lobby von unüberwindlicher Stärke auf den Plan rufen.

In diesem starren System der Ausbauplanung ist ein neues und rapide anschwellendes Fach wie die Informatik ein Störfaktor allerersten Ranges. Lassen Sie mich dies am Beispiel der TUM verdeutlichen. Bei der ursprünglichen Festlegung der Ausbauzielzahlen Ende der 70er Jahre entfielen von den 14 300 Studienplätzen der TUM auf die Informatik 840. Vergleicht man die realen Studentenzahlen des Studienjahres 1984/85 mit diesen Ausbauzielzahlen, so beträgt die Gesamtauslastung 149,7%, die der Informatik jedoch 216,0%. Eine interne Umschichtung zugunsten der Informatik stößt aber auf größte Widerstände, denn die Lehramtsstudiengänge, bei denen die Nachfrage nach Studienplätzen und der Bedarf an Hochschulabsolventen drastisch zurückgegangen sind, sind an einer Technischen Hochschule kaum vertreten. Die Informatik steht daher in Konkurrenz mit anderen Studiengängen, die ebenfalls stark nachgefragt werden und deren Absolventen zumeist auch gute Berufschancen haben. Nichtsdestoweniger ist es gelungen, bei einem festgeschriebenen Ausbauziel von 14 300 Studenten für die gesamte TUM den Anteil der Informatik von 840 auf 995 Studienplätze anzuheben. Dadurch verringert sich das Verhältnis von derzeitigem Ist- zu langfristigem Sollwert von 216,0% auf 182,3%.

Wie wenig solche kosmetischen Korrekturen aber dem wirklichen Bedarf angemessen sind, zeigt ein Vergleich mit den Vorausschätzungen der Nachfrage nach Informatikern, wie sie in einem Memorandum einer Initiativgruppe der Gesellschaft für Informatik vom 3. Juni 1985 enthalten sind. Danach müßten die deutschen Hochschulen so ausgebaut werden, daß jährlich etwa 4 000 Studienanfänger der Informatik aufgenommen werden können. Nur dann kann der erforderliche Gesamtbestand an Informatikern, der langfristig für die Bundesrepublik auf 80 000 bis 100 000 geschätzt wird, befriedigt werden. Die von der Gesellschaft für Informatik aufgestellte Forderung, jährlich 4 000 Studienplätze für Anfänger des Diplomstudiengangs Informatik bereitzustellen, ist dabei noch sehr zurückhaltend; geht man von einem jährlichen Bedarf von 3 300 bis 3 500 Diplominformatikern am Arbeitsmarkt und einer Studienerfolgsquote von 60% aus, so müßten die Hochschulen der Bundesrepublik jährlich sogar 5 500 bis 5 800 Informatikstudenten neu zulassen.

Rechnet man derartige Zahlen auf die TU München um, so kommt man zu einer Zulassungskapazität von etwa 450 Studienanfängern und zu einer Ausbauzielzahl von 2 160 Studenten. Dieser Wert aber ist sicherlich mindestens doppelt so hoch wie die Maximalzahl, die sich bei feststehender Gesamtausbauzahl von 14 300 Studienplätzen für die TUM durch Umschichtungsmaßnahmen erreichen läßt. Und das, was ich hier für die TU München quantitativ vorgerechnet habe, dürfte auch für alle anderen Informatikausbildungsstätten der Bundesrepublik zutreffen.

Welche Auswege könnten aus diesem Dilemma herausführen?

Der einfachste Weg wäre sicherlich eine Erhöhung der allgemeinen Ausbauzielzahlen, damit man dem Bedarf der Informatik Rechnung tragen kann, ohne andere Fächer zu beschneiden. Angesichts der Finanznöte der öffentlichen Hand und der düsteren Berufsaussichten für die Mehrzahl der akademischen Berufe, die die Bereitschaft zu einem weiteren Ausbau der Hochschulen in der Öffentlichkeit und bei den maßgebenden Politikern sehr stark reduziert haben, dürfte dieser Weg politisch schwerlich durchzusetzen sein.

Leichter finanzierbar - und wie mir scheint auch sachgerechter - wäre eine Umschichtung gemäß dem gesellschaftlichen Bedarf an Hochschulabsolventen. Das heißt im Klartext: Die Ausbauzielzahlen für Lehrer, für Juristen, für Mediziner, Architekten und Landwirte müßten gesenkt, diejenigen für Naturwissenschaftler und Ingenieure, vor allem aber für Informatiker angehoben werden. Da Ausbauzielzahlen unmittelbar mit Stellen- und Sachmittelzuweisungen verbunden sind, bedeutet dies eine Reduktion der Ressourcen in den Geistes- und Sozialwissenschaften zugunsten einer entsprechenden Aufstockung in den Natur- und Ingenieurwissenschaften. Ein entsprechender Prozeß ist weltweit zu beobachten, begegnet aber in Deutschland entschiedenem Widerstand, obwohl bei uns das Ausmaß dieser Umschichtung geringer ist als anderswo. Dieser Widerstand speist sich aus vielerlei Quellen und hat auch eine gewisse Berechtigung. So hat der Gießener Philosoph Odo Marquard bei der letzten Jahresversammlung der Westdeutschen Rektorenkonferenz in einem brillanten Referat die These vertreten: "Je moderner die moderne Welt wird, desto unvermeidlicher werden die Geisteswissenschaften." Dies rührt vor allem daher, daß die vom technischen Fortschritt geschaffenen sozialen, psychologischen und kulturellen Probleme einen Kompensationsbedarf im Bereich der Geisteswissenschaften hervorrufen. Es gibt aber auch vordergründige Einwände gegen eine Orientierung der Ausbauzielzahlen am Arbeitsmarkt, so vor allem die Erfahrung, daß langfristige Prognosen des Bedarfs an Arbeitskräften bisher zumeist fehlgegangen sind. Die eigentliche Wurzel des Widerstandes ist jedoch darin zu suchen, daß die teuren naturwissenschaftlichen und technischen Fachrichtungen nur an relativ wenigen Hochschulen geschaffen wurden. Die vielen Neugründungen der letzten Jahrzehnte, mit denen regionalpolitisch motivierte Forderungen befriedigt wurden, sind vorwiegend mit den relativ billigen Geistes- und Sozialwissenschaften ausgestattet worden. Der Rückgang der Studentenzahlen, der aufgrund der verminderten Geburtenzahlen in den 90er Jahren allgemein eintreten wird und der wegen der schlechten Berufsaussichten schon heute bei den Lehramtsfächern festzustellen ist, wird viele Neugründungen in Existenznöte bringen. Eine zusätzliche Umschichtung von Kapazitäten aus diesen geisteswissenschaftlich orientierten Neugründungen in die alten Technischen Hochschulen würde die Existenzkrise der ersteren verschärfen; der Ausbau technischer Fachrichtungen und insbesondere auch der Informatik an den Neugründungen aber würde, wegen der dort fehlenden

Infrastruktur, überproportional hohe finanzielle Aufwendungen erfordern.

Angesichts dieses Dilemmas gehen die Politiker verständlicherweise den bequemsten Weg: sie lassen alles beim Alten, schreiben die einmal festgelegten Ausbauzielzahlen für alle Zeiten fest und überlassen es den Hochschulen, mit den Problemen intern und unter der Randbedingung der Kostenneutralität so gut wie möglich fertig zu werden. Daß dies nicht geht, sehen einige Politiker und Ministerialbeamte zwar durchaus ein, dies erzeugt aber noch lange nicht die Bereitschaft, die mißliche Lage wesentlich zu ändern.

Die bisherige Diskussion befaßte sich ausschließlich mit den Ausbauzielzahlen und den Schwierigkeiten, diese den geänderten Verhältnissen anzupassen. Es gibt aber bei der Informatik noch andere Probleme, die mindestens ebenso gewichtig sind.

So ist die Informatik in Deutschland vorwiegend aus der Mathematik hervorgegangen, während sich in den angelsächsischen Ländern die "computer science" als eine Ingenieurwissenschaft etabliert hat. Ein Nebenprodukt dieser historischen Entwicklung ist der derzeit gültige Flächenrichtwert der Informatik. Für jeden Studenten der Mathematik ist heute eine Hauptnutzfläche von 4,9 m^2 vorgesehen, für die Studenten der Physik und Elektrotechnik dagegen von 18,0, m^2, und für das Maschinenwesen (18,9 m^2), die Biologie (21,6 m^2) und die Chemie (22,5 m^2) liegen die Flächenrichtwerte sogar noch höher. Mit einem derzeit gültigen Flächenrichtwert von 7,2 m^2 wurde die Informatik nahe der Mathematik eingeordnet. Die Entwicklung des Faches Informatik, in dem der individuelle Umgang mit Geräten die Arbeit am Schreibtisch mehr und mehr verdrängt, führt jedoch zu einem Flächenbedarf in der Größenordnung der ingenieur- und naturwissenschaftlichen Fächer. Eine Anhebung des Flächenrichtwertes der Informatik auf etwa 14,0 m^2 ist daher nicht nur gerechtfertigt, sondern unumgänglich und überfällig. Eine derartige Revision des Flächenrichtwertes wäre auch ein Weg, die derzeitige Misere im Studiengang Informatik wenigstens teilweise zu lindern. Diese Anhebung wäre zwar nicht kostenneutral, würde aber sehr viel geringeren Widerständen begegnen als die Erhöhung der Ausbauzielzahlen oder die Umschichtung zu Lasten der Geistes- und Sozialwissenschaften.

Die Raumnot ist freilich nur der eine Aspekt der Misere, die Personalnot ist der andere. Auch hier darf ich zur Verdeutlichung einige Zahlen der TU München nennen. Im Durchschnitt unserer Hochschule treffen 93 Studenten auf einen Lehrstuhl (C4), 36 auf einen Professor (C4 + C3 + C2), 10 auf eine Stelle des wissenschaftlichen Personals (Professoren + wissenschaftliche Mitarbeiter). Bei der Informatik lauten die entsprechenden Zahlen 204, 115 und 20. Sie liegen damit, was die Betreuung durch Professoren anbelangt, um einen Faktor der Größenordnung 10 über den Verhältnissen an amerikanischen Spitzenuniversitäten. Von solchen Verhältnissen kann man bei uns nur träumen. Aber auch bei realistischen und bescheidenen Annahmen (2 160 Studenten, Curricularnormwert von 4.2 Semesterwochenstunden) ergibt sich ein erforderliches Lehrdeputat von 714 SWS, von dem mit dem derzeitigen Stellenbestand nur 325 SWS erbracht werden können. Deshalb wäre es erforderlich, insbesondere die Zahl der Lehrstühle anzuheben, und zwar von derzeit 9 auf insgesamt mindestens 17.

Im Augenblick zeichnet sich keine Möglichkeit ab, diesem dringenden Bedarf abzuhelfen. In den letzten Jahren ist es gelungen, den ursprünglichen Bestand von 7 Lehrstühlen durch Umschichtungen um 2 zu vermehren, wobei eine Stelle der TUM vom bayerischen Kultusministerium zusätzlich zur Verfügung gestellt wurde, die andere hochschulintern durch Umwidmung eines ingenieurwissenschaftlichen Lehrstuhls (Spannungsoptik) geschaffen werden konnte. Im Augenblick zeichnet sich ab, daß ein weiterer Lehrstuhl für einen begrenzten Zeitraum von der südbayerischen Wirtschaft in Form eines Stifungslehrstuhls finanziert wird. Ich glaube, daß dieser letztere Weg der einzige ist, der kurzfristig mit Erfolg beschritten werden kann, und ich möchte diese Gelegenheit nicht vorbeigehen lassen, ohne einen dringenden Appell an die Wirtschaft zu richten, das Instrument der Stiftungslehrstühle auszubauen, um rechtzeitig in den für unsere Zukunftssicherung entscheidenden Fachrichtungen einen qualifizierten Nachwuchs und ein angemessenes Niveau der Grundlagenforschung zu sichern.

Die Erörterungen zum Thema Informatik möchte ich beschließen mit einigen Bemerkungen zur Frage des wissenschaftlichen Nachwuchses und der Besetzbarkeit von Hochschulstellen. Hier unterscheidet sich die Lage in der Informatik grundlegend von derjenigen fast aller anderen Fachrichtungen. Dort haben wir heute viele qualifizierte Nachwuchswissenschaftler, die an den Hochschulen keine Stellen finden. In der Informatik dagegen, einer blutjungen Wissenschaft, die in den letzten anderthalb Jahrzehnten ungeheuer rasch gewachsen ist, bereitet es große Schwierigkeiten, sogar die vorhandenen Stellen - die im Verhältnis zum Bedarf viel zu wenige sind - qualifiziert zu besetzen. Die Situation ist dabei an verschiedenen Hochschulorten unterschiedlich, und es wäre nicht richtig, wenn ich auch bei diesem Thema meine eigene Hochschule, die TU München, als charakteristisches Beispiel heranziehen wollte. Der Standort München bietet sowohl hinsichtlich der Attraktivität der Stadt und ihrer Umgebung als auch vor allem hinsichtlich des industriellen Umfeldes so viele Vorteile, daß eine hochrangige Besetzung vorhandener Stellen in der Regel gelingt (dabei mußten wir allerdings meistens bereits etablierte Wissenschaftler von anderen Hochschulen abwerben). Die schwierige Nachwuchslage hat die Westdeutsche Rektorenkonferenz (WRK) veranlaßt, trotz der glänzenden Berufschancen der Informatikabsolventen einen allgemeinen numerus clausus für dieses Fach zu fordern. Die Informatik benötige eine Atempause, um den erforderlichen wissenschafltichen Nachwuchs heranreifen zu lassen. Wie Sie wissen, sind die zuständigen politischen Instanzen dieser dringenden Bitte der WRK nicht gefolgt. In dieser Situation stehen die Informatiker meiner Hochschule und auch ich als Präsident in einem schwierigen Gewissenskonflikt. Wir sehen die Berechtigung des Monitums der WRK und die Gefahr, daß in der Informatik durch einen allzu hektischen

Ausbau viel Mittelmaß auf Dauerstellen gelangt, so wie dies in anderen Fächern in der Expansionsphase des Universitätssystems während der 60er und frühen 70er Jahre oft genug der Fall war. Wir sehen andererseits den gesellschaftlichen Bedarf an Hochschulabsolventen und Forschungsergebnissen und auch die Möglichkeit, zumindest an einigen begünstigten Standorten, zu denen München sicherlich gehört, vorhandene Stellen adäquat zu besetzen. Ein harter numerus clausus würde die ohnehin unzureichende Bereitschaft, den Ausbau der Informatik voranzutreiben, gänzlich erliegen lassen. Und die Wirtschaft wäre bestimmt nicht bereit, Stiftungslehrstühle zu finanzieren, wenn sie dafür keine Gegenleistung in der Form einer hinreichenden Zahl qualifizierter Universitätsabsolventen erwarten könnte. Aus diesen - zugegebenermaßen nicht ganz uneigennützigen Motiven - habe ich Verständnis dafür, daß man der WRK-Empfehlung, die auch ich halbherzig mitgetragen habe, nicht gefolgt ist.

Die Etablierung der Informatik als ein Kernfach der Hochschulen ist die sicherlich spektakulärste Rückwirkung des Siegeszuges der Datenverarbeitung auf das Fächerspektrum der Hochschulen. Nicht so offensichtlich, aber im Grunde nicht weniger bedeutsam, ist der Wandel im Studieninhalt vieler herkömmlicher Fachrichtungen. Die für diesen Vortrag zur Verfügung stehende Zeit reicht nicht hin, um diesen Veränderungen im Detail nachzugehen. Einen gewissen Einblick wird uns der nächste Problemkreis vermitteln, der sich mit der Veränderung des Instrumentariums von Forschung und Lehre beschäftigt und dem wir uns nunmehr zuwenden wollen.

3.0 Die Veränderung des Instrumentariums von Forschung und Lehre

Noch vor gar nicht so langer Zeit begegnete der Besucher eines naturwissenschaftlichen Laboratoriums Wissenschaftlern, die vor ihren Apparaturen saßen, eifrig damit beschäftigt, von Zeigerinstrumenten Meßwerte abzulesen und in Kladden einzutragen. Die Frucht solcher Bemühungen wurde dann mit Hilfe des Rechenschiebers auf Millimeterpapier übertragen - meist unter Verwendung eines einfach oder doppelt logarithmischen Maßstabes. Am Ende der Arbeit standen Meßkurven, die der Experimentator mit Kurven verglich, die sein Kollege von der Theorie mit Papier und Bleistift, in wohlhabenden Instituten eventuell sogar mit Hilfe einer elektromechanisch arbeitenden Tischrechenmaschine, produziert hatte.

All das hat sich gründlich geändert. Die Meßdaten erscheinen auf dem Bildschirm und werden zumeist sofort graphisch aufbereitet und ausgedruckt, der Rechner steuert die experimentelle Anordnung und optimiert den Meßprozeß. Die Arbeit des Experimentators besteht, wenn die Apparatur einmal entworfen und gebaut ist, im Schreiben der entsprechenden Programme für Prozeßsteuerung und Experimentauswertung. Der Theoretiker schließlich hat Papier und Bleistift längst beiseite gelegt und erarbeitet seine Aussagen im Dialog mit dem Computer, wobei sich seine Forschungsstrategien gegenüber der Vergangenheit grundlegend geändert haben (darauf wird im dritten Teil dieses Vortrags noch näher eingegangen).

Die Veränderung der Experimentiertechnik und der Berechnungsmethoden hat einen tiefgreifenden Wandel des Instrumentariums der Forschung mit sich gebracht und beginnt langsam, auch die Lehre zu revolutionieren. Ich möchte dies anhand der Konzeption erläutern, die wir an der TU München derzeit für die Rechnerausstattung unserer Hochschule erarbeiten und in den ersten Schritten auch schon realisieren.

Der Fortschritt der Computertechnik hat in der allerjüngsten Zeit dazu geführt, daß sich die Konzeption für die Rechnerausstattung einer Hochschule wesentlich gewandelt hat. In der Vergangenheit dominierten ganz eindeutig die Bemühungen um den Ausbau der zentralen Rechenanlage. Diese Bemühungen begannen in München relativ früh, denn Hans Piloty und Robert Sauer begannen schon in den Jahren 1950/51 mit dem Entwurf und Bau einer elektronischen Rechenmaschine, der berühmten PERM, die 1956 in Betrieb genommen wurde. Das mit Elektronenröhren gespickte Monstrum kann man noch heute als Museumsstück in den Räumen der TU München bewundern. Um die PERM herum entwickelte sich ein Rechenzentrum, das als Dienstleistungszentrum für die beiden Münchner Universitäten konzipiert wurde. Die Federführung für dieses Rechenzentrum wurde der Bayerischen Akademie der Wissenschaften übertragen. 1962 kam es zur Gründung der "Kommission für elektronisches Rechnen" bei dieser Akademie; das zur selben Zeit gegründete und dieser Kommission unterstellte Rechenzentrum erhielt 1968 den Namen Leibniz-Rechenzentrum (LRZ), während die Kommission selbst im Jahre 1975 in "Kommission für Informationsverarbeitung" umbenannt wurde.

In regelmäßigen Abständen erfolgten Erweiterungen der Rechenkapazität: 1970, 1977-78, 1985-86. Die Entwicklung der zentralen Rechenversorgung der Münchner Hochschulen erfolgte also, was insbesondere dem Sekretär der Akademiekommission, Prof. F.L. Bauer, zu danken ist, recht stetig und nach einem wohlüberlegten Konzept. Letzteres kann man von der Rechnerausstattung außerhalb der LRZ nicht in gleichem Maße behaupten. In den 60er und frühen 70er Jahren verfolgte vor allem das Finanzministerium mit Nachdruck die Politik, daß alle Rechenaktivitäten möglichst am LRZ konzentriert sein sollten. Im Interesse einer Konzentration der Mittel wurde die Installation von mittelgroßen Instituts- oder Fakultätsrechnern unterbunden, und auch die Anschaffung von Kleinrechnern wurde, soweit sie nicht der Prozeßsteuerung dienten, stark gebremst. Es wurde argumentiert, daß eine zentrale Bedienung mit Rechnerleistungen am kostengünstigsten sei und daß durch die Hilfe des am LRZ tätigen Personals auch die Programmentwicklung rascher und besser gelinge. Diese Auffassung setzte sich im Kultusministerium und in den zuständigen Hochschulgremien weitgehend durch, war aber bei den Nutzern stets umstritten. Mehr und mehr Nutzer erreichten es, von der DFG, der Industrie oder anderen Drittmittelgebern eine Rechnerausstattung zu erhalten, die sie vom LRZ ganz oder doch mindestens teilweise unabhängig machte. Ein erheblicher Wildwuchs war die Folge, und über der Frage der Wartungskosten, die der Drittmittelgeber zumeist nicht bezahlte, die im Institutsetat nicht aufzubringen waren und für die der zentrale Hochschuletat keine Mittel vorsah, kam es immer wieder zu harten Auseinandersetzungen.

Dieser wenig befriedigende Zustand und die Fortentwicklung der Computertechnik waren ein hinreichender Grund, das Konzept der Rechnerausstattung neu zu überdenken. Einen unmittelbaren Anlaß dafür gab das Computer-Investitionsprogramm (CIP) der Bundesregierung. Als Vorbild konnten dabei einige amerikanische Universitäten dienen, so vor allem das Massachusetts Institute of Technology (MIT) und die Carnegie Mellon University (CMU).

Nach unserem neuen Konzept soll die Versorgung mit Rechnerleistung auf drei Stufen erfolgen:

- im Besitz des Studenten, jedenfalls aber des wissenschaftlichen Mitarbeiters und erst recht des Hochschullehrers sollte sich ein Personal Computer (PC) befinden; solche PCs können daneben je nach Bedarf auch aus den laufenden Mitteln der Lehrstühle beschafft werden, wobei die Hochschule zwar Rat und Hilfestellung - so z.B. bei der Durchsetzung von Rabatten - gewährt, aber sonst keinen normierenden Zwang ausübt,
- den einzelnen Fakultäten wird eine große Zahl von Arbeitsplatzrechnern ("workstations") zugeordnet,
- dem Hochschulrechenzentrum zugeordnet sind zentrale Rechensysteme (mainframes) und spezielle, in der Regel teure Spezialgeräte. Der Zugriff auf diese Einrichtungen erfolgt über das Hochschulnetz, an das neben den genannten Geräten auch noch einfache Terminals angeschlossen sind.

Es ist für dieses Konzept wesentlich, daß Rechner mittlerer Größe, die als Hauptrecheneinheit für eine Fakultät oder ein größeres Institut dienen könnten, nicht vorgesehen sind. Als Hauptgrund für den Ausschluß dieser mittleren Rechner wäre das Leistungs-/Preisverhältnis zu nennen. Moderne Arbeitsplatzrechner sind hier den Rechenanlagen mittlerer Größe deutlich überlegen.

Was das Hochschulrechenzentrum und seine Geräte anbetrifft, so schließt die neue Konzeption lückenlos und stetig an die bisherige Entwicklung an. Der Ausbau des Leibniz-Rechenzentrums und des daran angeschlossenen Hochschulnetzes soll entsprechend den langfristigen Planungen weitergeführt werden.

Charakteristisch für die unterste Ebene der Rechnerversorgung ist der Umstand, daß sich mehr und mehr Studenten eigene PCs beschaffen. Dieser Trend wird sich höchstwahrscheinlich weiter verstärken und macht es unnötig, Hochschulmittel größeren Umfangs für diese Versorgungsebene einzuplanen. So wie man vom Studenten, vom wissenschaftlichen Mitarbeiter und vom Hochschullehrer den persönlichen Besitz eines gewissen Handapparates von Fachbüchern erwartet, der im übrigen weder nach Umfang noch Inhalt genauer reglementiert wird, so wird man bei den heutigen Verhältnissen und Preisen den privaten Besitz eines mehr oder weniger perfektionierten PC voraussetzen dürfen. Empfohlen wird dabei heute für Studenten natur- und ingenieurwissenschaftlicher Fächer ein Gerät, das etwa durch folgende Eigenschaften charakterisiert ist:

- 16 Bit-Mikroprozessor,
- 80 Zeichen je Zeile bei alphanumerischen Terminals,
- Rastergraphik ca. 600 x 200 Pixel,
- 256 K Byte Hauptspeicher,
- Floppy,
- Zugang zum Hochschulnetz,
- FORTRAN, Pascal, Basic, COBOL,
- Textverarbeitung,
- Tabellenkalkulation.

Die Hauptanstrengungen werden sich in der nächsten Zeit auf den Ausbau der zweiten Versorgungsstufe - die Arbeitsplatzrechner - konzentrieren müssen, da hier die größten Rückstände aufzuholen sind. Von diesen Geräten wäre zu verlangen:

- mindestens 1 Million Instruktionen pro Sekunde (32-Bit-Prozessor),
- mindestens 1 Megabyte Hauptspeicher,
- mindestens 1 Million Pixel für Rastergraphikbildschirme,
- Mehrprozeßsysteme (multitasking) und Fenstertechnik (multiwindows) mit Cursorführung durch eine Maus,
- Anschluß an ein Netz mit Übertragungsraten von mehreren Megabits je Sekunde.

Weitere wünschenswerte Eigenschaften sind:

- virtuelle Adressierung und Seitenaustausch,
- audiovisuelle Anschlüsse,
- lokaler Plattenspeicher oder Farbgraphik als Option,
- Anschluß an ein lokales Netz hoher Übertragungsgeschwindigkeit mit lokalen Servern u.a. für,
    - Plattenspeicher (Dateien),
    - Laserdrucker,

- Dokumentenleser,
- Archivspeicher.

Im Endausbau rechnet man in den Ingenieurfächern mit 10 bis 20 Stunden Belegungszeit eines Arbeitsplatzes je Woche und Student.

Für die Ausbildung an Arbeitsplatzrechnern gelten folgende Ziele als besonders wichtig:

- Ausbildung in den fachspezifischen Anwendungspaketen mit möglichst hoher Praxisnähe,
- Entwicklung bzw. Modifikation fachspezifischer Anwendungspakete,
- Lernen der Kommunikation mit Fachkollegen über Rechner,
- Zugang zu und Auswertung von Wissensebenen,
- Simulationen als Ersatz für einführende oder sehr komplexe Experimente,
- Darstellung von komplexen Beziehungen, insbesondere auch von dynamischen Abläufen oder von Auswirkungen bei Parameteränderungen, was in einer konventionellen Vorlesung nur sehr schwer verdeutlicht werden kann.

Aus diesem Aufgabenkatalog ergibt sich die Forderung nach relativ hochwertigen Arbeitsplatzrechnern, denn

- Theorie und Anwendungen dürfen nicht durch unnötige Rechenarbeit oder unzureichende Software überschattet werden,
- Simulationen sind als effektive und nützliche Hilfsmittel für die Lehre zu betrachten, d.h. es muß die notwendige Speicherkapazität und Rechenleistung vorhanden sein,
- die Ergebnisse müssen dem Studenten in einer leicht verständlichen und übersichtlichen Form präsentiert werden, was eine hochwertige Graphik erfordert,
- der Student muß mit modernen Benutzerschnittstellen vertraut werden, d.h. er benötigt eine interaktiv graphische Eingabe, wie z.B. eine Maus.

Für die TU München wurden auf der Basis dieser Forderungen im Rahmen des CIP 206 Arbeitsplatzrechner beantragt mit einem mittleren Systempreis von 24.850,-- DM je Arbeitsplatz. Dies erfordert in den Jahren 1985 bis 1987 Investitionen von insgesamt 5.119.100,-- DM (Abb. 1).

Anzahl der beantragten Arbeitsplätze

Fakultät	1985 Priorität 1	1985 Priorität 2	1986	1987	Summe
MI	-	10	10	-	20
PH	-	10	6	-	16
CH	10	-	14	-	24
WS	-	-	-	10	10
BV	10	-	-	10	20
AR	-	12	-	-	12
MW	14	-	10	10	34
ET	10	-	10	10	30
LG/BL	-	10	10	10	30
ME	-	-	10	-	10
Summe	44	42	70	50	206

Bei einem mittleren Systempreis von 24.850,-- DM je Arbeitsplatz werden benötigt:

1985 für Priorität 1:	1.093.400,-- DM
1985 für Priorität 2:	1.043.700,-- DM
1986:	1.739.500,-- DM
1987:	1.242.500,-- DM
	5.119.100,-- DM

Abb. 1. Beantragte Investitionen

4.0 Der Wandel wissenschaftlicher Arbeitsmethoden und Forschungsstrategien

Meine bisherigen Ausführungen zum Thema "Die Hochschule in der Informationsgesellschaft" handelten von Problemen, mit denen sich ein Universitätspräsident heute herumschlagen muß, und ich habe auch aus der Perspektive eines Universitätspräsidenten über diesen Fragenkomplex berichtet. Was nun die Arbeitsmethoden und Forschungsstrategien anbelangt, so fühle ich mich außerstande, auch nur einen oberflächlichen Überblick über die in den verschiedenen Disziplinen von der Datenverarbeitung verursachten Änderungen zu geben. Ich möchte mich hier völlig auf mein eigenes Fachgebiet, die Theoretische Physik, beschränken.

Noch in der Zeit, in der ich studiert, promoviert und mich habilitiert habe, war der Gebrauch von Elektronenrechnern zwar nicht unbekannt, aber doch von eher peripherer Bedeutung. Man benutzte den Rechner zumeist nur dazu, um Lösungen, die man in analytischer Form gewonnen hatte, in die Form von Zahlen und Diagrammen umzusetzen. Die Fähigkeit des Theoretischen Physikers zeigte sich darin, ein physikalisches Phänomen so zu idealisieren, daß es ohne wesentliche Einbußen an physikalischem Gehalt auf ein analytisch lösbares mathematisches Modell abgebildet werden konnte. Und neben dieser wichtigsten Fähigkeit war die Kunstfertigkeit in der Handhabung der (nichtnumerischen) mathematischen Hilfsmittel von größter Bedeutung. Bedeutende Vertreter des Faches, wie etwa Arnold Sommerfeld, verdankten ihren Ruhm nicht zuletzt ihrer mathematischen Virtuosität; so gelang Sommerfeld beispielsweise durch seine meisterhafte Beherrschung des Instruments der konformen Abbildung eine Lösung des Problems der Beugung einer elektromagnetischen Welle an einer Halbebene in geschlossener analytischer Form. Dies war ein Triumph der mathematischen Geschicklichkeit, nicht etwa der physikalischen Intuition, denn die zuständige physikalische Theorie elektromagnetischer Wellenfelder war längst vor Sommerfeld von Maxwell aufgestellt worden.

Die Entwicklung der elektronischen Datenverarbeitung hat diese Art der mathematischen Virtuosität stark entwertet; die Gewinnung einer Lösung in analytischer Form ist zwar immer noch recht nützlich, aber selten von entscheidender Bedeutung für die Beherrschbarkeit eines Problems. Heute kommt es darauf an, Modelle zu entwickeln, die mit einem möglichst rasch konvergenten numerischen Verfahren behandelt werden können.

Die Zahl der Probleme, die in der theoretischen Physik erfolgreich angepackt werden können, ist dadurch ungeheuer angewachsen; insbesondere nichtlineare Probleme sind dadurch oftmals beherrschbar geworden. Die stürmische Entwicklung der modernen Astrophysik, um nur ein Beispiel zu nennen, ist durch den Computer sicher noch stärker vorangetrieben worden als durch Radioteleskope und Beobachtungssatelliten.

Ich möchte allerdings nicht verhehlen, daß die Möglichkeit, viele physikalische Probleme mit Brachialgewalt ("brute force") numerisch zu lösen, auch große Gefahren mit sich bringt. Wer einen leistungsfähigen Computer zur Hand hat, braucht oft nicht allzuviel Geist zu investieren; er steckt nicht etwa ein geistreiches Modell, sondern ganz schlicht die Grundgleichungen aus der Anfängervorlesung in den Computer hinein und erhält für ein konkretes Problem mit Standardverfahren eine brauchbare numerische Lösung. Viktor F. Weißkopf, jahrzehntelang der Papst der theoretischen Kernphysik am MIT, hat in diesem Zusammenhang einmal gesagt: "If you diagonalize everything you get everything and understand nothing." In der Tat läßt sich jedes quantenmechanische Problem auf die Diagonalisierung von Matrizen zurückführen, die freilich zumeist nicht endlich sind. In vielen Fällen liefert allerdings die Verkürzung auf eine hinreichend hochdimensionale endliche Matrix eine brauchbare Näherung. Wenn man aus einer solchen Rechnung dann beispielsweise Werte für die Energieniveaus eines atomaren oder molekularen Systems bekommt, die gut mit dem Experiment übereinstimmen, dann hat man aus dem Ergebnis einer solchen Rechnung eigentlich nur gelernt, daß ein atomares oder molekulares System durch die Schrödingergleichung korrekt beschrieben wird, eine Tatsache, die man auch vorher schon gewußt hat. Der Computer ersetzt hier sozusagen das Experiment, was zumeist mit Kosteneinsparungen verbunden und insofern auch nützlich ist. Ein tieferes Verständnis der physikalischen Vorgänge liefern solche "Computerexperimente" jedoch nicht.

Diese skeptischen Bemerkungen habe ich gemacht, um eine allzu üppig ins Kraut schießende Computereuphorie zu dämpfen. Nicht jede numerische Lösung eines Problems vermehrt unser Verständnis des zugrunde liegenden Sachverhalts. Damit soll aber der ungeheure Fortschritt, den der Einsatz des Computers in der Wissenschaft gebracht hat, nicht grundsätzlich in Frage gestellt werden. Ohne den Computer gäbe es keine moderne Theoretische Physik, aber auch keine moderne Experimentalphysik, keine moderne Chemie oder Biologie, ja überhaupt keine moderne Natur- und Ingenieurwissenschaft. So lassen sich beispielsweise die an den modernen Beschleunigern anfallenden Datenmengen nur noch mittels der Datenverabeitung aufarbeiten; die Scharen fleißiger Mädchen, die Nebel-, Blasen- oder Funkenkammeraufnahmen durchmustern, um interessante Ereignisse herauszusuchen, gehören längst der Vergangenheit an. Und die Leistungsfähigkeit von Computern scheint derzeit das Wachstum von Großbeschleunigern mindestens ebenso sehr zu begrenzen wie die technische Realisierbarkeit der Anlagen und deren Finanzierbarkeit.

Die Veränderung der Arbeitsmethoden und Forschungsstrategien müßte natürlich nicht nur den Forschungsbetrieb, sondern auch die Lehre entscheidend umformen. Soweit ich das beurteilen kann, hinken Vorlesungen und Lehrbücher hier der Entwicklung noch hinterher. In der theoretischen Physik nimmt die Vermittlung analytischer Methoden und der Eigenschaften spezieller, den Bedürfnissen der Physik angepaßter Funktionen noch immer einen breiten Raum ein, während numerische Verfahren und sonstige computergerechte Lösungsstrategien in Vorlesungen und Lehrbüchern eine eher untergeordnete Rolle spielen. Wahrscheinlich liegt hier ein Generationsproblem vor: Vorlesungen werden gehalten und Lehrbücher werden geschrieben von älteren Wissenschaftlern, die durch die analytischen Methoden der mathematischen Physik geprägt worden sind, und auch in der Forschung überlassen die älteren Forscher die unmittelbare Arbeit am Rechner - oder auch an der experimentellen Apparatur - zumeist ihren Schülern; sie selbst konzentrieren sich auf die konzeptionellen Aspekte und die Zusammenschau der Einzelergebnisse. Diese hergebrachte Arbeitsteilung zwischen älteren und jüngeren Wissenschaftlern ist ganz vernünftig, denn sie ist den spezifischen Fähigkeiten der jeweiligen Altersstufe angemessen. Trotzdem meine ich, daß die aktuellen Arbeitsmethoden auch von älteren Wissenschaftlern stärker in die Vermittlung der Grundlagenkenntnisse eingearbeitet werden sollten, als dies heute üblich ist.

Ich bin am Ende meines Vortrages angekommen. Das sehr allgemeine Thema "Die Hochschule in der Informationsgesellschaft" konnte ich nur anhand einiger Schlaglichter beleuchten, wobei die Auswahl dieser Schlaglichter sehr stark durch meine persönliche Erfahrung geprägt worden ist. Andere hätten anderes in den Vordergrund gerückt. Meine Perspektiven waren nicht diejenigen eines Professionals der Computerwissenschaft, aber vielleicht gerade darum typisch für die Ansichten und die Einstellung der meisten Hochschullehrer und -manager an der Schwelle des Informationszeitalters. Ich wäre zufrieden, wenn ich Ihnen, die Sie von Computern so viel mehr verstehen als ich, den Eindruck vermittelt hätte, daß die Probleme des Computerzeitalters auch den Nichtspezialisten beschäftigen und daß, bei manchen Vorbehalten im einzelnen, die ungeheuren Chancen, die uns die elektronische Datenverarbeitung eröffnet hat, allgemein gewürdigt und nachdrücklich begrüßt werden.

Die Datenverarbeitung hat Forschung und Lehre tiefgreifend verändert, aber darüber hinaus unser gesamtes Leben. Ihre historische Bedeutung übertrifft diejenigen der meisten Heldentaten, welche die Geschichtsbücher verzeichnen. Aber auch in der Geschichte der Datenverarbeitung gibt es einen Helden. Wohl nirgends sonst in der Geschichte der Technik ist Leistung und Fortschritt so eng mit einem einzigen Firmennamen verbunden, so daß Datenverarbeitung und IBM beinahe zu Synonymen geworden sind. Das 75jährige Jubiläum der IBM Deutschland hat dadurch nicht nur firmengeschichtliche, sondern - das kann man ohne Übertreibung sagen - allgemein historische Bedeutung. Mit meinen herzlichen Glückwünschen verbinde ich die Anerkennung der bisher geleisteten Arbeit. Möge IBM wie in der Vergangenheit so auch in der Zukunft Schrittmacher sein auf dem Weg in eine bessere Welt.

Literatur

Hansen, H.R.: Mikrocomputer in der US-amerikanischen Hochschulausbildung, Arbeitsberichte zum Tätigkeitsfeld Wirtschaftsinformatik, Wirtschaftsuniversität Wien 84-10, auch veröffentlicht in Angewandte Informatik, Hefte 11/12, November/Dezember 1984

Piloty, H., Piloty, R., Leilich, H.O. und Proebster, W.E.: Die programmgesteuerte elektronische Rechenanlage München (PERM), Nachrichtentechniche Z. 8 (1955), S. 603-609 und 650-658

Piloty, H.,: Die Entwicklung der PERM, Nachrichtentechnische Fachberichte 4, S. 40-45, 1956

Ausbau der Informatik an den wissenschaftlichen Hochschulen, Empfehlungen für Sofortmaßnahmen, Memorandum einer Initiativgruppe der Gesellschaft für Informatik, 3.6.1985

Elektronische Rechenanlagen mit Computer-Praxis, 25. Jahrgang 1983, Heft 6
Technische Universität München: Antrag auf Beschaffung von Arbeitsplatzrechnern im Rahmen des CIP, 1.3.1985
Zukünftige Entwicklung der Rechnertechnik, Auswirkungen auf die Struktur der Rechnerausstattung in der Hochschule, Internes Arbeitspapier der TU München, 12.12.1984

75 Jahre IBM Deutschland in der Informationstechnik

Karl Ganzhorn

Kurzfassung: Vor dem Hintergrund der historischen Entwicklung der Informationstechnik wird der Werdegang der IBM Deutschland seit ihrer Gründung im Jahre 1910 in Berlin-Charlottenburg charakterisiert.

Das Unternehmen verdankt sowohl seine Gründung als auch wesentliche Wachstumsimpulse unternehmerischen Prinzipien und Entscheidungen, die oft ungewöhnlich waren oder abseits der gängigen Einschätzung der Technik lagen. Die Beurteilung des Potentials einer Technologie und die wirtschaftliche und organisatorische Beherrschung dessen, was man heute Innovationsprozeß nennt, spielten als Erfolgsfaktoren stets eine entscheidende Rolle. Darüber hinaus bietet die Einbindung in die multinationale Firmenstruktur Chance und Herausforderung, die Leistungen des Unternehmens in allen Bereichen an weltweit gültigen Maßstäben zu orientieren.

Besonders bedeutungsvoll waren dabei immer wieder die zeitlich richtig plazierten Übergänge zwischen verschiedenen Generationen der Informationstechnik, von den Lochkartensystemen bis zu den heutigen integrierten Informationsdiensten.

1.0 Charakterisierung der 75 Jahre Informationstechnik

75 Jahre IBM Deutschland bedeuten nicht nur eine Firmengeschichte, sie begleiten die gesamte industrielle Evolution der Informationstechnik. Das Unternehmen wurde am 30. November 1910 in Berlin als "Deutsche Hollerith-Maschinen Gesellschaft mbH", abgekürzt

"DEHOMAG", gegründet, zu einem Zeitpunkt, als es in USA die IBM als solche noch nicht gab.

Gegenstand des Unternehmens ist die Erwerbung der Dr. Hollerithschen Patente und der Vertrieb der Hollerithschen Maschinen, der dazugehörigen Karten sowie Erwerb und Vertrieb anderer gleichartiger oder ähnlicher, der kaufmännischen oder behördlichen Organisation dienenden Maschinen oder Patente. (§2 des Gesellschaftsvertrags)

1.1 Erfolgsfaktoren des Unternehmens

Die Geschichte des Unternehmens und seines Wachstums ist wesentlich geprägt von vier Faktoren:

An erster Stelle stehen ganz sicher eine Reihe von Grundsätzen, die sich wesentlich auf Verhalten und Umgang im Geschäftsleben beziehen: Nutzen für den Kunden, das Wohl der Mitarbeiter, Rentabilität für die Geldgeber und Verantwortung gegenüber Gesellschaft und Umwelt sind diese prinzipiellen Grundsätze.

Zum zweiten war es im Verlauf der Firmengeschichte immer wieder unternehmerischer Wagemut, verbunden mit einer nüchternen Einschätzung von Technik und Markt. Mehrfach schien sich dabei das Unternehmen in eine industrielle Außenseiterrolle zu begeben, nämlich Wege einzuschlagen, von denen die etablierte Industrie nicht viel hielt. Gerade diese Wege waren jedoch vielfach die späteren Straßen zum Erfolg. Die Frage der Bewertung eines Technologiepotentials hat dabei eine ausschlaggebende Rolle mit oft einschneidenden Konsequenzen gespielt.

In der Informationstechnik gab es innerhalb und außerhalb der IBM eine ganze Reihe gravierender Entscheidungen, die den Gang der Informationstechnik prägten. Dazu gehörten die Aufnahme neuer Technologien, solange noch nichts darüber in den Zeitungen stand, ebenso wie das scheinbar unverständliche Beenden eines Projekts zur rechten Zeit.

Dahinter verbergen sich zwei für jegliche Technik bestimmende Fakten: Einmal ist es die Tragfähigkeit und das Potential eines technischen oder naturgesetzlichen Prinzips. Zum andern scheint es für jegliche Technik nur ein zeitlich begrenztes Eintrittsfenster in die reale Wirtschaftswelt zu geben. Der kommerzielle Überschallflug, die halbelektronische Vermittlungstechnik oder der Magnetblasenspeicher sind dafür Beispiele aus der jüngeren Vergangenheit. Die Chancen der Technik bezüglich Potential und Zeit müssen als ein Leitgedanke technischer Unternehmensführung behandelt werden.

Als dritter Erfolgsfaktor muß die Beherrschung des Innovationsprozesses gesehen werden. Er erstreckt sich von der Forschung über Produktentwicklung und Entwicklung der Produktionsprozesse bis zur Einführung des Produkts in einen oft neuen Markt. Obwohl Innovation heute weltweit im Brennpunkt steht, unterliegt sie häufig noch einer gravierenden Fehleinschätzung: Mit Forschung allein ist es nicht getan. An die Forschungsergebnisse schließt sich eine weit umfangreichere Anstrengung insbesondere im Ingenieurbereich an, um fertigungsreife

Produkte zu entwickeln. Die Produktentwicklung steht in der Informationstechnik in einem Verhältnis von mehr als 15:1 zur Forschung. Zusätzlich ist dann eine noch viel aufwendigere Investition in die Entwicklung der Prozeßtechnologien für die Produktion erforderlich. Nur wenn man diesen Folgeaufwand zu leisten bereit ist, hat es Sinn, anwendungsorientierte Forschung zu treiben oder Forschungsergebnisse aufzugreifen.

Schließlich gibt es noch einen vierten bestimmenden Faktor: Es ist die Dynamik, die aus den Wechselwirkungen zwischen der multinationalen IBM Corporation und der selbständig operierenden IBM Deutschland entspringt, denn in einem internen Wettbewerb, basierend auf Leistung und Qualität, erfolgt die Zuordnung von Projekten und Produkten. Die IBM Deutschland liegt dabei im weltweiten Konzern stets gut im Rennen. Eine technologische Lücke hat es bei ihr nie gegeben, auch nicht - und dies sei ausdrücklich gesagt - bei unseren vielen Zulieferfirmen in der Bundesrepublik.

1.2 Die Phasen der Informationstechnik

Im Rückblick können die vergangenen 75 Jahre Datenverarbeitungstechnik in mehrere Phasen unterteilt werden:

- die Lochkartentechnik von 1910 bis ca. 1970,
- die Computertechnik ab 1936,
- Software und später Informatik ab 1946,
- Informationssysteme ab 1967,
- Integrierte Informationstechnik ab 1980.

Diese sich überlappenden Phasen deuten jedoch bereits an, daß man die Entwicklung der Informationstechnik nicht aus der zeitlichen Abfolge der Ereignisse heraus verstehen kann. Vielmehr hat sie sich in zeitkritischen Wechselwirkungen zwischen mehreren großen Bereichen mit jeweils eigenständiger Entwicklung vollzogen.

Diese Bereiche sind:

- unternehmerische Weichenstellungen,
- die Systementwicklung in der Computertechnik,
- die tragenden Technologien und
- die Evolution der Software zur Informatik.

Suchte man in dieser vielschichtigen historischen Palette nach den für die heutige Informationstechnik ausschlaggebenden Ereignissen, so wären dies wohl die folgenden drei:

- die duale Informationsdarstellung, von Leibniz und anderen etabliert, wurde von Konrad Zuse Mitte der 30er Jahre als erster Pionierbeitrag in die heutige Computertechnik eingeführt,
- das Konzept des als Information gespeicherten Programms, das eine Maschine steuert. 1945 wurde es von John v. Neumann und anderen konzipiert. Heute weiß man allerdings, daß dieses Konzept damals an verschiedenen Stellen der Welt erfindungsreif vorlag und daher im Grunde mehrere Väter hat. Es war die Basis für Software und Informatik,
- die Erfindung des Transistors und damit der Beginn der Mikroelektronik im Jahre 1947, also nahezu in zeitlicher Koinzidenz mit dem gespeicherten Programm 1946.

Begleitet wurde diese Entwicklung vor allem in den Jahren 1955 bis 1970 von einer Vielzahl erfinderischer Aktivitäten und alternativer Innovationsprozesse in Hardware und Software.

Im Lichte dieser Gesamtschau sollen nun einige der wichtigsten Entwicklungen in jedem der erwähnten Bereiche jeweils in etwa historischer Folge angesprochen werden.

Zuvor jedoch eine Bitte um Nachsicht:

Die Technikgeschichte leidet weithin darunter, daß Triebkräfte und Schrittmacher kaum dokumentiert und sehr viel später oft nur zufällig erkannt werden. Außerdem sieht der Berichterstatter oft nur einen ihm zugänglichen oder verständlichen Teil, oder er macht Zugeständnisse an ein nationales oder gruppenorientiertes Wunschdenken. Die historische Wahrheit wird dabei manchmal sogar in den Schatten geflissentlich errichteter Denkmäler gedrängt.

Eine Selbstdarstellung zum 75jährigen Jubiläum entgeht dieser Problematik sicher nicht ganz, zumal wir heute versuchen wollen, die Beiträge der IBM zur Informationstechnik gerade auch dort herauszustellen, wo die übliche Dokumentation den eigentlichen Triebkräften nicht gerecht wird.

2.0 Die Lochkartentechnik

Bereits die Gründung der Deutschen Hollerith-Maschinen Gesellschaft war ein Beispiel für die Bewertung eines Technikpotentials: Herman Hollerith, geboren am 29. Februar 1860, ein amerikanischer Ingenieur deutscher Abstammung - seine Eltern waren vor seiner Geburt aus der Pfalz ausgewandert -, hatte 1896 in den USA die Tabulating Machine

Company gegründet. 1910 sandte er einen Ingenieur, Robert Williams, nach Deutschland, um Möglichkeiten zur Gründung einer deutschen Firma zu erkunden. Diese Gesellschaft sollte Lizenzen für seine Patente erwerben und Hollerith-Maschinen sowie die zugehörigen Lochkarten vertreiben. Holleriths Vorstellungen fanden wenig Resonanz. Nur einer der angesprochenen Industrievertreter erkannte das Potential und ergriff mit Begeisterung die Initiative zu Verhandlungen. Der Chronist schreibt dazu:

> Die zur Mitarbeit angesprochenen größeren Unternehmungen, insbesondere der elektrotechnischen Industrie, versagten sich einer Zusammenarbeit. Die Gründe dafür lagen in der scheinbaren Primitivität der Technik und in der Ungewißheit über eine bevorstehende lange Systementwicklung.

Diese Ablehnung sollte sich übrigens 47 Jahre später fast wörtlich wiederholen, als es um die Entwicklung von Computertransistoren ging.

Der Mann mit Weitsicht hieß Willy Heidinger (Abb. 1). Er gründete die Deutsche Hollerith-Maschinen Gesellschaft, war ihr Generaldirektor von 1910 bis 1930 und wurde dann ihr Aufsichtsratsvorsitzender. Mit einem Gründungskapital von 120 000 Mark, die zum großen Teil von ihm selbst und aus seinem Familien- und Freundeskreis eingebracht wurden, ließ er die Firma in Charlottenburg als deutsches Unternehmen registrieren.

Abb. 1. Willy Heidinger, Gründer und erster Generaldirektor (1910-1930) der Deutschen Hollerith-Maschinen Gesellschaft mbH

In den USA fusionierte Hollerith ein Jahr später, 1911, seine Tabulating Machine Company mit zwei weiteren Firmen zur Computing Tabulating Recording Company, der späteren IBM, d.h. die IBM Muttergesellschaft ist ein Jahr jünger als ihre deutsche Tochter. 1914 übernahm Mr. Thomas Watson die Leitung der Computing Tabulating Recording Company, und 1924 wurde sie, dem Beispiel ihrer kanadischen Tochterfirma folgend, in IBM umbenannt.

Die Eigentumsrechte der deutschen DEHOMAG gingen im Zuge des Wiederaufbaus nach zwei verlorenen Kriegen stufenweise an die amerikanische Gesellschaft.

In Deutschland wurde das Hollerith-Verfahren 1910 erstmalig bei Volkszählungen in Württemberg und Baden eingesetzt. Bald darauf folgten auch die ersten Anwendungen im industriellen Rechnungswesen. 1918 kaufte das Unternehmen in Villingen im Schwarzwald eine Fabrik, um aus der kriegsbedingten Isolation heraus eine eigene Fertigung von Lochkartenmaschinen und Ersatzteilen zu beginnen. Damalige erste Versuche zur Entwicklung eigener Maschinen waren allerdings nicht erfolgreich. Darüber hinaus hatte man enorme Schwierigkeiten, geeignetes Kartenmaterial aufzutreiben, was die Firma in ernste Schwierigkeiten brachte.

In die 20er Jahre fiel noch eine andere bedeutsame Entscheidung der IBM in den USA: Im Moment der tiefsten Rezession nahm der Unternehmer Thomas Watson einen Kredit auf und holte sich damit 30 erstklassige Ingenieure buchstäblich von der Straße. Sie begründeten durch ihre Neuentwicklungen die führende Position der IBM im Lochkartengeschäft.

Das Erfolgsgeheimnis dieses Industriezweigs lag ganz wesentlich in dem Informationsträger Lochkarte selbst begründet: Sie enthielt Nutzinformation und Steuerinformation vereinigt. 1839 bereits hatte sie Charles Babbage zur Steuerung von Rechenmaschinen vorgesehen und 1864 auch als Datenträger publiziert. Von ihm stammten angeblich auch die Zählpunktzonen 1-9 auf der Karte. Bei der amerikanischen Volkszählung 1890 bestand die Lochkartentechnik ihre erste Bewährungsprobe. 1914 gab es bereits die sogenannte Gruppenkontrolleinrichtung mit Ablaufverzweigung, eine Delikatesse für die Fachwelt, denn in moderner Sprechweise wäre dies der erste informationsgesteuerte Datenfluß.

Im Blick zurück erscheint die Lochkarte als ein idealer Informationsspeicher: Visuell lesbar, nachrichtentechnisch mit einem Signal-Stör-Verhältnis von 10 000:1 ausgestattet, leicht ersetzbar und als Speicher an jeder Stelle erweiterbar, der Nutzinformation ist auf der Karte direkt die Steuerinformation zugeordnet. Dies alles sind scheinbar triviale Eigenschaften, die jedoch heutige Datenbanken nicht ohne weiteres besitzen. Deren Vorteile sind dagegen ihre große Kapazität und die sehr viel höhere Zugriffsgeschwindigkeit. In der Speicherung von Information auf Lochkarten kann man sogar Prinzipien entdecken, die heute bei relationalen Datenbanken und Assoziativspeichern wieder zugrunde liegen. Es ist daher nicht verwunderlich, daß sich die Lochkarte bis in die 70er Jahre als Ein-/Ausgabemedium hat halten können.

Zurück zur Deutschen Hollerith-Maschinen Gesellschaft:
1927 wurde die Fertigung von Villingen nach Sindelfingen verlagert, und 1934 erfolgte in Berlin-Lichterfelde die Einweihung eines neuen Gebäudes für die Hauptverwaltung und Produktion. Aber im selben Jahr begann auch aus politischen Gründen die Abkopplung von der amerikanischen Gesellschaft. In der Folgezeit war die DEHOMAG auf sich selbst gestellt und begann auch sofort mit einer Serie eigener Entwicklungen in Berlin. Eine davon war 1936 eine später legendäre Lochkartenmaschine auf dem deutschen Markt: Die sogenannte D11 (Abb. 2), eine schreibende, schalttafelgesteuerte Saldier- und Tabelliermaschine.

Abb. 2. Tabelliermaschine D11

Für den Technikhistoriker besonders interessant ist ein Blick auf ihre Schalttafel: Dort findet sich eine Reihe von Steckbuchsen, die als "Zwischengänge" bezeichnet sind. In Wirklichkeit konnte man damit eine variable Sequenz von aufeinanderfolgenden Rechenschritten programmieren. Die Historiker haben bislang die Bedeutung jener Maschinenstruktur noch nicht richtig einzuschätzen vermocht: Nach heutiger Terminologie müßte man sie als informationsgesteuerte Datenflußmaschine mit Programmsequenzen bezeichnen.

Die D11 und die übrigen Lochkarten- und Zeitkontrollgeräten brachten der DEHOMAG mit ihren 2 600 Mitarbeitern 1939 einen Umsatz von 35 Millionen RM. Von der deutschen Reichsbahn wird z.B. berichtet, daß sie 1935 140 Millionen Buchungen über Lochkartensysteme verarbeitete.

Die Leistungen des Lochkartenprinzips luden natürlich auf der ganzen Welt dazu ein, es variierend weiterzuentwickeln. Insbesondere kam nach 1945 immer wieder der Wunsch nach kleinen Lochkarten auf. Hätte man damals Ingenieure mit Verständnis der Signaltheorie einbezogen, so wären viele Irrwege innerhalb und außerhalb IBM unterblieben. Denn mit kleiner werdenden Karten und Löchern fällt das Signal-Stör-Verhältnis der Informationsspeicherung rapide ab. Erkannt wurde dies allerdings erst an einem extremen Projekt, als das effektive Signal-Stör-Verhältnis der Kleinlochkarte in die Gegend von 1:1 geriet. Das deutsche IBM Laboratorium mußte bei diesem Fehlschlag viel Lehrgeld bezahlen. Der Ausweg war schließlich die codierte Kleinlochkarte des Systems /3. Sie wurde jedoch bereits opto-elektronisch abgefühlt und läutete damit den Übergang zur vollen Elektronik ein.

Die großen Impulse zur Entstehung des Computers kamen allerdings nur zum Teil aus dem Erfahrungsbereich der Lochkartentechnik. Aber immerhin wurde diese Technik in einigen der frühen amerikanischen Großrechenmaschinen, wie z.B. der Mark I, 1944, verwendet.

3.0 Aufbruch in die Computertechnik

3.1 Die wachsende Informationsverarbeitung

Der Computer ist alles andere als das Resultat einer zufälligen Erfindung. Informationsverarbeitung mit technischen Hilfsmitteln und Automaten ist ein uralter Wunsch der Menschen. Alle Erfinder auf diesem Gebiet waren getrieben von der Notwendigkeit, immer größere Informationsmengen verarbeiten zu müssen. So zeigt ein Blick auf die relative Verteilung der Arbeitsplätze in einer Industrienation über die letzten 120 Jahre eine kontinuierliche Zunahme des Anteils jener Tätigkeiten, die sich mit Information befassten. Der Computer tritt in dieser Verlagerung nicht einmal signifikant in Erscheinung.

3.2 Erste elektronische Rechenanlagen und erste Serienproduktion

Die eigentlichen Anstöße zur Entwicklung großer Rechenanlagen kamen aus dem wissenschaftlichen Bereich. Auch IBM hatte bereits 1947, ein Jahr nach dem berühmten ENIAC von Eckert und Mauchly, eine erste elektronische Anlage, den "Selective Sequence Electronic Calculator", SSEC (Abb. 3), herausgebracht, entwickelt von R.R. Seeber, F.E. Hamilton u.a. Diese Maschine hatte bereits informationsgesteuert aufrufbare Unterprogramme und Adreßänderung, war also dem gespeicherten Programm mit bedingten Befehlen sehr nahe.

Abb. 3. IBM Selective Sequence Electronic Calculator (SSEC), 1947

Im Gegensatz zu den meisten Frühentwicklungen richtete sich bei der IBM das Interesse bald auf die kommerziellen Anwendungen und auf die

Serienfertigung von Computern. So kam 1948 ein elektronischer Rechenlocher (Typ 604), ein "nachgeschalteter" Rechner, auf den Markt, der ab 1954 auch in Deutschland in Serie produziert wurde. Er wurde schließlich 1951 zum Herzstück des ersten Rechenmaschinen-"Systems", nämlich des "Card Programmed Calculator", einer Zusammenschaltung von Rechner und Tabelliermaschine.

Abb. 4. Magnettrommelrechner IBM 650, 1956

Der erste echt speicherprogrammierte Computer der IBM, der in Serie gebaut wurde, hieß 701. Er wurde als duale Parallelmaschine 1953 erstmalig ausgeliefert. Eine kommerzielle Version, die 702, folgte ein Jahr später. 1955 erschien dann in den USA der erste Magnettrommelrechner der IBM, die 650 (Abb. 4), der ab 1956 auch in Deutschland hergestellt wurde. Die Serienfertigung der elektronischen Rechenanlagen setzte sich dann auf der wissenschaftlichen Seite mit zwei Anlagen fort, der 704 und der 709, und als kommerzieller Rechner folgte die 705. Aus jener Zeit wäre noch besonders der erste Plattenspeicher, die RAMAC 305, aus dem Jahre 1956 zu erwähnen, aber darüber etwas später mehr.

Ende der 50er Jahre war die Transistortechnik überall so weit, daß sie die Röhrenmaschinen insgesamt ablöste. IBMs 7090 wurde Anfang der 60er Jahre zu einer weitverbreiteten Transistorgroßrechenanlage. Transistoren als diskrete Bauelemente kamen bei der IBM in den USA ab 1960 aus einer eigenen Serienproduktion mit 1 800 getesteten Transistoren pro Stunde. Die Elektroindustrie der Welt war damals zum Bau von Computertransistoren noch nicht zu gewinnen. Angeblich waren diese Aus/Ein-Transistoren zu primitiv und boten kaum Aussicht auf große Stückzahlen. Es war eine Wiederholung jener Fehleinschätzung, der auch die Gründer der DEHOMAG bereits 1910 in der Industrie begegneten.

Vielerorts auf der Welt entstanden um 1960 Transistorcomputer, und im selben Jahr erschien auch der erste integrierte Schaltkreis, ein Transistor-Flip-Flop, auf dem Bauelementemarkt. Doch litt die Halbleiterproduktion unter der Fessel unbefriedigender und vor allem streuender Ausbeuten. Dies sollte zu einem gewichtigen Argument in einer der bedeutendsten Bewertungen eines Technologiepotentials in der Computergeschichte werden.

3.3 Unternehmerische Weichenstellungen in den 50er Jahren

In die Aufbruchsphase des elektronischen Rechnens fallen einige Ereignisse, die wert sind, in einem historischen Rückblick zitiert zu werden:

- 1949 wurde die DEHOMAG in IBM Deutschland GmbH umbenannt, nachdem ihr Sitz 1948 von Berlin nach Sindelfingen verlegt worden war;
- im Jahre 1952 faßten zwei schwäbische Ingenieure, die damals die Konstruktion in der IBM Deutschland leiteten, einen weitreichenden Entschluß; es waren die Herren Walter Scharr und Walter Scheerer. Sie starteten mit großem Weitblick eine frühe elektronische Entwicklung auf zwei Gebieten: optische Zeichenerkennung und Halbleitertechnik. Es war der Anfang der deutschen IBM Laboratorien.

  Dies geschah zu einem Zeitpunkt, als in der deutschen Produktion noch nicht einmal der Bau von elektronischen Röhrenmaschinen begonnen hatte. Sehr wohl erinnert man sich an Walter Scheerers damalige Überzeugung, daß die Röhrentechnik langfristig gegen den Transistor keine Chance haben werde. Er vertrat dies zu einer Zeit, als es noch nicht möglich war, auch nur einen einzigen funktionierenden Transistor in Europa aufzutreiben. (Noch 1955 wurden brauchbare Transistoren persönlich per Flugzeug aus Amerika geholt.)

  Der Generation von Walter Scharr und Walter Scheerer war es nicht mehr beschieden, den Erfolg der Mikroelektronik während ihrer aktiven Dienstzeit mitzuerleben; im Namen der 2 000 Mitarbeiter aus Forschung und Entwicklung der IBM Deutschland erweise ich ihnen unseren hohen Respekt für jenen bahnbrechenden Schritt im Jahre 1952;

- ein drittes hervorragendes Ereignis fiel in das Jahr 1955: Zum erstenmal wurde eine gemischte Gruppe aus deutschen, französischen und amerikanischen Ingenieuren in Deutschland zusammengebracht, um aus mehreren vorhandenen Ansätzen ein mittleres kommerzielles Rechnersystem, genannt "World Wide Accounting Machine", für den ganzen Weltmarkt zu konzipieren. Daraus ging drei Jahre später, in den USA fertigentwickelt, die IBM 1401 in Transistortechnik hervor (Abb. 5), ein System mit variabler Wortlänge, alphanumerischer Zeichencodierung und dem ersten Kettendrucker mit 600 Zeilen pro Minute.

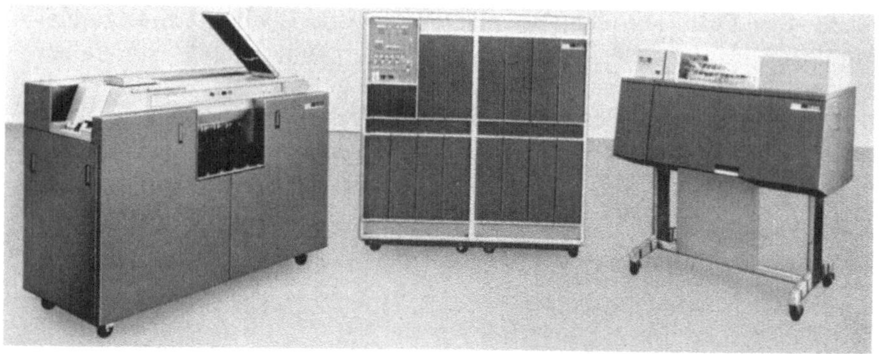

Abb. 5. Transistorrechner IBM 1401, 1958

In den USA fielen in der Mitte der 50er Jahre drei wichtige Entscheidungen:

- einmal war es die strategische Kursänderung, den Schwerpunkt vom Lochkartengeschäft auf elektronische Datenverarbeitungsanlagen zu verlegen;
- zum anderen wurde 1956 entschieden, die Elektronenröhrentechnik zu verlassen und nur noch Transistormaschinen zu entwickeln. Dies zu einem Zeitpunkt, als gerade die ersten Transistormaschinen fertiggestellt wurden;
- schließlich wurde ein für die multinationale IBM richtungweisender Beschluß am 6. Oktober 1959 in New York in einer Sitzung der europäischen Labordirektoren gefaßt: Jedem der damals fünf europäischen Entwicklungslaboratorien wurden bestimmte Segmente des potentiellen informationstechnischen Marktes zugeordnet.

Die deutschen IBM Laboratorien übernahmen damals fünf Produktbereiche, nämlich:

- kleine bis mittlere Computersysteme und Prozessoren,
- die zugehörige Software-Entwicklung,
- Schnelldrucker als Ausgabegeräte,
- Halbleitertechnik für die Prozessoren und
- Sondergeräte für den europäischen Markt.

Diese Produktorientierung löste einen langfristigen Aufbau von Personal, Fachkompetenzen und Einrichtungen in Europa aus und hat das Profil der deutschen IBM Laboratorien geprägt. Bis heute nehmen sie diese Verantwortung in der IBM weltweit federführend wahr.

4.0 IBM/360 als richtungweisende Systemarchitektur

Um 1960 boten die Computer eine schillernde Vielfalt von Typen und Architekturen. Jedes System war anders, auch bei der IBM. Programme wurden für jedes System neu geschrieben. Nach 1960 faßte man bei der IBM den Plan, in einem konzertierten Einsatz mehrerer IBM Laboratorien der Welt eine neue einheitliche System-"Familie" zu entwickeln. Programme sollten innerhalb dieser Familie von System zu System übertragbar sein. Das bedeutete gleiche Informationsdarstellung, gleiche Maschinenarchitektur, d.h. einen gemeinsamen Satz von Befehlen, jedoch ein abgestuftes Leistungsspektrum von System zu System. Diese Systemfamilie mit der späteren Bezeichnung IBM/360 sollte für alle Anlagen mit einem gleichen Betriebssystem betrieben werden können, dem dafür entwickelten OS/360.

In Europa waren das britische Labor mit einem mittleren Rechner und das deutsche Labor mit der kleinsten Maschine dieser Familie, dem Modell /360-20, beteiligt. Über viele Monate zog sich die Planung der Systemarchitektur. Als erstes wurde das Byte als eine 8-Bit alphanumerische Zeichencodierung eingeführt, obwohl es bereits einen 7-Bit ASCII-Code gab. Aber 8 Bit boten die Möglichkeit, 2 x 4 Bit für dekadische Codierung zu verwenden und andererseits $2^8 = 256$ Möglichkeiten zur Befehlscodierung zu haben. Ferner wurde die relative Adressierung eingeführt, die sich auf Basisadressen bezog und damit die Speicherverwaltung vom Programmierer zum Betriebssystem verlagerte. Damit war auch schon der Weg vorgezeichnet für eine leichte Verschiebbarkeit der Programme im Speicherraum, der in der nächsten Generation zur Speicherhierarchie mit virtuellen Speichern führen sollte.

Darüber hinaus wurde das Kanalkonzept durchgehend eingeführt, d.h. die Entkopplung des zentralen Rechners vom peripheren Datenverkehr.

Die Maschinenbefehle wurden nun auch bei der IBM als Mikroprogramme in schnellen Festspeichern gespeichert. Interessant ist die Frage, warum man die Mikroprogramme nicht in den normalen Schreib-/Lesespeicher bringen wollte: Abgesehen von der Geschwindigkeit hatte man damals nicht den Mut, Maschinenfunktionen nur in "weichen" Software-Funktionen zu fixieren. Es war das zweite Mal in der Computergeschichte, daß die Funktionsverlagerung in die Software, mit Blick auf die Wirkungen, zur Mutfrage wurde. Diesen Schritt zum Mikroprogramm als reine Software, der die Flexibilität von Computersystemen um eine ganze Dimension erweiterte, hat später das deutsche Labor mit einem Anschlußmodell an das Modell 20 erstmalig gewagt. Von dem Modell 20 wurden übrigens insgesamt über 15 000 Anlagen gebaut.

Von entscheidender Bedeutung für das gewaltige Vorhaben der Systemfamilie /360 war die Wahl der geeigneten Technologie. Alle Welt diskutierte damals die großen künftigen Chancen der integrierten Halbleiter. Aber über denen schwebte immer noch das Fragezeichen der Ausbeute und der Toleranzen. So entschied sich IBM, begleitet vom Lächeln der Fachwelt, für eine hybride Transistortechnologie, Solid Logic Technology, SLT, genannt. Diese bestand aus diskreten Transistoren und im klassischen Siebdruck aufgebrachten Leitern und Widerständen. Aber sie hatte einen wichtigen Vorteil: Ihre Schaltkreise konnten 1964 in automatisierten Verfahren auf +/- 1/2% genau hergestellt werden, während die integrierten Halbleiterschaltkreise damals noch Streuungen und Ausbeuten in der Gegend von 20% aufwiesen. Deren Zeit war noch nicht reif. Dagegen kam die Packaging-Technologie der gedruckten Leiterplatten bereits aus einer weitgehend automatischen Fertigung.

Mit dieser wirtschaftlichen Hybridtechnik für die /360-Familie errang sich IBM auf dem Markt in wenigen Jahren eine deutliche Führungsposition in der Computerindustrie. Eine nüchterne Technikbewertung gegen die vorherrschende Meinung hatte der Milliardeninvestition für die Produktlinie /360 zum Erfolg verholfen. 8-Bit-Byte und /360-Architektur, später auf /370 erweitert, fanden weltweite Akzeptanz.

1970 wurde diese Architektur als Grundlage der nächsten Computergeneration /370 weiter ausgebaut. Dabei gibt es vom Systemaspekt her eine pikante Besonderheit:

Das deutsche Labor war an der Entwicklung der /370 Familie mit zwei Modellen beteiligt, über die in einem anderen Beitrag berichtet wird. Diese Maschinen hatten bereits damals eine datenflußartige Struktur mit fünf verteilten Prozessoren, die jeweils durch Software-Mikroprogramme verschieden funktionalisiert wurden. Die Neuartigkeit dieses Systems trat allerdings nicht groß in Erscheinung, weil die Anwendungen nicht gut genug auf die besondere Systemstruktur abgebildet werden konnten. Dasselbe Phänomen tritt heute wieder bei vielen Vektorrechnern auf.

5.0 Die tragenden Technologien

Vier tragende Technologien haben die Informationstechnik wesentlich bestimmt, nämlich:

- die Mikroelektronik oder integrierte Schaltkreistechnik für digitale Logik- und Speicherfunktionen,
- die magnetischen Speicher als Schicht- und als Ferritkernspeicher,
- das Spektrum der Techniken für Ein-/Ausgabegeräte,
- die Packaging-Technologien der Schaltungstechnik.

5.1 Mikroelektronik

Während die SLT-Hybridtechnologie der IBM ihre großen wirtschaftlichen Erfolge einbrachte, waren Physiker und Ingenieure in aller Welt intensiv bemüht, dem integrierten Schaltkreis auf Siliziumbasis zum Durchbruch zu verhelfen. Silizium wurde das besterforschte Material der Welt. 1966 brachte das deutsche Labor den ersten integrierten Schaltkreis der IBM in Produktion.

Zwischen 1960 und 1968 hatte eine Entwicklung stattgefunden, die wenig Presse erhielt: Man lernte die 200 erforderlichen Prozeßschritte der Halbleitertechnik reproduzierbar beherrschen, und ab 1968 feierte die Prozeßtechnologie den Triumph einer sicher steuerbaren Halbleiterproduktion. Jetzt war für die integrierten Schaltkreise das Eintrittsfenster in die reale Wirtschaftswelt offen.

Mehr noch: Mit den beherrschten Prozessen stieg nicht nur die Ausbeute, man konnte auch die Schaltkreise kleiner machen, also dichter packen, und damit größere Mengen produzieren. Außerdem nimmt auch die Geschwindigkeit zu, wenn die Schaltkreise kleiner werden. Dies alles wirkte sich damit in der dritten Potenz positiv auf das Preis-/Leistungsverhältnis aus. Die beherrschte Prozeßtechnologie ist somit der eigentliche Schlüssel für den Höhenflug der Mikroelektronik!

Noch etwas anderes passierte in der Folge dieser Entwicklung: 1968 entschied sich die IBM aufgrund einer frühzeitigen Technikbewertung, nunmehr den Weg der integrierten Schaltkreise konsequent und ganz zu gehen. Das hieß, daß auch die Hauptspeicher, die ja seit langem Ferritkernspeicher waren, mit integrierten Schaltkreisen gebaut werden sollten. Diese Entscheidung, die Ferritkernspeicher zu verlassen und ganz auf Silizium zu gehen, fiel bei der IBM zum selben Zeitpunkt, als andere große Unternehmen auf Taiwan neue Fabriken für Ferritkernspeicher eröffneten.

Wiederum hatte eine Bewertung eines Technologiepotentials, die diesmal optimistischer als die der Fachwelt war, einen bedeutungsvollen

Impuls verursacht: Denn mit dieser Entscheidung trat IBM den Weg zum Großhersteller von Halbleiterbauelementen an. Die riesigen Stückzahlen der nächsten Jahre stimulierten eine Automatisierung der IBM eigenen Halbleiterproduktion an mehreren Orten der Welt, so auch in Frankreich und in Deutschland.

Aus unserer deutschen Halbleiterentwicklung kam u.a. 1972 ein berühmtes Speicherchip, "Riesling" genannt, mit 2 048 Bits in MOSFET-Technik (Abb. 6). Es wurde weltweit millionenfach in allen unseren Systemen der 70er Jahre verwendet. Seither ist die Halbleitertechnik der IBM Deutschland eine wesentliche Technologiebasis der IBM Corporation.

Abb. 6. MOSFET-Speicherchip, 2 048 Bit, 1972

Obwohl die Presse stets gern über spektakuläre Rekordzahlen bezüglich Bits pro Chip berichtet, sind die ausschlaggebenden Werte Qualität und Kosten pro Speicherchip oder Schaltkreis. Daran wird die Halbleitertechnik bei der IBM in erster Linie gemessen, und darauf gründete sich auch der Erfolg jenes "Riesling"-Chips.

5.2 Magnetische Speicher

Der Ursprung magnetischer Speicherung reicht weit zurück. In den Anfangsjahren der elektronischen Computer wurde das Magnetband als Archivspeicher überall eingeführt. Für Zentral- und Arbeitsspeicher hingegen benötigte man Speichermedien mit direktem und schnellem Zugriff. Viele Technologien wurden dazu erforscht und herangezogen, unter anderem auch der magnetische Schichtspeicher in Form der Magnettrommel. Dieser Speicher mit der relativ langen Zugriffszeit von ca. 50 Millisekunden hatte nur ein kurzes Leben. Als Zentralspeicher war er zu langsam und als Archivspeicher zu begrenzt.

Es ist daher kein Wunder, daß sich die Speichertechnologien in zwei Zweige teilten:

Für schnelle Zentralspeicher reifte Mitte der 50er Jahre die Ferritkerntechnik, 1951/1952 von Forrester und Rajchman erfunden. Übrigens kam aus dem deutschen IBM Labor in jenen Anfangsjahren ebenfalls ein Grundlagenpatent, nämlich der Transistor als Schalter insbesondere zum Betrieb von Ferritkernspeichern.

Die Ferritkerntechnik eroberte sich ab 1955 mit immer kleineren und damit schnelleren Ringkernen für 1 1/2 Jahrzehnte einen riesigen Markt. Dieser ging, wie bereits früher erwähnt, ab 1968 langsam an die integrierten Halbleiterspeicher verloren.

Der andere Zweig der Speichertechnik ging in Richtung auf große Kapazitäten. Hier gelang der IBM 1955 ein technologischer Durchbruch mit den Plattenspeichern: Der Zugriff zu magnetischen Schichtspeichern, der bei der Trommel mit diffizil zu justierenden, fest eingestellten Abfühlköpfen nur zweidimensional war, wurde mit Plattenstapeln dreidimensional und variabel. Damit war der Weg zum großen Massenspeicher offen.

Diese Plattenspeichertechnologie erweist sich bis heute als außerordentlich potente und zugleich preisgünstige Technik. Das liegt nicht zuletzt an einer ausgesprochenen technischen Raffinesse: Der bewegliche Schreib-/Lesekopf fliegt infolge geeigneter aerodynamischer Formgebung selbststabilisierend mit einer Geschwindigkeit von 60 m/sec in einem Abstand von 0,4 Tausendstel Millimeter über der rotierenden Platte. Der geringe Flugabstand von nur einer Lichtwellenlänge ermöglicht heute die enorme Speicherdichte von 650 Bits pro Millimeter.

Plattenspeicher als große und Halbleiterchips als schnelle Speichertechnologien beherrschen heute mit jeweils großen Reservepotentialen die digitale Speichertechnik. Daher schlugen auch viele innovative Ansätze, wie z.B. Magnetblasenspeicher, fehl. Das Eintrittsfenster war besetzt. Einzig laserstrahlbetriebene optische Speicher könnten in Zukunft eine echte Alternative bieten, aber nur wenn es gelingt, den optischen Einschreibprozeß bei hoher Geschwindigkeit reversibel zu machen.

5.3 Ein-/Ausgabetechniken

Aus dem weiten Spektrum der Ein- und Ausgabetechniken für Computersysteme sollen im Sinn richtungweisender Faktoren wenigstens zwei Beispiele herausgegriffen werden:

Das erste betrifft die Wandlung der Technik vor allem bei den mechanischen Schnelldruckern, die heute immerhin 2 000 Zeilen/Minute drucken. Dort hat sich buchstäblich eine neue Mechanik schneller Vorgänge im Bereich von Mikrosekunden entwickelt. Sie ist allein möglich geworden durch Einsatz von Mikroprozessoren zur Präzisionssteuerung. Überhaupt hat sich dabei ein neues Konstruktionsprinzip eingestellt, nämlich Genauigkeiten nicht mehr nur durch Präzisionsmechanik zu erzielen, sondern durch mikroelektronische Steuerung und Toleranzregelung.

Das zweite Beispiel bezieht sich auf den Bildschirmarbeitsplatz als Übergang Mensch-Maschine. Wichtiger als alle physisch-räumlichen Bedienungseinrichtungen ist die Art und Weise, wie schnell, wie "intelligent" und wie einleuchtend ein Informationssystem gegenüber dem Benutzer reagiert. Ein guter Mensch-Maschine-Dialog erfordert daher viel Software-Ergonomie und führt heute schnell in die Nähe sogenannter Expertensysteme. Dabei greift die Maschine in der Gestaltung ihrer Antworten auf vorgespeicherte Expertisen zurück, um eine Frage einzugrenzen und damit an Ja-Nein-Aussagen heranzuführen.

5.4 Packaging-Technologien

Zur Montage von Transistoren, Bauelementen oder integrierten Schaltkreischips sind Träger erforderlich. Diese müssen eine Technik bieten, mit der die Schaltelemente in eine Maschine gepackt werden. Daher der englische Name "packaging".

Schon bei den Röhrenmaschinen wurden neue Wege mit modular auswechselbaren Röhrensteckeinheiten beschritten. Modularisierung und standardisierte Übergänge sind bis heute entscheidend für den Systementwurf und die Packaging-Technologien, um Wirtschaftlichkeit zu erzielen. An sie werden für die Halbleitertechnik höchst komplexe Forderungen gestellt:

Hohe elektrische Isolation bei gleichzeitig hoher Wärmeleitfähigkeit, Wärmeausdehnung gleich wie Silizium, Möglichkeit vieler Verdrahtungsebenen dicht gepackt, um mikroelektronische Chips mit makroskopischen Leiterplatten in Einklang zu bringen, usw. Die Lösung dieser technischen Aufgabe ist heute von derselben Dimension wie die Chipherstellung selbst. IBM ging auf diesem Gebiet mit der Vielschichtkeramik einen langen und mühevollen Weg, auf dem die Produktionsforschung der IBM Deutschland entscheidende Beiträge leistete. In einem folgenden Beitrag wird darüber eingehend berichtet.

6.0 Technologische Explorationen

In den Erfinderjahren der Computertechnik zwischen 1950 und 1960 haben Labors in aller Welt die Physik nach geeigneten Speicher- und Logiktechnologien durchmustert.

Zur Speicherung wurden Ultraschallimpulse über Laufzeitspeicher wie Quecksilberröhren oder magnetostriktive Drähte gesandt. Haftende Elektronen wurden auf die Schirme von Elektronenstrahlröhren gesprüht, ferromagnetische und ferroelektrische Materialien wurden erforscht und gezüchtet.

Für logische Schaltfunktionen wurden raffinierte Techniken mit dünnen magnetischen Filmen, mit Magnetringkernen oder mit hydraulischen Anordnungen ersonnen. In der IBM Deutschland gab es damals frühe Projekte für Tintenstrahl- oder magnetostriktive Drucker sowie für elektro-optische Rechenwerke, und eine ganze Maschine wurde ausschließlich mit magnetischen Elementen gebaut.

In den USA wandte man sich erstmalig auch der Supraleitung zu, und bei der IBM Deutschland begann man 1961 mit Gallium-Arsenid-Schaltkreisen.

Die Patentämter der Welt erlebten eine Blütezeit spekulativer Technologien. Besuche in Industrielaboratorien, sofern man hinein kam, boten eine faszinierende Palette physikalischer Experimente. Fast nichts davon wurde Realität außer Magnetismus und Halbleitertechnik.

Man fragt sich, warum.

Computerleistung in der v. Neumannschen Struktur verlangt hohe Geschwindigkeiten. Der Maßstab Preis-/Leistungsverhältnis bedeutet also Preis/Geschwindigkeit. Nur ein deutlicher Geschwindigkeitsvorsprung gibt einer Technologie einen materialisierbaren Vorteil. Gerade dieser Geschwindigkeitsvorteil schmolz aber in den meisten Fällen bei der praktischen Realisierung dahin, von der Magnetlogik bis zu Josephson-Schaltkreisen.

Und noch ein zweiter, hintergründiger Aspekt brachte viele Techniken zu Fall: Signale laufen im Computer durch viele Stationen. Nur wenn in jeder Stufe das Signal regeneriert weitergegeben werden kann, läßt sich das Toleranzfeld des Signal-Stör-Verhältnisses wirtschaftlich beherrschen. Das bedeutet inhärente Verstärkereigenschaften jedes Elements. Passive Technologien haben dabei kaum eine Chance.

Die ungebrochene Vormachtstellung der magnetischen Schichtspeicherung liegt einmal im Potential ihres Dichte-/Preisverhältnisses und zum anderen darin, daß ihre Langsamkeit überwunden werden kann, indem man sie vorausschauend mit Hilfe des virtuellen Speicherprinzips in schnelle Halbleiterspeicher umladen kann. Da integrierte Halbleiter und magnetische Plattenspeicher ihre technologischen Grenzen noch lange nicht erreicht haben, jedoch großtechnisch beherrscht sind, hat keine nur graduell bessere Technologie eine Chance, dieses

Preis-/Leistungsverhältnis zu übertreffen und sich im Großen zu etablieren.

Mit der Josephson-Technik haben dies die Supraleitungsansätze zum drittenmal erfahren müssen, und Magnetblasen- und Gallium-Arsenid-Technik bleiben auf Spezialanwendungen begrenzt.

Einzig die optischen Speicher könnten eine Chance haben, wenn ein schneller, reversibler Schreibprozeß gefunden wird.

7.0 Informationstechnik im weltweiten Verbund

7.1 Wettbewerb und Arbeitsteilung

Im multinationalen Verbund der IBM hat sich seit langem eine konstruktive Dualität zwischen Wettbewerb und Arbeitsteilung eingestellt. Während einerseits Laboratorien und Fabriken zugeordnete Produktbereiche und Produktionsaufgaben wahrnehmen, besteht gleichzeitig die Freiheit, konkurrierende Angebote und Vorschläge für die Zukunft zu machen. Diese "Herausforderung unter Brüdern" bewirkt eine ständig genährte Dynamik, hat aber auch wesentlich zu einem gleichmäßig hohen Leistungs- und Qualitätsniveau aller Laboratorien und Werke geführt.

Die Bereitschaft zum internen Wettbewerb ist zugleich der Garant für das Verbleiben in der Spitzengruppe der Technik.

7.2 Der freie Informationsfluß

Wettbewerb und Arbeitsteilung werden erst sinnvoll, wenn sie ständig und schnell auf Information des letzten Standes aufbauen können. Eine der attraktivsten Einrichtungen für unsere Wissenschaftler und Ingenieure ist der seit Jahrzehnten freie Zugang zu benötigter Information aus dem ganzen weltweiten Unternehmen. Dabei hat sich im Prinzip die Ethik der Wissenschaft fortgesetzt, sich gegenseitig auch unter konkurrierenden Gruppen zu informieren. Ohne die interne Freiheit der Information unter dem Gesichtspunkt des "need to know" würden Wettbewerb und Arbeitsteilung nicht fruchtbar werden.

Darüber hinaus aber benötigen Laboratorien, Werke und technischer Außendienst heute ein komplexes System von Informationsverbindungen, um Konstruktions-, Produktions-, Installations- und Wartungsdaten zu übermitteln. Dieser Gesamtkomplex wächst mit Hilfe moderner Kommunikationsnetze zu einem informationsintegrierten System zusammen, wie es insbesondere im "Computer Integrated Manufacturing" angestrebt wird.

7.3 Informationssysteme und -netze in Forschung, Entwicklung und Produktion

Informationsnetze sind bei IBM seit Anfang der 60er Jahre im wachsenden Einsatz. Eine der ersten großen Herausforderungen war 1964 die tägliche (oder besser nächtliche) Übertragung von Konstruktionsdaten der /360-Maschinen von den Labors zu Fabriken über Kontinente hinweg. Daraus sind mehrere überlagerte Netze entstanden: So ist aus den o.g. Anfängen des Labor- und Fabriknetzes ein weltweites Nachrichtennetz mit über 1 850 untereinander verbundenen Rechnern geworden. Dieses Netz dient vorwiegend der Kommunikation aller IBM Stellen in der Welt und ist immer noch im Wachstum begriffen.

Ein zweites Großnetz bedient eine Vielzahl von technischen wie verwaltungsorientierten Anwendungen in der ganzen Welt, wie z.B.

- Großinformationssysteme, die vorwiegend dem Vertrieb zur Information und Kommunikation dienen, oder
- ein Wartungssystem mit 40 000 Stationen, das von Außendiensttechnikern zur Instandhaltung unserer Systeme bei Kunden als unerläßliches Informations- und Kommunikationsmedium benutzt wird.

Daneben gibt es noch eine Vielzahl von nationalen Anwendungen, die ebenfalls mehr und mehr internationale Bedeutung erlangen. Alle diese Anwendungen werden auf jedem Kontinent über ein zentral betreutes Netzwerk bedient. Die kontinentalen Netze stehen wiederum untereinander in Verbindung. Das europäische Netz umfaßt z.B. 17 Länder mit zusammen über 50 000 Terminals. In den USA sind es in 6 Unternetzen über 70 000 Terminals.

Solche vielfältigen Informationssysteme werden mehr und mehr zum Rückgrat heutiger Unternehmen und Wirtschaftsstrukturen.

7.4 Der lange Weg des CAD/CAM

Eng verbunden mit der Entwicklung der technischen Informationssysteme ist der Werdegang des computerunterstützten Konstruierens und Produzierens. Die IBM ging hierbei einen langen Weg.

Bereits 1956 wurden die ersten Verdrahtungsautomaten durch Computerprogramme gesteuert (Abb. 7). Die Entwicklung der Systemfamilie /360 geschah bereits weitgehend mit "Design-Automation"-Programmen. Dabei wurden auch erstmalig Konstruktionsdaten und technische Änderungen von Magnetband zu Magnetband über den Atlantik gespielt.

Abb. 7. Verdrahtungsautomat für Leiterplatten, 1956

Zwei Besonderheiten des CAD seien hervorgehoben:
Einmal die Erweiterung, nicht nur Konstruktionsdaten, sondern auch die dadurch festgelegten Funktionen durch Programme zu beschreiben und damit einen neuen Computer auf einem bestehenden zu simulieren, also seine Funktion zu erproben, ehe er als Maschine existiert. Dabei können heute über 95% aller konstruktiven Fehler erkannt werden. Ohne diese Möglichkeit der Simulation wäre die heutige Komplexität der Computer nicht mehr beherrschbar.

Zum andern erfordern durchgängige CAD/CAM-Systeme sehr große Speicherkapazitäten, hohe Computerleistung und große Übertragungsbandbreiten. Diese Aussage gilt gleichermaßen für die Großprogramme zum computerunterstützten Programmieren. Das war der Grund dafür, daß sich leistungsfähige CAD/CAM-Systeme lange Jahre fast nur bei weltweit getragenen Großtechnologien wie Computerkonstruktion, Flugzeugbau oder Reaktortechnik wirtschaftlich rechtfertigen ließen.

Erst vor wenigen Jahren hat daher CAD/CAM, dank der riesigen Fortschritte der Mikroelektronik, zu einem universalen Werkzeug in der Technik werden können und hat heute eine nicht mehr wegzudenkende Rolle in Konstruktion und Qualitätssicherung übernommen.

8.0 Neue Stufen unserer Informationskultur

8.1 Integration zur Informationstechnik

Die Entwicklung der Informationstechnik hat sich in überlappenden Phasen und in mehreren nebeneinander voranschreitenden Bereichen vollzogen.

Heute sehen wir als eine weitere Phase das Zusammenwachsen von Informations- und Kommunikationssystemen zu einer integrierten Informationstechnik.

Die Idee des gespeicherten Programms, letztlich eine verallgemeinerte informatorische Steuerung und die mächtige Mikroelektronik, haben zusammen die Dynamik der digitalen Informationstechnik bewirkt. Diese Dynamik wird anhalten, weil hinter ihr noch eine mächtigere treibende Kraft steht, nämlich die neue Gedankenwelt der Informatik.

8.2 Informatik als Ingenieurwissenschaft des Geistes

Während der letzten 15 Jahre hat sich die junge Fachdisziplin Informatik von einer Kunst des Programmierens zu einem Wissen über das Konstruieren von Software gewandelt, d.h. sich zu einer echten Ingenieurwissenschaft entwickelt. Diese umfaßt heute den strukturierten Entwurf logischer Sequenzen und Systeme, den Aufbau und die Übersetzung von Programmiersprachen, die Entwicklung von Programmiertechniken und Programmierwerkzeugen und die Gestaltung des Mensch-Maschine-Dialogs, ein besonders schwieriges Gebiet.

Dies alles sind konstruktive Tätigkeiten im geistig-logischen Bereich. Software wurde zum systematisch konstruierten Produkt. Damit wurde ein Prozeß eingeleitet, der später einmal zu den bedeutendsten positiven Leistungen unseres Jahrhunderts gerechnet werden wird. Es ist die Darstellung eines Zusammenhangs, eines Funktionsablaufs oder einer Arbeitsprozedur durch eine exakt definierte informatorische Deklaration. Die Arbeit des Informatikers bedeutet die Lösung vom Dinglichen, die

Handhabung formaler Objekte und Strukturen, sie besteht im Umgang mit Begriffen allein.

Die Informatik liefert im Grund Werkzeuge für den Intellekt, sie wird zu einer "Ingenieurwissenschaft des Geistes". Zwar wird sie von vielen gesehen als eine Lehre zum Bau und Gebrauch von Computern, jedoch - Informatik ist mehr. Sie steht an einer gewaltigen Schwelle, an einem Übergang, wo Wirtschaft, Technik, Gesellschaft in viel höherem Maße informatorisch durchdrungen, informatorisch darstellbar werden, wo allein mit Information, mit Wissen vieles gemacht wird, ohne dabei materielle Aktion oder physische Handhabung notwendig werden zu lassen.

Die Transposition ins Informatorische, der Übergang vom Sachverhalt, vom technischen oder wirtschaftlichen Prozeß zu seinem informatorischen Bild, dieser Übergang von der Funktion zum Programm ist wohl der bedeutsamste Schritt, den jetzt die Informatik erforscht und der die Informationstechnik erfolgreich von einem Anwendungsgebiet zum andern vordringen läßt.

8.3 Semantische Informationsverarbeitung

Doch während dies geschieht, zeichnet sich bereits ein weiterer, vielleicht der bedeutsamste Schritt ins Abstrakte ab. Er zielt hinauf in die Region der inhaltlichen Zusammenhänge von Information und Wissen. Bisher kann eine Maschine nur Information transportieren, speichern, vergleichen, umwandeln und verarbeiten, d.h. reduzieren. Nun aber öffnen sich geistig-logische Wege, Programme zu entwickeln, die die Inhalte von Informationen aufeinander beziehen, in eine Relation bringen können. Wir treten dabei ein in die Bereiche von kognitiven Systemen, von Wissensbanken und Expertensystemen.

Mit Wissensbanken und Expertensystemen deutet sich an, daß wir heute durch die Informationstechnik letztlich ein Stück geistesgeschichtlicher Entwicklung mitgestalten, daß sich Wissenschaftler, Informatiker, Ingenieure, Techniker und Anwender unversehens eingebunden finden in einen kulturgeschichtlichen Entwicklungsprozeß, vergleichbar mit der Entdeckung des Zahlbegriffs oder der Erfindung des Buchdrucks.

Es ist daher nicht verwunderlich, daß die Informationstechnik tiefgreifende Wirkungen in Technik, Wirtschaft und Verwaltung hervorzurufen beginnt. Mit zunehmender Wirtschaftlichtkeit ihrer Produkte dringen die Anwendungen in immer neue Gebiete vor.

8.4 Informationsdienste als neuer Bereich der Informationskultur

Ein anderer bedeutungsvoller Schritt der Informationstechnik geht in Richtung auf neue Informationsdienste. Diese für die Zukunft absehbaren Informationsdienste repräsentieren sich im Grunde als eine neue Infrastruktur für weltweit gerichtete Informationsströme, basierend auf "offenen", d.h. universell benutzbaren Kommunikationsabsprachen. Wie auch die neuen Medien, so wird diese Infrastruktur der Informationsdienste die Möglichkeit der Menschen, miteinander zu kommunizieren und sich zu informieren, um eine ganze Dimension bereichern. Sie müssen gesehen werden als ein weiterer Schritt in der Folge Sprachschöpfung - Schrift - Buchdruck und Zeitung - Bibliothekswesen - Telefon - Radio - Fernsehen - und nun also: Informationsdienste - als ein neuer Bereich unserer vielfältiger gewordenen Informationskultur.

IBM Deutschland steht mit Beispielen wie Bildschirmtext, Sprachspeichersystemen oder automatischer Telefonauskunft mitten in dieser Entwicklung. Ein besonderes Charakteristikum vieler neuer Informationsdienste besteht nicht zuletzt darin, daß der Benutzer aus seiner passiven Rolle, die ihm durch die heutigen Medien auferlegt ist, herauskommt und aktiv Informationssysteme für seine Interessen benutzt.

Hier entwickelt sich ein neuer Bereich, wie Menschen und Institutionen mit Information arbeiten können. Es entsteht eine Infrastruktur menschlichen Zusammenwirkens und damit ein Stück Kultur für die Zukunft.

Die IBM wird sich diesen Perspektiven in den kommenden Jahrzehnten verpflichtet fühlen.

Literatur

Blättel, W.: Chronik der IBM - Eine Reise in die Vergangenheit, 1976
Conolly, J.: History of Computing in Europe, (Text und Bibliographie),
Gross, H.: Hollerith Technik, nach Vorträgen von H. Gross; Hrsg. H. Mutschke, 1937
Kistermann, F.W.: Die Erfindung und Entwicklung der Hollerith Lochkarte, Historisches Archiv 1982
Schulz, J.F.: Geschichtliche Dokumentensammlung, 1966
Die Geschichte der IBM, 1972
Entwicklungsarbeiten der deutschen IBM Gesellschaft (unveröffentlichte Notizen)
Erfindung und Entwicklung des IBM Lochkartenverfahrens, IBM Schrift, 1950
Geschichte der IBM, Daten und Graphiken (unveröffentlicht)
Guide for Visitors and Guests, IBM Laboratories Boeblingen, 1961
IBM Schreibmaschinen-Geschichte, Presse-Information, 1985
IBM and the Computer Industry build-up, Think Magazine, 9/1984

25 Jahre Deutsche Hollerith-Maschinen Gesellschaft, Festschrift, Berlin-Lichterfelde, 1935 Historisches Archiv
25 Jahre Entwicklung und Forschung, IBM Report, August 1978

Systementwicklung in der IBM Deutschland - Vergangenheit, Gegenwart und Zukunft

Eckart Lennemann

Kurzfassung: Es werden die bisherigen Systementwicklungen der IBM Deutschland erläutert und die wichtigsten Beiträge aufgezeigt. Kontinuierliche Fortschritte der Halbleitertechnologie und entsprechend angepaßte Rechnerstrukturen charakterisieren die bisherigen Entwicklungen.

Die Systementwicklung ist heute einem starken Wandel unterworfen. Die weiteren Technologiefortschritte erzwingen eine Umorientierung vom Projektdenken zum Prozeßdenken. Die Prozesse für Hardware- und Betriebssystementwicklungen werden aufgezeigt und kritisch betrachtet. Der Wandel der Systementwicklung ist ebenso stark durch den Wandel des Marktes beeinflußt. Bisherige Einzellösungen werden in Netzwerken integriert. Die Explosion der Arbeitsplatzrechner erfordert eine Umdefinition des Systembegriffs, welche den Endbenutzer stärker berücksichtigt. Der zunehmende Aufbau von großen Endbenutzernetzwerken zeigt den Trend der zukünftigen Zielsetzung der Systementwicklung:

Informationserzeugung, Informationsverteilung und Informationsverarbeitung.

1.0 Der Anfang

"Heiligsblechle - etzt muass i scho wieder en dean Omnibus neihogga ond noach Schduagart naafahra zom Banaana-Schdegger ond a gelba Droaht eikaufa. Send doch au a bissle sparsam mit dem Zeig!"

So erinnerte sich ein Mitarbeiter der ersten Stunde an die Anfänge im IBM Entwicklungslaboratorium in Böblingen. 1953 begannen wir im schwäbischen Land elektro-mechanische Datenverarbeitungsgeräte auf

Lochkartenbasis weiterzuentwickeln. Zu diesem Zeitpunkt war die Zusammenfassung verschiedener Entwicklungsgruppen der IBM Deutschland zu einem Entwicklungslabor erfolgt. Im europäischen Rahmen hatten die Entwicklungslaboratorien der Länder langfristig aufeinander abgestimmte Aufgabenabgrenzungen erstellt.

Aus den Anfängen der Entwicklung ist heute ein Laboratorium mit 1800 Mitarbeitern geworden. Das Labor befindet sich damit unter den ersten 10 von 26 internationalen IBM Produktentwicklungslaboratorien. Die überwiegende Zahl der Mitarbeiter beschäftigt sich mit der Entwicklung von Systemen kleiner und mittlerer Leistung mit /370 Architektur (Hardware und Betriebssysteme). Verantwortung für die Systementwicklung beinhaltet neben den technischen Aufgaben auch die Produkt- und kaufmännische Planung für den weltweiten Markt. Die Verantwortung umfaßt das gesamte Produktleben. Die Systementwicklung in Deutschland wird am weltweiten geschäftlichen Erfolg ihrer Produkte gemessen. Dies erfordert ständigen Fortschritt bei Produktinnovation und Entwicklungsproduktivität, um im internationalen Hochtechnologiewettbewerb bestehen zu können.

Zusätzlich zur Systementwicklung werden in Böblingen mechanische Schnelldrucker mit einer Leistung von 600 bis 2000 Zeilen pro Minute, nicht-mechanische Drucker, Halbleiter-Speicherbausteine sowie Produkte für das europäische Banken- und Kreditgewerbe entwickelt.

1.1 Struktur einer Systementwicklung

Aus dem Spannungsfeld von Markt, technologischen Fähigkeiten und kaufmännischen Betrachtungen kristallisiert sich eine Produktzielsetzung als Idee. Detaillierte Marktanforderungen werden aus vielen Bereichen der IBM an das zuständige Entwicklungslabor übermittelt. Sie beruhen auf Analysen von weiteren Möglichkeiten der Kostensenkung und Arbeitsvereinfachung bestehender Anwendungen. Ebenso wichtig ist die Untersuchung von neuen Anwendungen oder Verfahren, die bisher weder möglich noch vorstellbar waren, da die technische Grundlage dafür fehlte. Das Ziel der Systementwicklung ist die Gesamtintegration einer größeren Anzahl von Systemkomponenten zu einer funktionsfähigen Datenverarbeitungsanlage (Abb. 1):

- Zentrales Rechenwerk,
- Betriebssystem,
- Logik/Speicher Bausteine,
- Ein/Ausgabegeräte.

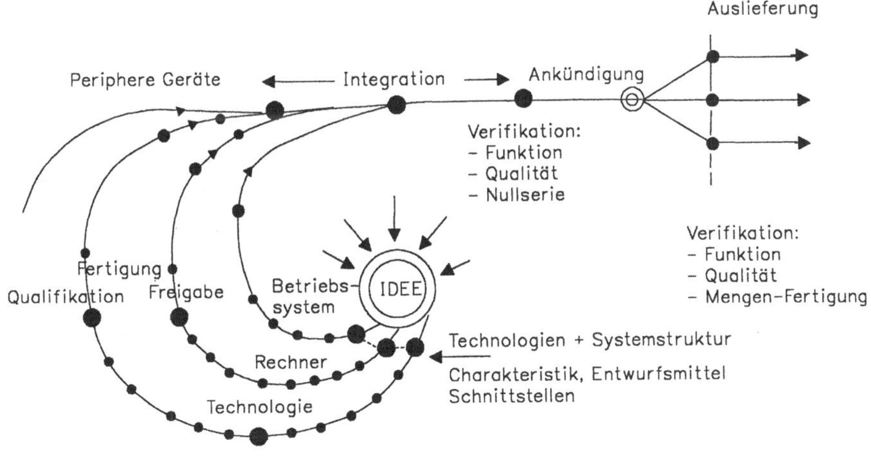

Abb. 1. Struktur einer Systementwicklung

Zuerst werden Anforderungen, Schnittstellen und Terminpläne für die Systemkomponenten synchronisiert. Anschließend laufen die einzelnen Entwicklungspläne parallel ab. Entwurfshilfsmittel für eine rechnerunterstützte Logikimplementierung müssen zu diesem Zeitpunkt bereits verifiziert sein und stehen als Programme dem Ingenieur am Bildschirm zur Verfügung. Die Freigabe an die Fertigung geschieht aufgrund der langen Vorlaufzeiten und der Komplexität der Fertigungsprozesse zuerst bei den Halbleiterbausteinen. Eine sequentielle Integration von Zentralrechner, Ein-/Ausgabegeräten und Betriebssystemen überprüft die Funktionalität.

Während der gesamten Entwicklung stehen Labor und Fertigung in ständiger Wechselwirkung. Vor der Produktankündigung wird bereits sichergestellt, daß das Produkt auch mit den parallel entwickelten Prozessen der Fertigung die Anforderungen an Funktion und Qualität erfüllt. Eine erneute Überprüfung unter Bedingungen einer Mengenfertigung schließt den Systementwicklungszyklus ab. Diese Darstellung ist ein wenig idealisiert, denn manchmal bewegt man sich zeitweise in einem Kreis !

In der Frühphase des Entwicklungszyklus müssen eine Vielzahl von asynchron entwickelten Technologien und Innovationen bezüglich Leistung, Kostenpotential und Risiken bewertet werden:

- Halbleitertechnologiefenster,
- Module / Leiterplattenintegration,
- Systemstruktur,
- Stromversorgung,

- Mechanik, Kühlung, Akustik,
- Benutzerfreundlichkeit der Software.

Die Bewertung entscheidet schon in der Frühphase über die Wettbewerbsfähigkeit bei der Auslieferung 3-4 Jahre später.

Die große Anzahl der zu entwickelnden Systemkomponenten übersteigt die Möglichkeiten eines einzelnen Laboratoriums. Die Systementwicklung z.B. hat intensive Kontakte zu Hursley (England, Datenstationen), San Jose (USA, Plattenspeicher), Tucson (USA, Bandeinheiten), Fishkill (USA, Technologien). Internationale Zusammenarbeit mit den anderen IBM Laboratorien war bei der Systementwicklung in Deutschland von Anfang an ein wesentlicher Teil der Herausforderung.

1.2 Systementwicklungen der IBM Deutschland

Die erste Aufgabe bestand in der Entwicklung eines Kleinlochkartensystems. Vorgesehen war eine Lochkartengröße, die deutlich unter den Abmessungen der damals verfügbaren Standardlochkarten liegen sollte.

Zielsetzung war, den Platzbedarf der neuen Maschinenserie gegenüber bisherigen Anlagen erheblich zu reduzieren. Locher und Prüfer bekamen etwa Schreibmaschinengröße, Sortiermaschine und Lochschriftübersetzer waren zu ansprechenden Tischgeräten geschrumpft. Es folgte im Frühjahr 1960 die Ankündigung und kurz darauf die Freigabe an die Fertigung. Es stellte sich jedoch heraus, daß die Übersetzung der Labormuster in die Fertigung erhebliche Probleme bei der Elektromechanik verursachte. Es wurde beschlossen, wesentliche Funktionen umzuentwickeln und das elektromechanische Rechenwerk durch ein modernes elektronisches Rechenwerk zu ersetzen. Das Kleinlochkartensystem wurde später als IBM System /3 von dem Schwesterlaboratorium in Rochester angekündigt und in großen Stückzahlen geliefert.

Dieser Entwicklungverlauf war eine bittere, aber sehr lehrreiche Erfahrung für ein junges Entwicklungslabor. Die gewonnenen Erfahrungen beschleunigten das Hineinwachsen in die Rolle einer erfolgreichen Systementwicklung:

- Abschätzung des Technologiepotentials, Berücksichtigung der Beschleunigung des technischen Fortschrittes bei elektronischen Technologien und Systemstrukturen,
- frühzeitiges Einbeziehen der Produktion in den Entwicklungsprozeß,
- Management komplexer Entwicklungsprozesse,
- Nutzung der Vorteile internationaler Zusammenarbeit.

1.2.1 IBM System /360, Modell 20

Nach den Erfahrungen der ersten Systementwicklungen in der IBM ergab sich immer stärker die Notwendigkeit, eine einheitliche, kompatible Systemfamilie zu entwickeln.

Abb. 2. IBM System /360, Modell 20

Programme, die ursprünglich für ein spezifisches System entwickelt wurden, sollten auf allen Mitgliedern dieser Systemfamilie ausführbar sein. Dies wurde durch eine richtungweisende Innovation der IBM erreicht: die Entwicklung und Implementierung einer einheitlichen Architektur (System /360 Architektur) für alle Mitglieder der Systemfamilie. Das kleinste System dieser Familie (IBM System /360, Modell 20) wurde im Böblinger Labor entwickelt (Abb. 2 und 3).

Hardware

Die Aufgabe war eine besondere Herausforderung, da Kleinsysteme per definitionem damals wie auch heute sehr kostenempfindlich sind. Es wurde deshalb eine Technik benutzt, welche einige Jahre zuvor von Professor Wilkes in England vorgeschlagen, jedoch noch nirgends eingesetzt wurde: die Mikroprogrammierung. Der größte Teil der Logik wird in Form eines Programms verwirklicht und erspart damit wesentliche Logik-Hardwarekosten. Allerdings wird ein Teil der Einsparung wieder durch zusätzliche Speicherkosten ausgegeben. Der gleichzeitige Fortschritt der Speichertechnologie bot die Grundlage dafür, diese Mikroprogramme kostengünstig zu speichern. Es kamen "Transformer Read Only

1964

Type:	/360 Modell 20
Architektur:	/360
Leistung:	0.03 Mill. Instruktionen pro Sekunde
Hauptspeicher:	Kernspeicher, 48KBytes

Innovationen:

- Mikroprogrammsteuerung (Read-Only Memory)
- Erstes Betriebssystem für Kleinrechner (Disk Programming System)
- RPG Sprachübersetzer (Report Program Generator)

Abb. 3. Wesentliche Beiträge der Systementwicklung beim IBM /360 Modell 20

Storage" (TROS) als Festwertspeicher zum Einsatz. Auf diese Weise wurde es erstmals möglich, eine moderne Computerarchitektur in einem kommerziellen Kleinsystem zu verwirklichen. Eine weitere Neuentwicklung konnte durch die Benutzung der Mikroprogammierung eingeführt werden: Das Mikroprogramm der IBM System /360, Modell 20 enthielt erstmalig vorprogrammierte Wartungs- und Diagnostikprozeduren, ein Konzept, ohne das heutige Anlagen nicht mehr denkbar wären.

Der Einsatz von Mikroprogrammen brachte eine frühe Erkenntnis der Probleme zunehmender Komplexität. Es wurden deshalb klar gegliederte Mikroprogrammstrukturen entwickelt und erste Ansätze zur mathemathischen Simulation von horizontalen Mikroprogrammen eingeführt. Die Beherrschung der Komplexität ist bis heute der Schlüssel zu einer erfolgreichen Systementwicklung.

Das erste Betriebssystem für ein Kleinsystem

Zur Systementwicklung der IBM System /360, Modell 20 gehörte nicht nur die Hardware-Entwicklung, sondern auch die entsprechende System-Software. Mit dem Modell 20 sollten vor allem die noch vorhandenen Lochkartensysteme erstmals durch einen speicherprogrammierten Rechner abgelöst werden. Die jeweils definierte Minimalkonfiguration führte zu drei verschiedenen Steuerprogrammpaketen:

- CPS (Card Programming System) benutzte Lochkarten sowohl für die Daten- als auch für die Programmspeicherung,

- TPS (Tape Programming System) benutzte stattdessen Magnetbänder,
- DPS (Disk Programming System) hatte alle Elemente eines elementaren Betriebssystems. Es kannte Komponenten wie IPL (Urlader), Job Control (Abwickler), Supervisor (Systemkern) sowie Linkage Editor (Binder). Es ermöglichte die Stapelverarbeitung, d.h. den automatischen Aufruf von Folgen von Programmen, allerdings nur ein Programm nach dem anderen, d.h. kein Multiprogramming (Mehrprogrammbetrieb). Es gab eine von den Daten getrennte Programmbibliothek, die auf einem Plattenstapel untergebracht war und daher wahlfreien Zugriff und satzweise Veränderungen erlaubte. Für Plattendateien gab es neben der sequentiellen Organisation auch eine Zugriffsmethode mit Schlüsselworten.

Das erste Betriebssystem, damals noch magnetbandorientiert, war Ende der 50er Jahre unter dem Namen IBSYS für den Großrechner IBM 7090 eingeführt worden. Die Bedeutung des DPS-Steuerprogramms der IBM System /360, Modell 20 ist vor allem darin zu sehen, daß hiermit erstmalig ein - wenngleich anspruchsloses - Betriebssystem auch für den unteren Bereich der Datenverarbeitung eingesetzt werden konnte.

Sprachübersetzer ersetzen Assemblersprache

Die Modell 20 Systeme zielten auf einen Anwendungsbereich, bei dem man nicht annehmen konnte, daß jede Installation es sich leisten konnte, einen oder mehrere Programmierer auszubilden. Es mußte vielmehr eine Brücke gefunden werden für denjenigen Anwender, der, aus der Begriffswelt der Lochkartentechnik kommend, die volle Flexibilität eines programmgesteuerten Rechners auf kommerzielle Anwendungen anwenden will.

Hierfür bot sich die Sprache RPG (Report Program Generator) als Lösung an. Sie war zuerst als Listprogrammgenerator auf dem IBM System 1401 erschienen, fand aber dort aufgrund funktioneller und leistungsmäßiger Schwächen noch wenig Akzeptanz. Gründliche Analysen der 1401-Erfahrungen führten dazu, daß die Funktionen und Ausdrucksmöglichkeiten der Sprache wesentlich erweitert wurden.

Die Modell 20 RPG-Generatoren zeichneten sich durch hohe Effizienz des erzeugten Codes aus und waren so modular strukturiert, daß geräte- und betriebssystemabhängige Funktionen leicht ersetzt werden konnten. Dies wurde nicht nur durch die Anpassung an drei verschiedene Modell-20-Umgebungen (CPS, TPS, DPS) bewiesen, sondern auch durch die spätere Übertragung auf die IBM Betriebssysteme S/360, S/3 und S/36. Bei früheren Systemen wurden auch Anwendungsprogramme noch fast ausschließlich in Assemblersprache geschrieben. Durch RPG wurde das Modell 20 das erste Kleinsystem, für das fast ausschließlich in einer höheren Sprache programmiert wurde. Die Benutzung des Assemblers beschränkte sich auf die IBM interne Systemprogrammierung sowie auf die Unterstützung einiger zeitkritischer Anwendungen, z.B. Magnetschriftleser. RPG ist heute eine der am weitesten verbreiteten Programmiersprachen; die Verantwortung für die Pflege und Weiterentwicklung der RPG-Übersetzer für die Betriebssysteme DOS/VSE und MVS liegt nach wie vor in Böblingen.

Ebenfalls Anfang der 60er Jahre begann eine weitere Aktivität in der Systemprogrammierung des Labors, die etwas andere Wurzeln hatte. Nachdem im Jahre 1958 eine internationale Arbeitsgruppe die algorithmische Sprache ALGOL definiert hatte, entwickelte sich das Interesse an dieser Sprache vor allem in Europa. Es enstand ein ALGOL-Projekt im deutschen Labor. Das Produkt wurde im IBM Labor Böblingen bis zur Ankündigungsreife entwickelt und später in unser Schwesterlabor Lidingö (Schweden) transferiert.

In der Zwischenzeit fand eine andere, höhere Programmiersprache, PL/I, wachsendes Interesse. PL/I ist das Ergebnis von Bemühungen, an denen die Benutzerorganisationen GUIDE und SHARE maßgeblich beteiligt waren, die Spaltung der Welt zwischen kaufmännischen auf der einen und technisch-wissenschaftlichen Programmiersprachen auf der anderen Seite zu überwinden. IBM gab diesem Unterfangen die größtmögliche Unterstützung. Viele Mitarbeiter sahen darin das Korrelat zu der Entscheidung für die S/360 Architektur. Böblingen übernahm die Verantwortung für den Übersetzer mit dem niedrigsten Hauptspeicherbedarf. Es entstand ein Mehrphasen-Übersetzer, der pro Phase 10kB Hauptspeicher zur Verfügung hatte. Der 16kB-DOS-Übersetzer wurde 1966 ausgeliefert und hat ungefähr ein Jahrzehnt lang den S/360-Kunden den Einsteig in PL/I ermöglicht. Bezüglich Funktionsumfang, Ausführungsgeschwindigkeit und Hauptspeicherplatz war er den FORTRAN- und COBOL-Übersetzern gleicher Größe überlegen. Im Vergleich zum heutigen IBM PC war die damalige minimale Hauptspeichergröße von 16 kByte sehr gering. Es war eine besondere Leistung unserer Programmierer, auch für derartig begrenzte Eigenschaften der Hardware brauchbare Sprachübersetzer zu entwickeln.

Die Entwicklung des Systems IBM System /360, Modell 20 war außerordentlich erfolgreich. Von den weltweit 15 000 ausgelieferten Systemen sind heute, nach 20 Jahren, immer noch 2000 bei Kunden im Betrieb. Im Laufe der Weiterentwicklung wurde das System durch 5 Modelle erweitert. Das letzte Modell benutzte bereits die ersten monolythischen Speicher als Hilfs-, Register-, und Pufferspeicher und zeigte damit den weiteren Trend in der Systementwicklung auf.

1.2.2 IBM System /370, Modell 115/125

Anhaltende Fortschritte der Halbleiter- und Plattenspeichertechnologien gaben den Anstoß zur Entwicklung einer neuen Systemfamilie. Der Erfolg des Vorgängermodells beinflußte wesentlich die Innovationen des Entwicklungsteams. 1972 wurde das System als IBM System /370, Modell 115/125 angekündigt (Abb. 4 und 5).

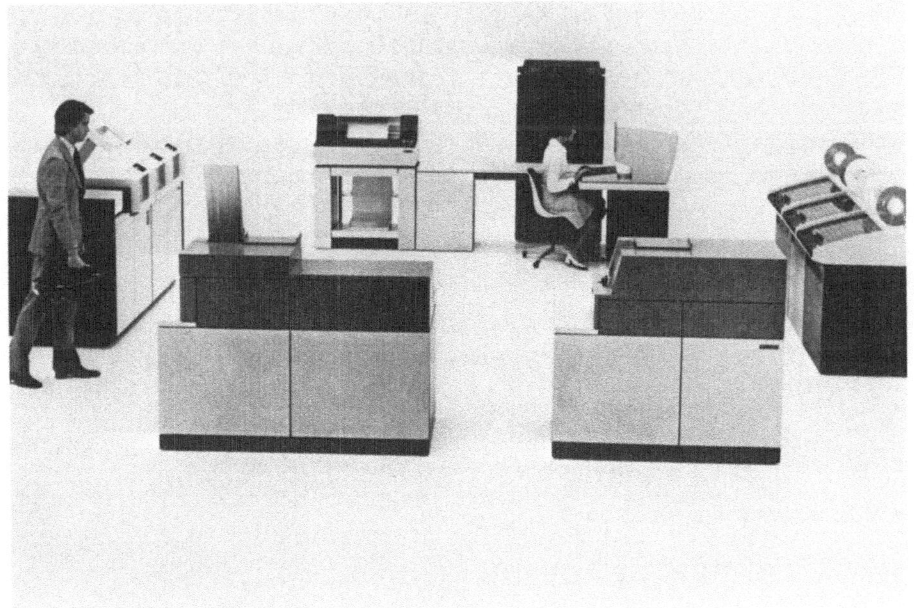

Abb. 4. IBM System /370, Modell 115/125

Hardware

Das IBM System /370 Modell 115/125 brachte in vielen Bereichen richtungweisende Neuerungen. Das Wichtigste war eine völlig neue Systemstruktur mit eigenständigen, intelligenten Eingabe/Ausgabe-Rechnern für den Anschluß peripherer Geräte. Hierauf wird später noch einmal besonders eingegangen. Die Eingabe/Ausgabe-Rechner bedeuteten eine wesentliche Erhöhung der Komplexität des Mikroprogramms. Aus diesem Grunde wurde die Simulation durch mathematische Beschreibung des Programmverhaltens erheblich weitergeführt. Die Programmierung der Simulation geschah im Assembler-Code. Die Einführung von kostengünstigen Halbleiterspeichern erlaubte den Einsatz des virtuellen Speicherkonzeptes. Es kam zum ersten Mal das ebenfalls in Böblingen entwickelte 2 KBit Chip zum Einsatz. Die virtuelle Speichertechnik entlastet den Endbenutzer von der Notwendigkeit, die Benutzung des Hauptspeicherplatzes planen zu müssen. Der Einsatz der Mikroprogrammierung wurde durch zusätzliche Funktionen ausgedehnt. Zum ersten Mal wurde ein schreibbarer Mikroprogrammspeicher benutzt, der ein Nachladen wenig benötigter Routinen erlaubte, um die Speicherkosten trotz anwachsendem Programmumfang niedrig zu halten.

Eine weitere Neuerung betraf die Schnittstelle zum Operator:

1972

Type:	/370 Modell 115/125
Architektur:	/370
Leistung:	0.12 Mips (4 x Mod. 20)
Hauptspeicher:	FET, 2KBit Chips, 512KBytes max. (17 x Mod. 20)

Innovationen:

- Unabhängige Eingabe/Ausgabe Prozessoren (Datenflußmaschine)
- Einführung eines Service-Prozessors
- Schreibbarer Mikroprogrammspeicher
- Mikroprogrammsimulation
- 2KBit Chip Entwicklung

Abb. 5. Wesentliche Beiträge der Systementwicklung beim IBM System /370, Modell 115/125

Während in der Vergangenheit Systeme noch eine aufwendige und schwer zu benutzende Bediener- und Wartungsanzeige mit einer Unzahl von Lämpchen und Schaltern aufwiesen, verwendeten die Modelle 115/125 erstmalig einen Bildschirm als Bedienerkonsole. Als Ansteuerung diente ein eigener Ein-/Ausgabeprozessor, der gleichzeitig Wartungsaufgaben übernahm. Für bestimmte Wartungsaufgaben, z.B. bei der Justage von Druckhämmern eines angeschlossenen Schnelldruckers, erlaubten spezielle Mikroprogrammroutinen eine Bildschirmbenutzung als digitales Oszilloskop.

Mit den Modellen 115/125 wurde zum ersten Mal auch die Möglichkeit geschaffen, Kundensysteme im Fehlerfall vom Entwicklungslabor aus zu diagnostizieren. Mittels einer Telefonverbindung konnte die lokale Bedienerkonsole eines beliebig weit entfernten Systems durch eine Konsole im Labor ersetzt werden.

Software

Die Fortschritte in der Halbleitertechnologie machten wesentlich größere Hauptspeicher möglich. Dieses wurde genutzt, um das Betriebssystem DOS, welches sich in der Zwischenzeit als Standard für kleinere Systeme etabliert hatte, auf die virtuelle Speichertechnik umzustellen.

Die virtuelle Speichertechnik ist ein Beispiel dafür, wie Probleme, die sonst jeder Anwendungsprogrammierer zu lösen hat, auf die Systemebene verlagert werden. Dadurch, daß alle Programme über einen sehr großen Adreßraum verfügen, wird die Programmierung einfacher. Dafür zahlt jedes einzelne Programm mit einem gewissen Effizienzverlust; der Gesamtdurchsatz des Systems dagegen wird fast immer erhöht.

Die Arbeitslast für diese und andere Erweiterungen des Betriebssystems teilten sich das holländische und das deutsche Labor. Während die Systemverantwortung in Holland lag, hatte Böblingen die Verantwortung für die Basiskontrollprogramme.

Die wesentlichen Funktionserweiterungen wurden 1973 unter der Bezeichnung DOS/VS ausgeliefert. Es gehörten dazu neben der Einführung des virtuellen Speicherkonzepts die Unterstützung eines Bildschirms als Bedienerkonsole, Verbesserungen der Multiprogrammiereigenschaften sowie die neue Zugriffsmethode VSAM.

1.2.3 IBM System /370, Modell 4331-1/2

Ein sprunghafter Fortschritt der Halbleitertechnologien führte wiederum zu einer neuen Systemfamilie, IBM System /370, Modell 4331-1/2, welche 1979 angekündigt wurde. Das Preis-/Leistungsverhältnis von Datenverarbeitungssystemen wurde durch diese Systemfamilie in einem Maße verbessert, das die Industrie überraschte. Der Grund lag zum einen in der erstmaligen Benutzung von 64 KBit Speicherchips. Dies entsprach einer Erhöhung der Packungsdichte um den Faktor 32. Zum anderen konnte die Schaltkreisdichte der Logikchips gleichzeitig um den Faktor 70 auf 704 Schaltkreise pro Chip erhöht werden. Dadurch wurden die Kosten ebenfalls erheblich gesenkt (Abb. 6 und 7).

Das Bestreben, durch Erhöhung der Packungsdichte von Logikchips Rechenleistung zu gewinnen und Kosten zu senken, schloß die Chipträger mit ein. Die Technologie der Mehrschichtkeramikträger wurde entwickelt. Kostengünstig konnten auf diese Weise 9 Logikchips auf einem gemeinsamen Träger plaziert und verdrahtet werden.

Die Beherrschung der Very Large Scale Integration (VLSI)-Packungsdichten gelang nur durch die intensive Weiterentwicklung der Entwurfshilfsmittel. Ein interaktiver, rechnergestützter Logikentwurf ermöglichte nicht nur die VLSI-Implementierung, sondern brachte auch erheblichen Gewinn an Produktivität und Qualität während der Entwicklungsphase. Die Simulation wurde auf ganze Baugruppen ausgedehnt. Hierdurch gelang es den Ingenieuren, bereits im ersten Anlauf fast fehlerfreie VLSI-Chips zu entwerfen.

1.2.4 IBM System /370, Modell 4361-4/5

Die Zielsetzung für die Entwicklung dieser neuen Systemfamilie ergab sich aus verschiedenen sich abzeichnenden Trends der Datenverarbeitung:

- Verstärkung der technisch-wissenschaftlichen Anwendungen,

Abb. 6. IBM System /370, Modell 4331-1/2

- Zusammenwachsen von kommerziellen und technisch/wissenschaftlichen Anwendungen bei den Benutzern,
- Verdrängung eines Teils der normalen Datenstationen durch intelligente Arbeitsplatzrechner,
- Endbenutzerforderung nach Abteilungsrechnern an Stelle von erhöhten Rechenzentrumskapazitäten.

Um diesen Anforderungen gerecht zu werden, erhielt die neue Systemfamilie eine beträchtlich geänderte Systemstruktur sowie zusätzliche externe Schnittstellen. Die funktionale Leistungsfähigkeit erhielt wesentliche Unterstützung durch die parallel verwirklichten Fortschritte des Betriebssystems VSE. 1983 wurde dieses System als IBM System /370, Modell 4361-4/5 angekündigt (Abb. 8 und 9).

Hardware

In der Vergangenheit bestand die Meisterung der komplexen S/360-Architektur darin, sämtliche Maschinenbefehle durch ein Mikroprogramm auszuführen. Damit war es möglich, relativ komplexe Funktionen kostengünstig zu verwirklichen. Dies ging jedoch zu Lasten der erreichbaren Rechengeschwindigkeit. Innerhalb der S/370-Architektur sind gewisse Instruktionstypen so komplex, daß sie nur per Mikroprogramm mit einem vernünftigen Aufwand zu verwirklichen sind. Eine Untermenge der S/370-Maschinenbefehle besitzt jedoch alle Merkmale einer modernen RISC (Reduced Instruction Set Computer) Architektur. Deshalb wurde in dem Modell 4361 eine Kosten-/Geschwindigkeitsopti-

1979

Type:	/370 Modell 4331 - 1/2
Architektur:	/370
Leistung:	0.42 Mips (3.5 x Mod. 125)
Hauptspeicher:	FET, 64KBit Chip, 4MBytes max. (8 x Mod. 125)

Innovationen:

- Interaktiver, rechnergestützter Logikentwurf
- Baugruppensimulation
- Fernwartung/Fernbedienung

Abb. 7. Wesentliche Beiträge der Systementwicklung beim IBM System /370, Modell 4331-1/2

mierung dadurch erreicht, daß die weniger komplexen Teile der S/370-Maschinenbefehle durch hart verdrahtete Logik implementiert wurden, während die komplexeren Maschinenbefehle nach wie vor Mikroprogramme übernahmen. Zur weiteren Steigerung der Rechengeschwindigkeit mußte der zentrale Rechner von allen administrativen Aufgaben der Ein-/Ausgabe entlastet werden. Diese Aufgaben sind deshalb einem separaten Rechner übertragen worden. Damit waren die Leistungsreserven der vorhandenen Logiktechnologie noch nicht voll ausgeschöpft. Die Zugriffszeiten des Hauptspeichers bildeten eine Grenze. Deshalb wurde dem Hauptspeicher ein sehr schneller Pufferspeicher (CACHE) vorgeschaltet. Der entspechende bipolare Speicherbaustein wurde von der Böblinger Halbleiterentwicklungsgruppe speziell entwickelt. Auf diese Weise war es möglich, die Leistung für kommerzielle Anwendungen dieses "Superminis" in eine Größenordnung hineinzusteigern, die man bisher nur von wesentlich größeren Maschinen gewohnt war.

Eine wesentliche Zielsetzung der Entwicklung war, die gleiche Leistung bei kommerziellen und technisch-wissenschaftlichen Anwendungen zu erhalten. Dies wurde durch die Entwicklung einer speziellen Gleitkommaeinrichtung erreicht.

Als Beitrag zum technischen Fortschritt bei technisch-wissenschaftlichen Berechnungen wurde ein Verfahren zur absoluten Gewährleistung der Genauigkeit einer Berechnung eingeführt. Dieses als ACRITH bezeichnete Verfahren entwickelten Ingenieure des Böblinger Labors gemeinsam mit Professor Kulisch von der Universität Karlsruhe. In der Vergangenheit war es selbst mit sehr weiten Gleitkommaworten nicht sicher, ob die gewünschte Genauigkeit auch wirklich erreicht wurde.

Eine neue programmierbare Steuereinheit zum Anschluß von Industriestandard-ASCII-Datenstationen beruhte ebenfalls auf der engen

Abb. 8. Datensichtgerät und IBM System /370, Modell 4361-4/5

Zusammenarbeit zwischen Entwicklungslabor und Universität. Gemeinsam mit der Universität Yale, USA, gelang es, mit Hilfe eines speziellen Anwendungsprogramms einen Minirechner IBM S/1 als Steuereinheit mit S/370-Architektur zu betreiben und diesen durch den Endbenutzer programmieren zu lassen.

Fortschritte bei der Betriebssystementwicklung

Eine neue Ära leitete 1982 das Betriebssystem SSX/VSE ein, welches die Handhabung erheblich erleichtert. Dazu haben wir Grundfunktionen des Betriebssystems mit einigen weiteren Systemprogrammen zu einem Paket vereinigt, das der Benutzer als eine Einheit bestellen und installieren kann. Es kann ohne explizite Verwendung eines Assemblers oder Binders an Konfigurationsänderungen angepaßt und gewartet werden. Dazu wurde eine interaktive Mensch-Maschine-Schnittstelle definiert und entsprechend den neuesten ergonomischen Gesichtpunkten verwirklicht. Sie ermöglicht es dem Systembediener, alle Funktionen des Systems ohne Detailkenntnisse von Strukturen und Kommandos aufzurufen. Hierzu gehört die Einführung der Menütechnik, aber auch die interaktive Vorbereitung von Stapelprogrammläufen, die Überwachung des Ablaufs und die Analyse von Problemsituationen. Hervorzuheben sind auch die Funk-

1983

Type:	/370 Modell 4361 - 4/5
Architektur:	/370
Leistung:	1.3 Mips (3 x Mod. 4331)
Hauptspeicher:	FET, 64KBit Chip, 16 MBytes max. (4 x Mod. 4331)

Innovationen:

- Optimierung Hardware-Mikroprogramm (RISC)
- Gleiche Leistung für kommerzielle und technisch/ wissenschaftliche Anwendungen
- Verifizierte Rechnergenauigkeit
- Vollständige Systemsimulation mit automatischer Testfallgenerierung
- Benutzerfreundliches /370 Betriebssystem

Abb. 9. Wesentliche Beiträge der Systementwicklung beim IBM System /370, Modell 4361-4/5

tionen, welche die Installation und den Betrieb von SNA-Netzen erleichtern. Die Systemdokumentation wurde entscheidend überarbeitet und ebenfalls benutzerfreundlich gestaltet. Sie stellt das SSX-System als ein geschlossenes Ganzes dar und wurde, genau wie die Benutzerschnittstellen, ausgiebigen Ergonomieprüfungen unterzogen.

Der beschrittene Weg wurde anschließend auf alle Versionen des DOS/VSE-Betriebssystems ausgedehnt, heute VSE/SP genannt. VSE/SP ist die Basis für weitere endbenutzerorientierte Pakete geworden. Möglichkeiten für den Datenaustausch zwischen dem IBM Personal Computer und VSE wurden geschaffen. Ein Systempaket mit der Bezeichnung DS/VSE (Decision Support/VSE) vereinigt ein relationales Datenbanksystem (SQL/DS) mit Abfragesprachen (QMF) und graphischen Möglichkeiten (GDDM), um Adhoc-DV-Aufgaben ohne Programmierunterstützung zu erledigen.

2.0 Technische Herausforderungen heute

2.1 Technologiefortschritte

Die Rechenleistungen eines Zentralrechners sowie der Anschlüsse von Ein-/Ausgabegeräten werden durch Halbleitertechnologie, Verbindungstechnologie und Rechnerstruktur bestimmt. Neben der Schaltgeschwindigkeit der Transistoren beeinflussen die Signallaufzeiten wesentlich das Ergebnis. Diese wiederum sind abhängig von der Schaltkreis-Packungsdichte auf einem Chip, der Chip-Packungsdichte auf einem Modul sowie der Modul-Packungsdichte auf einer Schaltkarte (Leiterplatte).

Wie Abb. 10 zeigt, erhöhten sich in den letzten 19 Jahren die Schaltgeschwindigkeiten um den Faktor 10. Die drastischen Kostensenkungen der letzten Jahre wurden nur zum Teil durch höhere Schaltkreisdichten auf dem Chip erreicht. Einen wesentlichen Beitrag leisteten die schnellen Fortschritte in der Verbindungstechnologie. Erheblich gesteigerte Schaltkreisdichten auf einem Modul und einer Schaltkarte (Abb. 10) bewirkten wesentlich weniger Module, Karten, Kabelverbindungen und Stecker. Die Kosten sanken bei gleichzeitiger Erhöhung der Rechenleistung und der Zuverlässigkeit.

Der Kostennutzen noch höher integrierter Schaltkreise wird sich deshalb auch weiterhin nicht direkt aus der Fähigkeit ableiten lassen, mehr Schaltkreise auf einen Chip oder mehr Chips auf einen Wafer zu bringen. Der Nutzen ergibt sich aus der totalen Eliminierung weiterer kostenintensiver Integrationsstufen. Wesentlich bei der Bewertung des Technologiepotentials ist, daß gleichzeitig die Kosten für Kühlung, Stromversorgung und Fertigungsprozesse reduziert werden. Gleiche Betrachtungen gelten auch für die Halbleiter-Speichertechnologien.

Heute sind die physikalischen Grenzen der Halbleiter bezüglich Materialeigenschaften und Fertigungsprozesse noch lange nicht erreicht, d.h. die Packungsdichte von Logik- und Speicherbausteinen wird weiter zunehmen und das Kosten-/Leistungsverhältnis reduzieren. Die Systementwicklung muß sich allerdings verschiedenen Herausforderungen stellen:

- Wie kann man 500 000 Transistoren auf einem Chip verdrahten ?
- Wie kann man einen Logikentwurf mit 30 000 Schaltkreisen pro Chip beim ersten Anlauf fehlerfrei machen, um erheblich länger werdende Zykluszeiten der Fertigung im Entwurfsfehlerfall zu vermeiden ?
- Wie kann man hohe Schaltkreis-Packungsdichten auf einem Chip testen ?
- Wie kann man den Signallaufzeitverlust bei Verbindungstechnologien drastisch senken ?

Logik:	1964	1983
• Schaltgeschwindigkeit (ns)	25	2.5
• Schaltkreisdichte/Modul	1	5700
• Schaltkreisdichte/Karte	48	22000
Speicher:		
• Zugriffszeit (ns)	3600	100
• Größe (MBytes)	0.048	16

Abb. 10. Technologiefortschritte

2.2 Rechnerstrukturen

Die vierzigfache Leistungsteigerung der Böblinger Systeme wurde nicht nur durch technologische Fortschritte, sondern in ebenso starkem Maße durch eine kontinuierliche Anpassung der Rechnerstruktur an die technologischen Möglichkeiten erreicht (Abb. 11).

Die Struktur des IBM Systems /360, Modell 20 im Jahre 1964 war relativ einfach: Das Rechenwerk arbeitete sequentiell: entweder wurden Daten aus dem Speicher im Rechenwerk verarbeitet oder die Ein-/Ausgabe durch das Rechenwerk gesteuert.

Die Verfügbarkeit von Halbleiterspeichern und Logik zu vertretbaren Kosten ermöglichten 1972 die richtungweisende Struktur einer Datenflußmaschine: Das zentrale Rechenwerk kann parallel zu den Ein-/Ausgabeoperationen arbeiten, die durch selbständige, mikroprogrammierte Rechenwerke gesteuert werden. Die administrative Entlastung des zentralen Rechenwerkes ergibt eine erhebliche Leistungssteigerung des Systems. Allerdings erfordert diese Struktur eine detaillierte Kosten-/Nutzenanalyse. Die dezentralisierten Rechenwerke benötigen Mehraufwand an Logik-und Mikroprogrammspeicher. Eine konsequente Ausnutzung der Struktur war 1972 noch nicht möglich, da die Halbleiterkosten zu dieser Zeit noch um den Faktor 3 zu hoch waren.

Aus diesem Grunde wurde bei den Modellen der 4331-Familie 1979 die Ein-/Ausgabesteuerung teilweise wieder dem zentralen Rechner zugeordnet. Sprunghafte Fortschritte in der Schaltgeschwindigkeit und den Speicherzugriffszeiten sowie den Packungsdichten erlaubten trotzdem mit dieser Struktur eine Verkürzung der Zykluszeit und eine weitere Steigerung der Leistung gegenüber dem Modell 115/125.

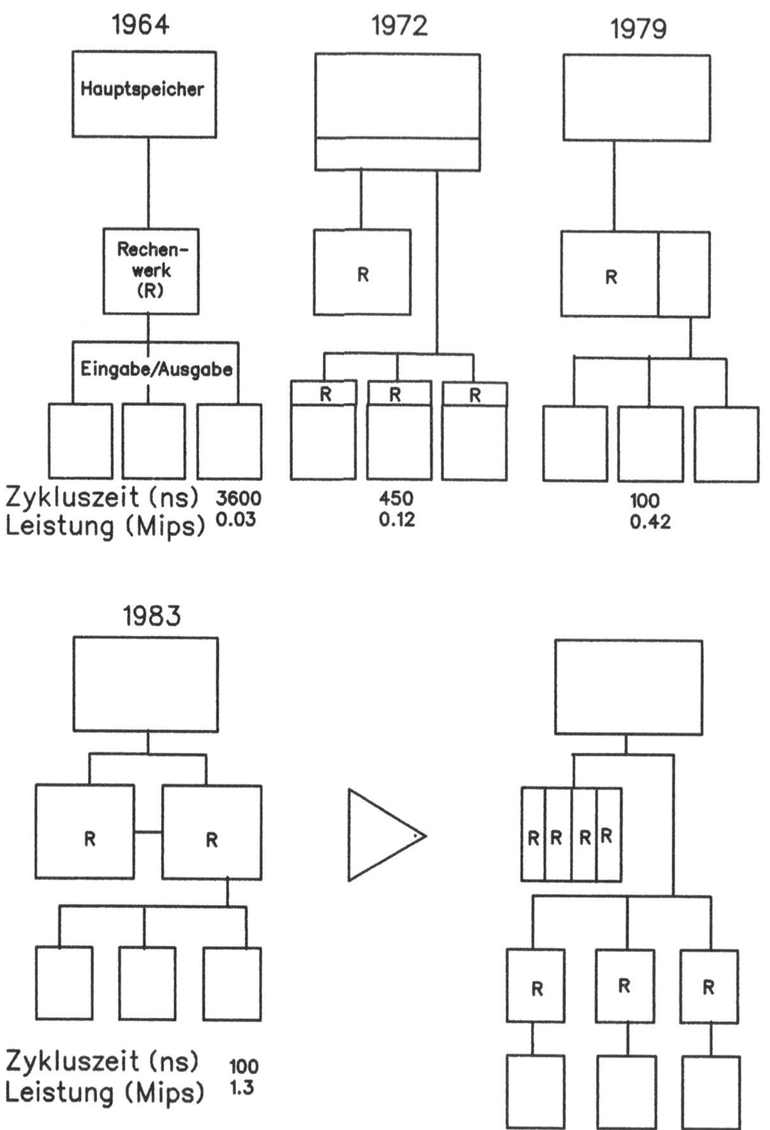

Abb. 11. Entwicklung der Rechnerstrukturen

1983 wurde die Struktur der Systeme IBM 4361 den inzwischen stark gefallenen Halbleiterkosten angepaßt. Es war nun möglich, durch Einbau eines zweiten Rechenwerkes die Funktionen Zentralrechner und Ein-/Ausgabesteuerung erneut zu trennen. Dadurch ließ sich bei gleicher Technologiecharakteristik die Leistung wesentlich steigern.

Die im System verteilte und optimierte Rechenleistung der Datenflußmaschine von 1972 hat sich heute aufgrund der nun gegebenen technologischen und wirtschaftlichen Voraussetzungen als die Grundstruktur fast aller Systeme durchgesetzt. Der nächste Schritt ist konsequenterweise die Überlegung, wie sich die Leistung eines einzelnen zentralen Rechenwerkes durch Verteilung auf mehrere, parallel arbeitende Rechenwerke steigern läßt: mit einem gemeinsamen Hauptspeicher oder mit getrennten Hauptspeichern. Diese Problemstellung ist Gegenstand intensiver Forschungsarbeit. Eine wesentliche Herausforderung liegt in der Betriebssystementwicklung. Auch in der Zukunft ist eine Kompatibilität auf Anwendungsprogrammebene notwendig, um die bisherigen sehr hohen Investitionen in die Programmierung wirtschaftlich zu nutzen.

2.3 Systementwicklung

Die Bewältigung einer Entwicklungsaufgabe wurde bisher häufig projektorientiert gesehen, d.h. man konzentrierte sich auf das Entwicklungsprojekt Zentraleinheit, Plattenspeicher oder Datenstation. Die Systementwicklung ergab sich als Summe der einzelnen Projekte. Mit dieser Vorgehensweise lassen sich die gestiegene Komplexität und die hohen Anforderungen an Entwicklungsproduktivität und Qualität nicht mehr beherrschen. Die Entwicklung muß statt dessen in Prozesse aufgelöst werden, die aufgrund des beschleunigten technischen Fortschritts und der hohen Risiken der Technologiebewertung parallel bzw. teilweise überlappt ablaufen.

Es gibt zwei Gruppen von Basisprozessen, die für Technologie, Hardware und Software identisch sind. Die erste Gruppe ist rein technischer Natur:

- Vorentwicklung,
- Entwurf,
- Integration,
- Produktion (Freigabe, Verfolgung).

Die zweite Gruppe ist der ersten überlagert und adressiert Management Aspekte:

- Kontrolle,
- Produktivität / Qualität,
- Innovationsmanagement,
- Kommunikation.

Im folgenden werden einige dieser Prozesse am Beispiel von Hardware- und Software-Entwicklung detailliert.

Hardware-Entwicklung:

Entwurf Automatisierung / Simulation

Sehr früh wurde mit der Standardisierung von Bauteilen begonnen, um die Vorteile automatisierter Fertigungsprozesse zu nutzen. Auf einem Chip stehen dem Ingenieur Standardlogikbausteine zur Verfügung (Gate-Array-Konzept), die er entsprechend der gewünschten Funktion zu Schaltkreisen verknüpfen kann. Ein-/Ausgabekontakte zwischen Chip und Chipträger sind in Anzahl und Anordnung festgelegt. Die Kontakte zwischen Chipträger und Karte sind ebenso wie die zwischen Karte und Leiterplatte mit festen Rastern vorgegeben. Als Freiheitsgrad im Rahmen technologiebestimmter Entwurfsregeln bleiben dem Ingenieur der eigentliche kreative Logikentwurf und die Verdrahtungsoptimierung auf Chip, Modul und Karte.

Diese Entwurfsfunktionen wurden in Stufen automatisiert:

- Verdrahtung von Leiterplatten,
- Kartenverdrahtung mit gedruckten Schaltungen unter Berücksichtigung der optimalen Plazierung der Module,
- Optimierter Entwurf der Verdrahtung von Logikbausteinen auf einem Chip und Chips auf den Modulen.

Heute sind die ersten Chips im Test, die mit Hilfe eines synthetischen Logikentwurfs vollautomatisch entwickelt wurden. Der Ingenieur kann sich auf den Entwurf der logischen Funktionen konzentrieren, die in Diagrammform interaktiv am Graphikbildschirm eingegeben werden. Entwurfsautomatisierung erfordert einen Mehrbedarf an Schaltkreisen, die von einem guten Ingenieur bei einem manuellen Prozeß verhindert werden könnten. Der Nutzen durch Produktivitäts- und Qualitätsverbesserungen eines Prozesses übersteigt heute jedoch bei weitem die Kosten des Mehrbedarfs an Schaltkreisen.

Parallel zur Entwicklung der Entwurfsautomatisierung liefen Entwicklungen zur automatischen Generierung von Testdaten für die Fertigung, Überwachung der Entwurfsregeln und der Benutzung der digitalisierten Entwurfsdaten zur Simulation des funktionalen Verhaltens.

Die Simulation begann mit der mathematischen Beschreibung des Verhaltens von einfachen Mikroprogrammsequenzen. Das Ergebnis war sehr positiv. Es wurde die Simulationstechnik schrittweise auf Hardware- und Mikroprogrammbaugruppen ausgedehnt. Heute wird ein ganzes System (ohne Betriebssystem) durch die Simulation erfaßt. Die Zielsetzung ist ein fehlerfreier Entwurf, bevor die ersten Chips zur Fertigung gegeben werden. Ein intensiver Einsatz von Großrechnern ist notwendig. Die Simulation von z.B. einer Sekunde Echtzeit eines neuen Systems erfordert 1500 Stunden Laufzeit auf einem Großrechner. Die Produktivitätsteigerung der Entwicklung rechtfertigt diesen Aufwand. Bisherige Ergebnisse in Böblingen zeigen, daß die Zeit für die Entwurfsverifikation

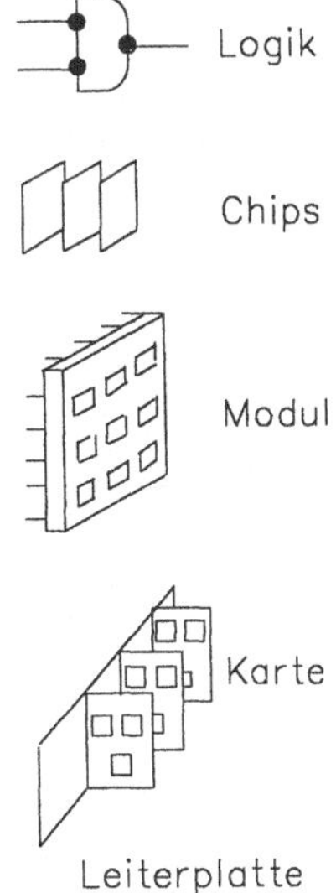

- Standardisierung
- Entwurfs-Automatisierung
- Systemsimulation
- Testautomation
- Änderungskontrolle
- Produktionsübergabe/Verfolgung
- Komplexitäts-Management

Abb. 12. Hardware-Entwicklung: Prozeßaspekte

eines Rechenwerkes (erstmaliges Einschalten der Stromversorgung bis zur Verifikation durch Anwendungsprogramme) von früher 12 Monaten auf ca. 2 Monate verkürzt werden kann. Die Simulation ist ebenfalls außerordentlich hilfreich bei der Fehleranalyse während der Systemintegration von Ein-/Ausgabegeräten. Der Gewinn an Entwicklungsqualität läßt sich messen: Die Anzahl der Entwurfsfehler pro Chip während der Entwicklungsphase reduzierte sich in der Zeit von 1979 - 1983 um den Faktor 6. Die Anzahl der funktionalen Entwurfsfehler, die nach Kundenauslieferung entdeckt wurden, ging auf Null.

Innovationen bei den Prozessen der Entwurfsautomation und Simulation sind die Voraussetzung für die Beherrschung weiter zunehmender Schaltkreisintegration und Systemkomplexität.

Änderungskontrolle

Bei der gegebenen Komplexität heutiger Datenverarbeitungsanlagen wird ein fortschrittlicher Entwurf für ein neues System immer Fehler haben, die während der Entwicklungsphase eliminiert werden müssen. Die umgekehrte Aussage trifft ebenfalls zu: Treten keine Fehler auf, war der Entwurf nicht fortschrittlich genug. Damit wird die Kontrolle der Änderungen zu einem Schlüsselprozess der Systementwicklung.

Änderungen werden nicht nur durch Entwurfsfehler, sondern auch durch die Wechselwirkungen zwischen Entwicklungsgruppe und Fertigungs- sowie Wartungsdienstgruppen hervorgerufen. Beide Gruppen sind mit eigenen Mitarbeitern sehr früh in den Entwicklungszyklus eingeschaltet. Auf der Basis eines bis ins Detail strukturierten, rechnergestützten Kontrollprozesses wird die notwendige Disziplin erreicht.

Die Entwicklungsgruppe ist für das gesamte Produktleben verantwortlich. Sie hat nicht nur die weltweite Verantwortung für die Änderungskontrolle, sondern auch für die Sammlung und Auswertung relevanter Fehlerdaten sowie die daraus abgeleiteten Aktionen zur Fehlervermeidung. Es steht ein Datenbanksystem zur Verfügung, zu dem jeder Wartungstechniker in der Welt mittels Bildschirm Zugang hat. In der Datenbank ist das Wissen um das Feldverhalten aller installierten Systeme gespeichert. Die Entwicklungsgruppe benutzt das Netz zur Kommunikation von sich häufenden Fehlern und deren Behebung. Eine schnelle Reaktion bei Problemen wird erreicht. Oft werden Fehler behoben, bevor sie bei einem individuellen Kunden überhaupt auftreten.

Eine disziplinierte Änderungskontrolle liefert die Datenbasis zur Bewertung der Entwicklungsqualität und damit die Basis für zukünftige Qualitätsziele. Die Formulierung der Zielsetzung ist einfach:

"Die Wartungshäufigkeit eines neuen Systems muß vom ersten Tag der Auslieferung an niedriger sein als der Durchschnittswert aller zu diesem Zeitpunkt installierten Systeme des Vorgängermodells."

In der Praxis bedeutet dies, daß alle Lerneffekte der Fertigung und der Wartung vor der ersten Kundenauslieferung abgeschlossen sein müssen. Für die Entwicklung bedeutet es nicht nur Fehlerfreiheit des Entwurfs, sondern auch kontrolliertes Systemverhalten bei äußeren Einflüssen wie hohe Alphastrahlung, elektrostatische Entladungen oder Unregelmäßigkeiten in der Stromversorgung. Es werden im Rechenwerk, im Speicher und in Ein-/Ausgabegeräten Prüfschaltkreise zur Fehlererkennung integriert, welche Fehlerkorrekturen durch Korrekturalgorithmen oder Aktivierung redundanter Logik starten. Durch den Einsatz von ca. 25% mehr Logik und Mikroprogramm sowie die Fortschritte in der Halbleiterqualität gelang es z.B. in den Jahren 1979 - 1983, die Systemzuverlässigkeit zum Zeitpunkt der Erstauslieferung um den Faktor 8 zu erhöhen.

Komplexitätsmanagement

Komplexität in Datenverarbeitungsanlagen wird hervorgerufen durch die zahlreichen Wechselwirkungen zwischen den Systemkomponenten und zwischen den ausgeführten Funktionen innerhalb einer Komponente. Eine zusätzliche, nicht technische Dimension bekommt die Komplexität, wenn man berücksichtigt, daß die Entwicklung eine internationale Zusammenarbeit von Gruppen erfordert. Innerhalb der nationalen Gruppen arbeiten wiederum Gruppen und innerhalb dieser Gruppen einzelne Mitarbeiter mit unterschiedlichem Wissensstand und technischem Überblick einschließlich der genialen Einzelkämpfer.

In den meisten Fällen steigert sich Komplexität unauffällig. Sie wird erst sehr spät im Entwicklungszyklus bemerkt, wenn ein Systementwurf sich nicht stabilisiert:

- Fehlerlösungen stellen sich bei der Verifikation nicht als Lösungen heraus oder rufen neue Fehler hervor,
- Die Fehlerfindungsrate nimmt innerhalb einer vorgegebenen Zeit nicht ab.

Die Zielsetzung des Komplexitätsmanagements ist es, eine komplexe Entwicklungsaufgabe hierarchisch so zu untergliedern, daß Einzelaufgaben mit beschreibbaren Schnittstellen eine kontrollierte Integration ermöglichen. Wesentlich ist eine frühe Erkennung von Schwachstellen.

Im ersten Schritt wird ein System in Komponenten zerlegt. Die Schnittstellen zwischen den Komponenten werden so gelegt, daß sie durch die S/370-Architektur oder spezielle Ein-/Ausgabearchitekturen beschrieben werden können.

Im zweiten Schritt wird jede Systemkomponente so strukturiert, daß die Entwurfsaufgaben von verschiedenen Abteilungen bzw. Arbeitsgruppen abgedeckt werden können. Die Schnittstellen werden abgesprochen, formal beschrieben und dokumentiert. Zu definierten Zeitpunkten im Entwicklungsablauf finden formale Überprüfungen statt.

Es ist notwendig, unabhängige Gruppen für die Qualifikation der Einzelaufgaben, der Integration und der Testmethoden einzusetzen. Diese Gruppen stellen sicher, daß Integration und Einfügen von Änderungen in kontrollierter, d.h. nachvollziehbarer Weise stattfinden. Gleichzeitig ergibt sich damit die Möglichkeit, schwache oder komplexe Teile eines Entwurfs an der Änderungshäufigkeit frühzeitig zu erkennen und korrigierende Maßnahmen zu ergreifen.

Eine wichtige organisatorische Maßnahme besteht in der Funktion eines Testlabors, dessen Leiter nicht dem Leiter des Entwicklungslabors unterstellt ist. Damit wird die erforderliche Unabhängigkeit erreicht, die notwendig ist, um den Entwicklungsfunktionen auch unangenehme Ergebnisse mit dem nötigen Nachdruck zu verdeutlichen.

Komplexitätsmanagement erfordert sehr viel konsequenten Formalismus, welcher häufig dem Empfinden von Entwicklungsingenieuren zuwider läuft. Experimente haben jedoch gezeigt, daß das Wissen jedes einzelnen und jeder Gruppe um die Ergebnisse und Auswirkungen ihrer Arbeit eine wesentliche Triebkraft für die eigene Qualitäts- und Produktivitätssteigerung sind.

Software-Entwicklung

Systementwurf

Komponenten

Paketierung

- Entwurf
- Informationsentwicklung
- Änderungskontrolle
- Auslieferungslogistik
- Komplexitätsmanagement

Abb. 13. Software-Entwicklung: Prozeßaspekte

Mit dem Beginn der Betriebssystementwicklung in den 60er Jahren wurde die Programmentwicklung eine eigenständige Disziplin. Damals wurde noch in kleinen, überschaubaren Gruppen gearbeitet. Heute haben besonders die Betriebssystemprogramme einen riesigen Umfang mit höchster Komplexität angenommen. Außerordentlich hohe Wachstumsraten und starker Wettbewerbsdruck erfordern wesentliche Produktivitäts- und Qualitätssteigerungen. Die Basis ist ein bis in das Detail strukturierter und kontrollierter Programmentwicklungsprozeß, bestehend aus:

- Anforderungsdefinition,
- Systementwurf,
- Komponentenentwurf und
- Implementierung.

Schlüssel zur konsequenten Anwendung sind Prozeßbeschreibung, Prozeßeinteilung und die Ausbildung der Mitarbeiter in diesen Konzepten. Die Steuerung besteht aus Datensammlung, Auswertung und Rückmeldung.

In der Praxis sieht dies so aus: Ein Programmprodukt wird als Systementwurf konzipiert. Es folgt eine Aufteilung in mehrere Stücke, welche durch Eingangskriterien und Ausgangskriterien formal beschrieben werden. Jedes Stück wird z.B. durch Entwurfsüberprüfung und Programminspektion begutachtet, bevor es zur nächsten Integrationsstufe zugelassen wird. Am Ende jeder Stufe werden die Ziele mit den erreichten Ausgangskriterien verglichen. Dieser Vergleich ergibt Prozeßdaten, welche zur weiteren Verbesserung des Prozesses verwendet werden. Der gleiche Prozeß wird auch für die Informationsentwicklung verwendet. Die bisherigen Erfahrungen sind gut. In Böblingen wurde bei einer neuen Version des Betriebssystems VSE/SP eine Zuverlässigkeitssteigerung um den Faktor 5 gegenüber der Vorgängerversion erreicht.

Es sind starke Bestrebungen vorhanden, den Entwicklungsprozeß so weit wie möglich zu standardisieren, ähnlich wie bei der Hardware-Entwicklung. Bisher ist dies bei Programmiersprachen, Inspektionen, Systemtest, Felddatenerfassung und der Software-Engineering-Ausbildung geschehen.

Für die Zukunft sind diese Ansätze jedoch nicht gut genug, um die Forderungen nach Fehlerfreiheit und weiteren Produktivitätssteigerungen zu erfüllen. Ein weiterer Aspekt ist die Logistik der Auslieferung an den Kunden. Es ist bei den zu erwartenden Systemstückzahlen notwendig, daß das ganze Betriebssystem sich in Festwertspeichern befindet anstatt auf Magnetbändern oder Disketten. Für diese Art der Auslieferung müssen die Programme trotz ihres großen Umfangs fehlerfrei sein. Fehlerfreiheit wird erreicht durch Fehlervermeidung anstelle der heute üblichen Fehlerbeseitigung.

Lösungen ergeben sich mit dem Einsatz von Entwurfssprachen und deren Umwandlung und Ausführung. Eine weitere Möglichkeit ist die Benutzung von Standard-Software-Bausteinen. Es wurden bereits in Böblingen die ersten "Software-Normteile" definiert, qualifiziert und eingesetzt. Es liegen allerdings noch keine Erfahrungen über den Mehraufwand an Programmschritten und den Einfluß auf das Leistungsverhalten vor. Es gilt jedoch bei der Software die gleiche Aussage wie bei der Hardware: Der Nutzen einer Produktivitäts- und Qualitätssteigerung eines Prozesses durch voll integrierte, rechnergestützte Verfahren ist wesentlich höher als die Einsparung von einigen Programmschritten bei dem herkömmlichen Prozeß.

3.0 Systementwicklung im Wandel

Die Systementwicklung wandelt sich mit dem Fortschritt der Technologien. Neben den ständigen Produktivitätssteigerungen und Arbeitsvereinfachungen bekannter Anwendungen werden mit neuen Systemfähigkeiten innovative Anwendungen und Verfahren entwickelt, für die vorher die technischen und wirtschaftlichen Voraussetzungen fehlten. Dadurch wandelt sich der Markt, was wiederum einen Wandel der Systementwicklung in Gang setzt.

In der ersten Phase der Datenverarbeitung wurden Systeme für isolierte Anwendungen (Insellösungen, Abb. 14) eingesetzt, z.B. für:

- den Auftragseingang,
- die Fakturierung,
- die Lohn- und Gehaltsabrechnung oder
- die Lagerbuchhaltung.

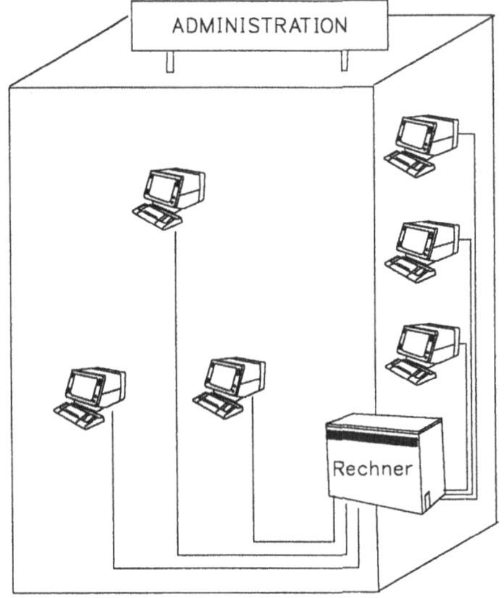

Abb. 14. Isolierte Anwendungen

Leistungssteigerungen bei gleichzeitig fallenden Kosten verbreiterten die Anwendungen. Neu entwickelte Anwendungsprogramme integrierten mehr und mehr administrative Arbeitsbereiche. Besonders in dem Verkaufsbereich eines Unternehmens wurden häufig die Aufgaben bis in die Filialen dezentralisiert, wie z.B.

- die Vertriebssteuerung,
- die Angebotserstellung oder
- der Auftragseingang.

Es entstand ein Netz von gleichen Anwendungen. Zusätzliche, isolierte Anwendungen wurden auch für technisch-wissenschaftliche Bereiche, z.B. Fertigung und Entwicklung, aufgebaut. Wesentliche Produktivitätssteigerungen werden erreicht, wenn kommerzielle und technisch-wissenschaftliche Anwendungen zu einem Ganzen zusammengefügt werden können.

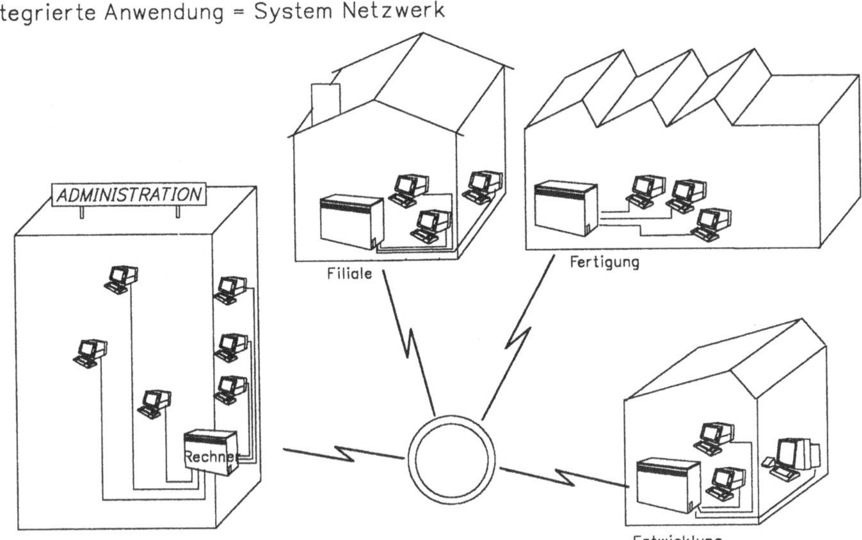

Abb. 15. Integrierte Anwendung

Damit lassen sich z.B. Auftragseingang und Terminplanung des Vertriebs mit den Fertigungsdaten wie Kapazitätsplanung, Lagerhaltung und Transportplanung durch gemeinsame Datenverarbeitung koordinieren. Die Entwicklung kann aus den Datenbanken des Wartungsdienstes oder des Vertriebes Informationen gewinnen. Die Wechselwirkungen zwischen Entwicklung und Fertigung werden beschleunigt und die Qualität verbessert.

Die Vernetzung erzwingt die Standardisierung der Kommunikationsmittel, z.B. Zeichnungen, Spezifikationen und die entsprechenden Datenbankformate. Netzwerke dieser Art ermöglichen heute horizontale und vertikale Kommunikation. Die vertikale Tiefe reicht bei einigen Anwendungen bis zur Prozeßsteuerung der Fertigung, z.B. bei der NC-Steuerung einer Drehbank. Während die horizontale Integration besonders in den Büro- und Fertigungsbereichen (z.B. Computer Integrated Manufacturing) noch intensiv vorangetrieben wird, startete 1980 die rapide Entwicklung der Arbeitsplatzrechner und intelligenten Datenstationen.

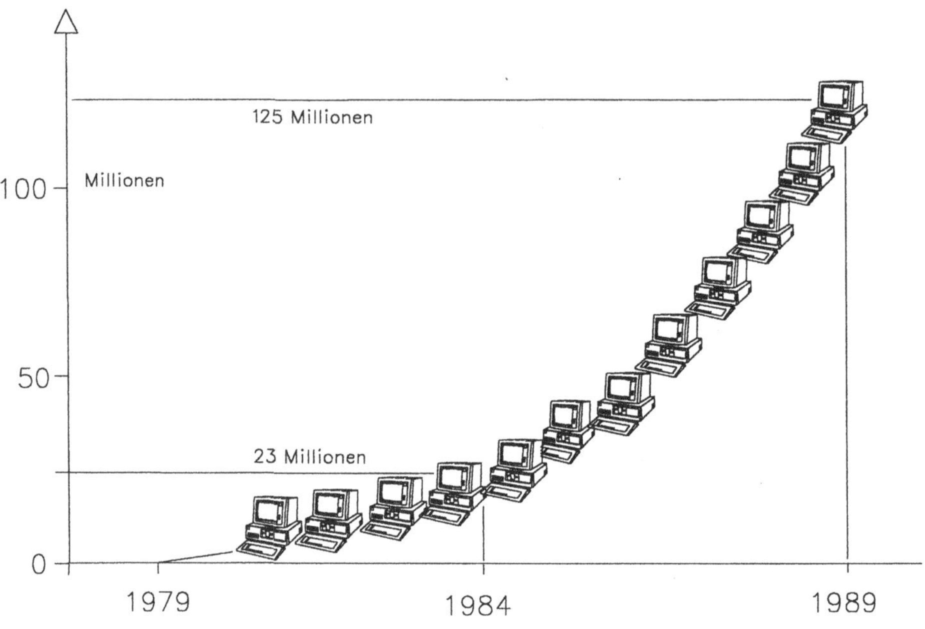

Abb. 16. Arbeitsplatzrechnerexplosion

Diese Entwicklung gab dem Markt der Datenverarbeitung und der Systementwicklung eine völlig neue Dimension. Frustriert von einem Stau von Anwendungsentwicklungen im Rechenzentrum, bekam der Endbenutzer plötzlich die kostengünstige Möglichkeit, vom Rechenzentrum unabhängig zu werden und seine Produktivität und Kreativität durch eigene Anwendungsprogramme zu steigern. Es ergab sich in vielen Unternehmen eine Polarisierung der DV-Benutzer und DV-Betreiber. Das Rechenzentrum vertrat die Ansicht, man solle die "Spielzeuge" abschaffen. Der Endbenutzer meinte, man könne das Rechenzentrum abschaffen. Beide Auffassungen schaden der produktiven Nutzung der Datenverarbeitung in einem Unternehmen erheblich, da Datenintegrität und Datenintegration nicht mehr sicherzustellen sind.

Nach kurzer Zeit fanden die Benutzer von Arbeitsplatzrechnern heraus, daß es doch ganz schön wäre, Daten aus einem Zentralrechner zu benutzen, mit anderen Benutzern zu kommunizieren und zentrale Dienstleistungen wie Datensicherheit, Datensicherung, Schnelldrucker oder große Plattenspeicher zu benutzen.

Diese Marktentwicklung erzwang ein Umdenken der Systementwicklung: Die Definition eines Systems änderte sich. Frühere Systeme waren gleichzusetzen mit Zentralrechner und Datenstationen. Neue Systeme beziehen Hauptrechner und Arbeitsplatzrechner in den Systembegriff mit ein. Anforderungen an die Anschließbarkeit von sehr unterschiedlichen

Arbeitsplatzrechnern sowie eine Öffnung der Systemarchitektur durch Unterstützung von Standard-Industrieschnittstellen wurden mit dem IBM System /370, Modell 4361 verwirklicht (Abb. 17).

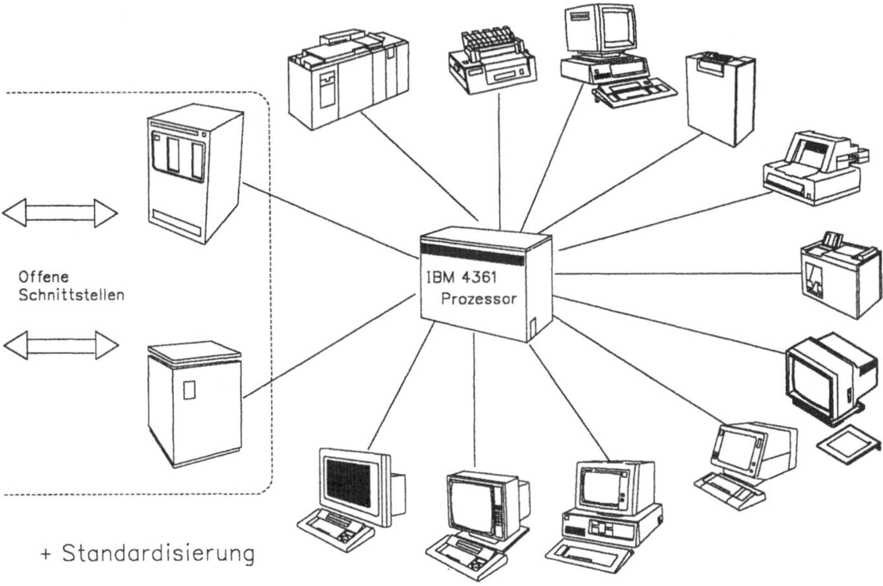

Abb. 17. Endbenutzersystem IBM System /370, Modell 4361

Die Einbeziehung der Arbeitsplatzrechner in das System erhöht die Komplexität des Betriebssystems, da Hauptrechner und Arbeitsplatzrechner unterschiedliche Architekturen haben. Gleichzeitig wird die Benutzerfreundlichkeit des Betriebssystems entscheidend, da der Endbenutzer keine Systemprogrammierer mehr zur Verfügung hat. Diese Anforderungen wurden mit dem Betriebssystem VSE/SP 2.1 erfüllt.

Mit den kreativen und produktiven Möglichkeiten der Arbeitsplatzrechner steigt der Wunsch zur Kommunikation mit anderen Benutzern, um Daten und Informationen auszutauschen. Aus diesem Grunde sind lokale und globale Netze heute in starkem Aufbau begriffen. Diese Endbenutzernetzwerke eröffnen wiederum eine neue Dimension der Datenverarbeitung: Über weite Entfernungen hinweg sind Daten unmittelbar verfügbar und können sofort zur Information und zur Entscheidung herangezogen werden. Sachbearbeiter und Manager haben direkten Zugang zur Information und können dezentral eingreifen. Der Informationsaustausch wird erheblich beschleunigt.

Für eine international verflochtene Systementwicklung ist ein globales Netz die Voraussetzung für erfolgreiches Arbeiten. Als Beispiel sei in Abb. 18 das Netz gezeigt, das die Böblinger Systementwicklung mit allen Schwesterlaboratorien, Fabriken, Wartungsdienstgruppen und allen Vertriebsorganisationen direkt verbindet.

Abb. 18. Informationsnetz der Entwicklung

Die tägliche Benutzung dieses Netzes wird einem Ingenieur oder Programmierer sehr schnell zur Selbstverständlichkeit. Alle Fertigungsdaten gehen in digitaler Form an die Fabriken. Fehlerüberprüfung und Änderungskontrolle lassen sich automatisieren. Der laufende Stand der Verkäufe ist abrufbar und erlaubt sofortiges Handeln der Marktplanung. Trends des Feldverhaltens werden gemeinsam mit Fertigungs- und Wartungsdienstingenieuren überwacht und ausgewertet. Plötzlich auftretende Probleme zwischen zwei internationalen Entwicklungspartnern brauchen nicht bis zur nächsten Besprechung warten, sondern werden sofort angefaßt. Es ist zu beobachten, daß der Kommunikationsfluß zwischen Mitarbeitern und zwischen Management und Mitarbeitern sich erheblich verstärkt. Als Folge werden eigene Meinungen und Vorschläge häufiger aktiviert.

In der Zusammenfassung stellt sich der Wandel der Systementwicklung folgendermaßen dar:

Datenverarbeitungssysteme erzeugen Informationen. Die Systementwicklung wird weiterhin technologische Fortschritte nutzen, um mehr Informationen schneller, zu niedrigeren Kosten und zuverlässiger zu liefern.

Maximaler Nutzen wird aus den Informationen gezogen, wenn diese durch lokale und globale Netze abrufbar sind. Ein wesentlicher Bestandteil der Zielsetzung für neue Systeme ist die Netzwerkfähigkeit von Hardware und Betriebssystem sowie die Öffnung der Architektur zur Unterstützung von standardisierten Schnittstellen wie OSI (Open System Interconnection). Verbindungen müssen zwischen gleichen und verschiedenen lokalen Endbenutzernetzen geschaffen werden. Die Unterstützung von schnellen Rechner-Rechner-Verbindungen mit unterschiedlichen Architekturen ist entscheidend. Eine produktive Informationsverteilung bedingt die Integration von Daten, Text, Bild und Sprache. Die hierzu notwendigen Übertragungsbandbreiten und hohen Bitströme muß die zukünftige Systementwicklung berücksichtigen.

Es stehen heute mehr Informationen zur Verfügung, als der Endbenutzer mit normalen Mitteln verarbeiten kann. Dies führt zu aufwendigen technischen Doppelentwicklungen und letztlich zur Verlangsamung des Entwicklungsfortschrittes. Deshalb konzentriert sich die zukünftige Systementwicklung auf die Produktivitätssteigerung der Informationsverarbeitung. Als erste Stufe werden zur Zeit Expertensysteme intensiv erforscht. Sie ordnen das Wissen eines Anwendungsbereiches einer Expertendatenbank zu und stellen es dem Endbenutzer interaktiv zur Verfügung. Forschungsvorhaben, z.B. auf den Gebieten der Bildverarbeitung, Sprachenverarbeitung, Robotersteuerung und Datenverarbeitung von Symbolen, sind einige der Vorstufen, um sehr komplexe Informationsverarbeitung zu ermöglichen. Neben Programmsystemen und endbenutzerorientierten Sprachen muß die Systementwicklung erheblich größere Rechenleistungen zu niedrigen Kosten zur Verfügung stellen, um diese Forschungen in der Zukunft wirtschaftlich nutzbar zu machen.

4.0 Mitarbeiter im Wandel

Die heutige intensive Benutzung von Informationserzeugung und Informationsverteilung demonstriert, wie sehr wir uns schon auf dem Weg von der Industriegesellschaft zur Informationsgesellschaft befinden. Wie wandeln sich die Mitarbeiter, die diesen Weg durch Innovationen der Systeme und Technologien mitgestaltet haben ?

Ingenieure der Systementwicklung haben in ihrer professionellen Laufbahn die Erfahrung gemacht, daß Erfahrungen ständig durch neue Erfahrungen ersetzt werden müssen. Sie haben die Fähigkeit entwickelt, sich ohne die normale Verzögerung der eigenen Unsicherheit in völlig neue Gebiete einzuarbeiten. Die Fähigkeit führt unbewußt zu einer hohen Selbstsicherheit im Umgang mit neuen Technologien. Alte Probleme werden immer wieder untersucht, um neue, bessere Lösungen zu finden.

Intensives, dauerndes Lernen durch Schulung und die Aufgeschlossenheit gegenüber dem Neuen wird zur Selbstverständlichkeit und nicht zur Belastung. Der Mitarbeiter bekommt seine professionelle Selbstbestätigung aus dem Erfolgserlebnis, daß seine Überlegungen unter Einsatz neuester Technologien später auch funktionieren. Dies schließt die Anwendung der Datenverarbeitung für seinen eigenen Arbeitsprozeß mit ein. Seine persönliche Arbeitsweise ändert sich. Produktivität und Qualität steigen.

In der heutigen Entwicklungsumgebung kann nur in Teams mit sehr differenziertem Fachwissen gearbeitet werden. Auf der anderen Seite muß der Mitarbeiter seine Individualität zur Entfaltung seiner spezifischen Fähigkeiten behalten. Dies erfordert eine klare Aufgabenstellung, die nicht nur seine Aufgaben im Team, sondern auch seine individuellen Aufgaben formuliert. Auf diese Weise lassen sich Beiträge mit einem Minimum an Konflikten im Team anerkennen und belohnen.

Sprunghafte Entwicklungen etablierter Technologien und plötzliches Erscheinen neuer Technologien sind besondere Herausforderungen an das technische Management der Systementwicklung. Technologiebewertungen durch systematische Potentialabschätzung und parallele Exploration von alternativen Technologien sind zum festen Bestandteil der Managementzielsetzung geworden. Elektronische Informationsverteilung sorgt für eine Dezentralisierung der Information. Dies gibt dem Manager mehr Zeit, mit den Mitarbeitern Kontakt zu halten, Innovationen zu erkennen, zu fördern und anzuerkennen. Die Bewältigung der zukünftigen Systementwicklungsaufgaben erfordert die Kreativität richtig vorbereiteter Mitarbeiter. Das Management wird durch Bereitstellung des "Klimas" wesentlich zu dem Erfolg beitragen.

Anerkennung

Der Verfasser dankt den Mitarbeitern der Systementwicklung des IBM Laboratoriums in Böblingen für die zahlreichen Diskussionen, die diesen Beitrag ermöglichten. Besondere Anerkennung gebührt den Herren Dr. W.G. Spruth und Dr. A. Endres.

Literatur

Fachbücher

Baitinger, U.: Schaltkreistechnologien für digitale Rechenanlagen. Berlin; New York: de Gruyter 1973. 263 S.

Endres, A.: Analyse und Verifikation von Programmen. Systematische Verfahren und Untersuchungen zur Erstellung fehlerfreier Software. München; Wien: Oldenbourg 1977. 405 S.

Folberth, O.G.: Grundlagen der Halbleiterphysik. Berlin: Schiele und Schön 1965. 113 S.

Ganzhorn, K., Schulz, K., Walter, W.: Datenverarbeitungssysteme. Aufbau und Arbeitsweise. Berlin; Heidelberg; New York: Springer 1981. 305 S.

Ganzhorn, K., Walter, W.: Die geschichtliche Entwicklung der Datenverarbeitung. Stuttgart: IBM Deutschland GmbH 1975. 305 S.

Hackl, C.: Schaltwerk und Automatentheorie. Bd. 1, 2. Berlin, New York: de Gruyter, 1972 - 1973. 157 S, 152 S. (Sammlung Goeschen. Bd. 6011, 7011.)

Spruth, W.G.: Interaktive Systeme. Strukturen, Methoden, Stand der Technik. Stuttgart: SRA 1977. München, Wien: Oldenbourg 1977. 298 S. (Fachberichte und Referate. Bd, 2.)

Konferenzbände

Informationsverarbeitung und Kommunikation. Informatiksymposium 1978 d. IBM Deutschland GmbH, Bad Neuenahr, 12.-14. September 1978. Hrsg. von A. Endres, C. Schünemann. München, Wien: Oldenbourg 1979. 330 S. (Fachberichte und Referate. Bd. 8.)

Was ist Software? Programmiersprachen und Betriebssysteme. Hrsg. von K. Ganzhorn, K. Tjaden. Köln-Braunsfeld: Müller 1970. 172 S.

Rechnerstrukturen. Vorträge des Informatik-Symposiums der IBM Deutschland GmbH, Wildbad 1973. Hrsg. von H. Hasselmeier, W. G. Spruth. München, Wien: Oldenbourg 1974. 458 S.

Data Base Systems. Proceedings of the 5. Informatik Symposium, IBM Germany, Bad Homburg v.d.H., September 24.-26., 1975. Ed. by H. Hasselmeier, W. G. Spruth. Berlin, Heidelberg, New York: Springer 1976. 386 S. (Lecture Notes in Computer Science. V. 39.)

Digitale Speicher. Vorträge der NTG-Fachtagung vom 22.-24. März 1977 in Stuttgart. Berlin: VDE 1977. 399 S. (NTG-Fachberichte. Bd. 58.)

Entwicklungsperspektiven mittlerer Rechnersysteme. Technisch- Wissenschaftliches Systemseminar der IBM Laboratorien Böblingen, Bad Neuenahr, 4.-6. April, 1984. Hrsg. von W. E. Proebster, R. Remshardt. München, Wien: Oldenbourg 1984. 334 S. (Fachberichte und Referate. Bd. 15.)

Methoden und Werkzeuge zur Entwicklung von Programmsystemen. Technisch-Wissenschaftliches Seminar der IBM Laboratorien Böblingen, Bad Neuenahr, 12.-14. Juni 1985. Hrsg. von W.E. Proebster, R. Remshardt, München; Wien: Olderbourg 1985. 286 S. (Fachberichte und Referate. Bd. 16.)

Einzelbeiträge

Bleher, J.H., Roeder, A.E., Rump, S.M.: ACRITH: High Accuracy Arithmetic. An Advanced Tool for Numerical Computation. IEEE Proceedings. 7th Symposium on Computer Arithmetic ... New York: IEEE 1985. S. 318-321

Einsele, Th.: Impulsverstärker mit Transistoren. DBP 1158 106

Endres, A.: An Analysis of Errors and their Causes in System Programs. IEEE Trans. Softw. Engg. SE-1 (2/1975). S. 140-149

Endres, A.: Methoden der Programm- und Systemkonstruktion: ein Statusbericht. Informatik-Spektrum 3 (3/1980). S. 156-171

Ganzhorn, K.: Binäre logische Schaltelemente für polarisierte Strahlung. Physikalische Verhandlungen 13 (10/1955). S. 229 ff

Ganzhorn, K.: Prinzipien in Rechnerstrukturen. Elektronische Rechenanlagen 15 (6/1973). S. 263-269

Hoerle, H., Irro, F., Schaal, H., Siebert, H.J., Wevers, J.: Ein Verfahren zur synchronen codeunabhängigen Datenübertragung. Elektronische Rechenanlagen 12 (2/1970). S. 59-70

Knauft, G., Lamparter, H., Spruth, W. G.: Some New Methods for Digital Encoding of Voice Signals for Voice Code Translation. IBM J. Res.Dev. 10 (3/1966). S. 244-253

Krösa, A., Ganzhorn, K.: Transistoren in der Rechenmaschinentechnik. Elektronische Rundschau 9 (10/1955). S. 377-380

Painke, H.: Der Einfluß von VLSI auf die Systemstruktur. NTZ 32 (6/1979). S. 370-374

Schaal, H.: Verfahren und Schaltungsanordnungen zur zeitmultiplexen Datenübertragung. DBP 2252 212

Schünemann, C., Spruth,W.G.: Modulares elektronisches Datenverarbeitungssystem. DBP 1922 415

Schulz, K.M.: Einige Methoden zur Vorhersage des Verhaltens kleiner Systeme mit virtuellem Speicher. GI Jahrestagung. Karlsruhe 1972. S.284-291

Schwermer, H.: The Extended Control Program Support: Virtual Storage Extended (ECPS:VSE) Mode for the IBM 4300 Processors. 20. IEEE Computer Society International Conference (1980). Digest of Papers. S. 66-68

Sprick, W., Ganzhorn, K.: Recognition of Numerals by Contour Following. Proc. IEE 106, Part B (29/1959). S. 448

Spruth, W.G.: Method and Apparatus for Checking a Data Transfer Operation. US Patent 3579 185

Weber, H.: A Microprogrammed Implementation of Euler on IBM System /360 Modell 30. Comm. ACM 10 (9/1967). S. 549-558

Kommunikationssysteme

Helmut Forner

Kurzfassung: Das "Zusammenwachsen" von Telekommunikations- und Informationsverarbeitung hat zwei Aspekte, die Verwendung von Computertechnik in Telekommunikationssystemen einerseits und die Verknüpfung beider zu Informationssystemen andererseits. Beide Aspekte werden im Vortrag behandelt und anhand einiger Beispiele aus Deutschland erläutert. Dabei liegt das Schwergewicht der Ausführungen auf der Betrachtung der Systemarchitektur.

1.0 Einleitung

Vergleicht man die Entwicklung von Telekommunikations- mit der von Informationssystemen, so zeigen sich fundamentale Unterschiede.

Seit über 100 Jahren entwickelt sich das Fernsprechnetz zum wohl größten technischen System der Welt mit insgesamt über 500 Millionen Teilnehmern. Die durchzuführenden Funktionen Übertragung und Vermittlung sind dabei vergleichsweise einfach, das Teilnehmergerät Telefonapparat in seinen Funktionen entsprechend limitiert. Die technologische Weiterentwicklung war bis vor etwas über einem Jahrzehnt eher gemächlich, die Investitionen in das Netz enorm. Alle diese Eigenschaften haben dazu geführt, daß überall auf der Welt solche Systeme reguliert und durch Monopole geschützt waren.

Die Informationsverarbeitung dagegen hat in den letzten 30 Jahren eine schier unendliche Fülle von Produkten und Anwendungen jeglichen Komplexitätsgrades hervorgebracht. Zusammen mit der stürmischen Entwicklung der Technologie sind dabei immer neue Märkte entstanden, auf denen sich in heftigem Wettbewerb eine wachsende Zahl von Teilnehmern betätigt.

Durch das Zusammenwachsen beider Systeme in den letzten Jahren entstehen nun völlig neue Techniken und Märkte, die dazu noch in das Spannungsfeld zwischen Monopol und Wettbewerb geraten.

Dieser Vortrag beschränkt sich auf zwei Aspekte der Sytemtechnik, die Verwendung von Computertechnik in Telekommunikationssystemen und die Verknüpfung beider zu höherwertigen Informationssystemen, anhand einiger Beispiele aus Deutschland. In einem Ausblick wird kurz auf die weiterführende Problematik eingegangen.

Wenn man über Systeme spricht, dann ist eine Schlüsselfrage: "Nach welcher Architektur ist das System aufgebaut?" G. A. Blaauw, einer der Chefarchitekten der Rechnerfamilie IBM System /360, hat als erster den Begriff der "Systemarchitektur" eingeführt, als er 1964 im IBM Journal of Research and Development die IBM System /360 Architektur vorstellte[10]. Er definierte den Begriff so: "Die Systemarchitektur kann als das funktionelle Erscheinungsbild definiert werden, wie es sich dem Benutzer darbietet." Dies war damals praktisch der Befehlssatz, der einheitlich für die ganze Familie von /360 Rechnern festgelegt wurde.

Bei gleichbleibender Architektur bietet ein System also seinen Benutzern ein gleichbleibendes funktionales Erscheinungsbild trotz möglicherweise erheblicher Unterschiede bei der Implementierung. Die Architektur schützt damit die vom Benutzer getätigten Investitionen, läßt ihn aber gleichzeitig an der technologischen Weiterentwicklung partizipieren.

2.0 Computer in Telekommunikationssystemen

2.1 Systeme mit zentraler Vemittlung

Die Architektur der Fernsprechsysteme wurde früher ganz entscheidend geprägt von dem Koppelelement (Abb. 1). Dies ist das Schaltelement, das zwei Leitungen innerhalb einer Vermittlung verbinden kann[1, 2, 3].

Abb. 1. Hebdrehwähler im Vergleich zu elektronischen Koppelfeldern mit ungefähr gleicher Anzahl von Koppelpunkten

Der erste Wähler - der Strowger-Wähler - wurde übrigens 1892 von dem New Yorker Beerdigungsunternehmer Strowger erfunden. Er ärgerte sich darüber, daß die "Fräuleins vom Amt " - sie waren damals die Koppelelemente - immer zu seinem Konkurrenten vermittelten, wenn ein Kunde mit einem Beerdigungsinstitut verbunden werden wollte. Darauf hat er die Automation der Vermittlung erfunden, und Generationen von Entwicklungsingenieuren haben ihre ganze Kreativität und ihr ganzes Können aufgewendet, um dieses feinmechanische Präzisionsinstrument - den Wähler - weiter zu vervollkommnen.

Erst in den 60er Jahren wurden völlig neuartige Schaltelemente, integrierte elektronische Koppelpunkte in Halbleitertechnologie, entwickelt. Unser Labor in Böblingen hat hier mit der Einführung dieser ganz neuen Technik eine revolutionäre Entwicklung herbeigeführt[23]. Aufbauend auf dieser grundlegenden Entwicklung wurde dann in Zusammenarbeit von deutschen und französischen IBM Labors eine Nebenstellenanlage entwickelt. Mit diesen neuen Koppelelementen wurden 1969 die ersten[4] vollelektronischen Vermittlungssysteme der Welt in Serie gefertigt.

Schon aus dem Größenvergleich erkennt man den technologischen Fortschritt. Der Wähler und der integrierte Baustein in Abb. 1 haben ungefähr dieselbe Anzahl von Koppelpunkten. Dieser erste integrierte Schaltkreis von IBM wird übrigens heute noch in unseren Vermittlungssystemen - allerdings in viel höherer Integration - eingesetzt.

Das neue Bauelement hat die Implementierung der Vermittlungssysteme entscheidend verändert. Sie werden jetzt nicht mehr durch festverdrahtete Schaltungen, sondern durch Rechner gesteuert. Der Computer hat Einzug in die Telekommunikationssysteme gehalten und bestimmt seitdem Wirtschaftlichkeit, Leistungsfähigkeit und Architektur der Systeme[5].

Wie groß dieser Schritt von festverdrahteter Logik zu softwaregesteuerten Computern war, illustriert der folgende Vergleich: Maßeinheit der Leistung eines modernen Rechners ist die Zahl der Instruktionen, die er pro Sekunde ausführen kann (IPS). Für die Relaissteuerung eines Wähleramtes mit 1000 Telefonanschlüssen sind 100 IPS erforderlich. Mit der Einführung der Rechnersteuerung stand nun eine Verarbeitungskapazität von 100 000 IPS zur Verfügung. Diese 1000fache Leistung, zusammen mit softwaregesteuerter Verarbeitungsintelligenz, erlaubte eine Vielzahl von neuen Funktionen für den Benutzer und Betreiber dieser rechnergesteuerten Vermittlungssysteme, so z.B. die Kommunikation mit einer DV-Anlage.

Vor allem in Deutschland haben wir neben den Fernsprechfunktionen bei Hunderten von Kunden auch Datenanwendungen mit den IBM Vermittlungssystemen realisiert. Eine typische Anwendung ist z.B. das Abrufen von Bestellungen aus den Apotheken durch den Pharmagroßhändler. Hier werden über dieselbe Leitung und dasselbe Vermittlungssystem verbale und kodierte Bestellinformationen ausgetauscht. Der ganze Dialog wird dabei vom Rechner gesteuert.

Die Integration von Sprache und Daten wird also nicht erst durch die Digitalisierung der Übertragung ermöglicht, vielmehr ist sie die Folge einer Erweiterung der Systemarchitektur. In unserem Beispiel geschieht sie dort, wo sie wirklich benötigt wird - nämlich beim Endbenutzer des Systems (Abb. 2).

Abb. 2. Gleichzeitige Bearbeitung von Sprache, Daten und Text mit Personal Computer und PC-Telefon

2.2 Systeme mit dezentraler Vermittlung

Der nächste revolutionäre Schritt in der Vermittlungstechnik befindet sich gerade auf dem Weg vom Entwicklungsstadium zum Produkt. Ein vollständiges Vermittlungssystem kann jetzt auf einem einzigen Chip untergebracht werden. Dieser technologische Durchbruch erzwingt nun eine völlig neue Struktur des Kommunkationssystems (Abb. 3).

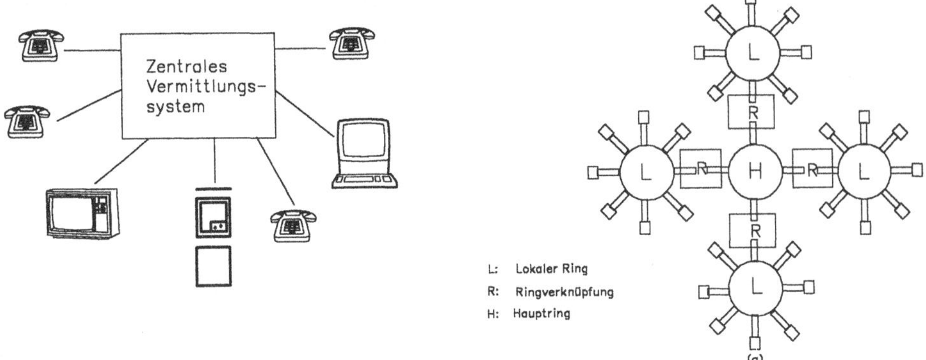

Abb. 3. Zentrales und Dezentrales Vermittlungssystem

Das 100 Jahre alte Konzept der zentralen Vermittlungssysteme wird abgelöst von einer dezentralen Struktur. Jedes Endgerät enthält ein Chip von wenigen Quadratmillimeter Fläche, das alle Vermittlungsfunktionen ausführen kann. In einem solchen Miniaturvermittlungssystem, das z.B. in einem kommunikationsfähigen Personal Computer steckt, sind über 300 000 Transistorfunktionen realisiert (das vorhin als Vergleich herangezogene gesamte Wähleramt für 1000 Fernsprechapparate hatte eine Steuerung mit der Komplexität von höchstens 200 000 Transistorfunktionen). Die Geräte sind über Kupferkabel oder über Glasfaserleitungen miteinander verbunden.

Der Vorteil dieses Systems besteht in der hohen Bandbreite der Übertragung und deren flexibler, dynamischer Zuordnung. So können auch Geräte unterschiedlichster Geschwindigkeit angeschlossen werden. Die Grenzen werden durch die Zahl der anzuschließenden Geräte und die übertragungstechnischen Eigenschaften des Verbindungsmediums bestimmt. Solche Netze werden daher auch Lokalnetze ("Local Area Networks" - LAN) genannt.

Grundlegende Erkenntnisse wurden im IBM Forschungslabor Rüschlikon bei Zürich unter Beteiligung deutscher Hochschulinstitute erarbeitet[6, 7]. Unser Entwicklungslabor Böblingen entwickelt zusammen mit der Universität Karlsruhe dieses LAN-Konzept weiter und untersucht das Verhalten dieser neuen Kommunikationssysteme im echten Betrieb.

Diese Dezentralisierung der Vermittlungsfunktionen, ermöglicht durch die technologische Entwicklung in der Computertechnik, eröffnet somit einen neuen Freiheitsgrad in der Gestaltung von Telekommunikationssystemen und völlig neue wirtschaftliche Möglichkeiten und Anwendungen[8, 9].

2.3 Architektur des Telefons

Überträgt man den in der Einleitung definierten Begriff der Systemarchitektur auf das Fernsprechsystem, so besteht sie aus dem Befehlssatz der 10 Ziffern, Abheben/Auflegen und den Tönen zur Benutzerführung (Abb. 4). Wie man sieht, hat sich seit annähernd 100 Jahren nichts geändert.

Abb. 4. Fernsprechapparat mit Wählscheibe und Tastenwahl

Die Systemarchitektur wurde wesentlich geprägt durch die Technologie - oder "Implementierung", wie G. A. Blaauw sagt - des elektromechanischen Wählers. Die Impulse, erzeugt durch die Wählscheibe, steuern die Wähler in den Vermittlungsstellen. Die jetzigen Funktionen des Fernsprechapparates - man spricht heute gerne von der "Benutzeroberfläche" - sind bei den Möglichkeiten der heutigen Technologie jedoch ein Anachronismus, der die Nutzung neuer Möglichkeiten der Informationsbeschaffung behindert.

Hierzu ein Beispiel: Pro Tag wird 800 000mal bei der Deutschen Bundespost die Fernsprechauskunft angerufen, weil jemand die Rufnummer des gewünschten Teilnehmers nicht kennt. Um das Aufsuchen der gesuchten Rufnummer für den Teilnehmer die Deutsche Bundespost zu vereinfachen, führt sie zusammen mit der IBM das AUDI-Projekt durch, die Entwicklung und Einführung eines halbautomatischen Auskunftssystems, das später vollautomatisch werden kann[11]. AUDI ist ein Kommunikationssystem, in dem in Hunderten von Rechnern die Daten von 25 Millionen Teilnehmer abgespeichert sind.

Sie können innerhalb von Sekundenbruchteilen an einem von 3:500 Bildschirmen angezeigt und über eine Sprachausgabe automatisch dem Anrufer mitgeteilt werden.

Seit 1984 läuft in München ein Test zur Einführung der vollautomatischen Auskunft innerhalb des AUDI-Projekts (Abb. 5). Dieser Test soll Aufschluß darüber geben, ob die veraltete Systemarchitektur des Fernsprechapparates noch ausreicht, um eine benutzerfreundliche Mensch-Maschine-Kommunikation über das Telefon herzustellen.

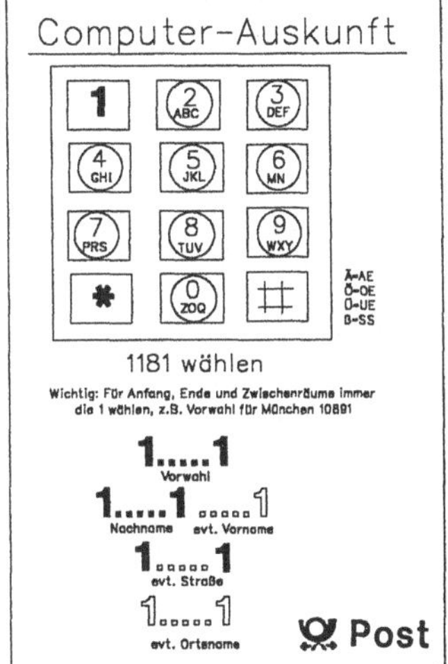

Abb. 5. AUDI-Projekt: Die vollautomatische Telefonauskunft

Die Grenzen sind bereits jetzt klar zu erkennen: Trotz einer Erweiterung der Architektur - Sprachausgabe zur Benutzerführung - ist eine akzeptable Benutzeroberfläche noch nicht erreicht, eine zusätzliche Erweiterung daher unerläßlich.

2.4 Zusammenfassung

Der Einzug der Computertechnik in die Telekommunikationssysteme hat erhebliche Fortschritte bezüglich ihrer Leistungsfähigkeit und Wirtschaftlichkeit gebracht. Im öffentlichen Telefonnetz hat sich jedoch die Architektur dadurch nicht prinzipiell geändert.

Völlig neue Technologien wie unter 2.2 beschrieben können jedoch neue Architekturen erzwingen, genauso wie dies neue Anwendungsmöglicheiten tun. Solche neuere Architekturen werden wohl zunächst im privaten Bereich entwickelt werden, im öffentlichen Netz wird dies aufgrund der hohen Investitionen nur nach längeren Übergangsperioden geschehen können.

3.0 Informationsverarbeitung und Telekommunikation

3.1 Bildschirmtext

Bildschirmtext, ein neuer Dienst der Deutschen Bundespost, war ebenfalls für ein Endgerät konzipiert, dessen Systemarchitektur zu einem ganz anderen Zweck gestaltet wurde, nämlich den Fernsehapparat mit Fernbedienung. Auch bezüglich dieser Benutzerschnittstelle-Zifferneingabe, Farbbildschirmausgabe - hat man inzwischen erkannt, daß eine geeignete Benutzeroberfläche eigentlich nur über eine Volltastatur hergestellt werden kann (Abb. 6).

Abb. 7 zeigt die Komponenten des Bildschirmtextsystems. Vom Teilnehmergerät wird über das öffentliche Telefonnetz eine Verbindung zu einer Vermittlungsstelle geschaltet. Eine solche Vermittlungsstelle - Ende 1985 werden es ca. 50 sein - besteht aus einer Reihe von Universalrechnern, die über ein Lokalnetz untereinander verbunden sind. Sie üben gleichzeitig unterschiedliche Vermittlungs- und Verarbeitungsfunktionen aus. Über festgeschaltete Datenleitungen sind die Vermittlungsstellen mit der Leitzentrale verbunden, in der sämtliche Btx-Seiten gespeichert sind und die auch die Aufgabe des Netzwerkmanagements erledigt. Über den öffentlichen Datex-P-Dienst haben externe Rechner Zugang zu den Vermittlungsstellen und können so ebenfalls dem Benutzer Informationen anbieten.

Betrachtet man dieses System, so besteht es aus der Kombination einer Reihe typischer Telekommunikations- und Informationsverarbeitungssysteme:

Telekommunikation: Fernsehapparat, Telefonnetz, lokales Netz, Datenpaketvermittlungsnetz, festgeschaltete Leitungen;

Informationsverarbeitung: Mikroprozessor im Decoder, Universalrechner in den Vermittlungsstellen, Großrechner in der Leitzentrale, externe Rechner (vom Großrechner bis zum PC).

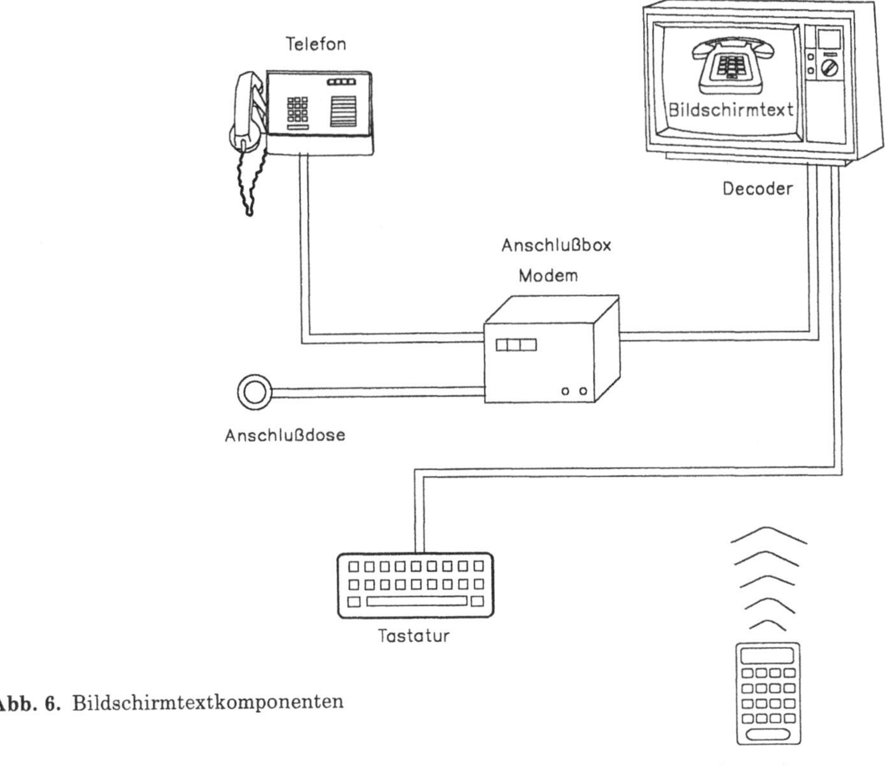

Abb. 6. Bildschirmtextkomponenten

Insgesamt werden zum Jahresende 1985 ca. 700 Rechner innerhalb des Bildschirmtextsystems zu einem einzigartigen Verbund zusammengefügt sein.

Das System wurde von der IBM Deutschland entwickelt und 1984 der Bundespost übergeben[12, 13, 14]. Um dies zu bewerkstelligen, waren völlig neue Methoden des Software-Engineering zu entwickeln. Darüber hinaus sind bei einem neuen öffentlichen Fernmeldedienst die Qualitätsstandards bei Einführung höher als bei einem privaten System, die Akzeptanz des Dienstes hängt davon ab.

Bildschirmtext ist ein System, das sozusagen am Reißbrett entwickelt wurde. Vorgegeben waren die Benutzerfunktionen - also nach unserer Definition die Architektur - und eine Fülle operativer und qualitativer Parameter. Das System wurde als Einheit entwickelt, wobei natürlich auf Modularität, Flexibilität und Ausbaufähigkeit geachtet wurde.

Als Beispiel für ein solches einheitliches Konzept, das größtmögliche Flexibilität und Leistungsfähigkeit besitzt, sei hier nur das hierarchische Rechner- und Datenbankkonzept erwähnt. Die in Abb. 7 gezeigten Rechner des Systems bilden nämlich eine Hierarchie, in deren oberster Ebene sich der Rechner der Leitzentrale befindet. Die mittlere Ebene bilden die Datenbankrechner, die unterste die Teilnehmerrechner in den Vermittlungsstellen (Abb. 8).

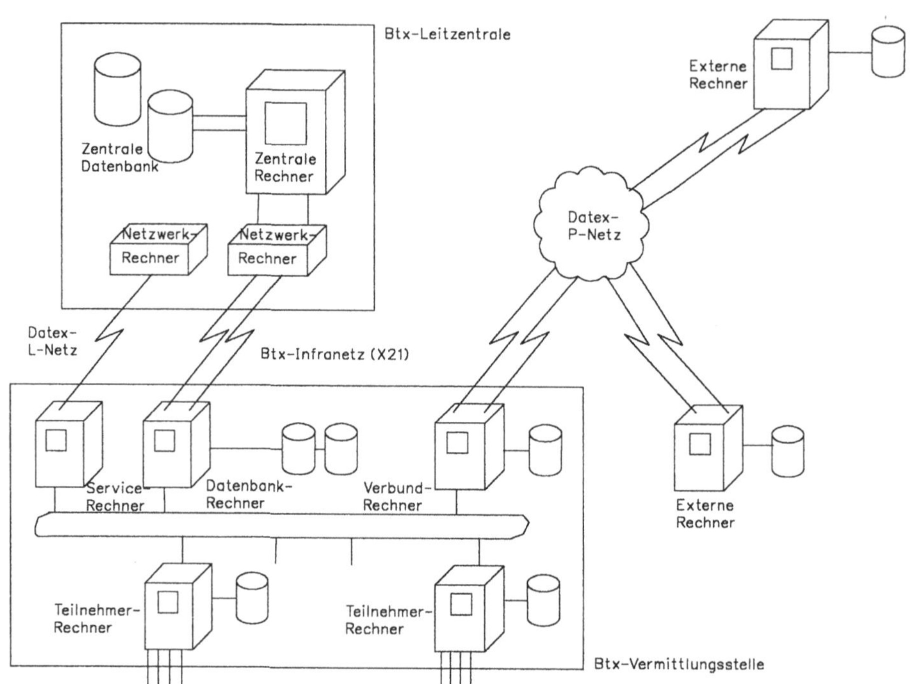

Abb. 7. Btx-Netzwerk

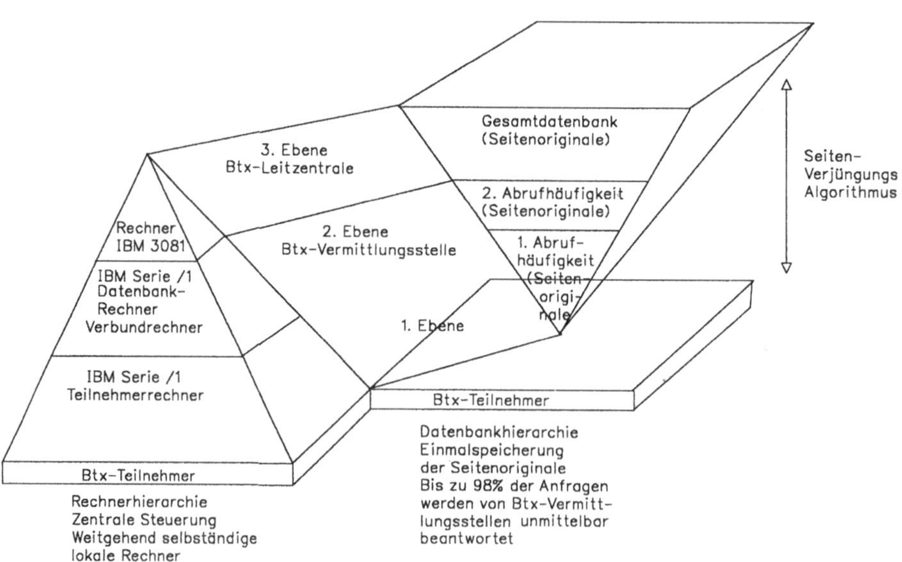

Abb. 8. Btx-Rechner- und Datenbankhierarchie

Sämtliche Seiten sind in der zentralen Datenbank der Leitzentrale gespeichert, dies erleichtert u. a. den ständigen Änderungsdienst. Gleichzeitig ist sie die Referenzdatenbank für alle Vermittlungsstellen. Die für eine bestimmte Vermittlungsstelle aktuellen Seiten befinden sich zusätzlich noch einmal in ihren Datenbank- bzw. Teilnehmerrechnern.

Durch einen geeigneten Algorithmus optimiert das System dynamisch sich nun so, daß bei 98% aller Anfragen die gesuchte Seite in der jeweiligen Vermittlungsstelle gefunden wird. Nur in den restlichen Fällen muß also zur Leitzentrale zugegriffen werden. Außerdem können die Vermittlungsstellen bei etwaigem Ausfall der Leitzentrale noch einige Zeit mit ihrem gespeicherten Datenbestand weiterarbeiten.

Wie an dieser kurzen Erläuterung zu sehen ist, ist Bildschirmtext ein System sozusagen "aus einem Guß".

3.2 Forschungsnetze

Völlig anders als Bildschirmtext sind in der Regel die umfangreichen Rechnernetze entstanden, die Universitäten und Forschungsinstitute inzwischen weltweit miteinander verbinden. Sie sind sozusagen gewachsen, wobei zunächst nur einige wenige Rechner miteinander verbunden wurden, an die sich nach und nach immer weitere anschlossen. Die Funktion solcher Netze beschränkt sich meist auf die Übertragung von Daten und Texten sowie Datenbankabfragen. Aufgrund seines Entstehens ist ein solches System meist nicht hierarchisch abgestuft, vielmehr führt jeder Rechner im Verbund Funktionen wie Zwischenspeicherung oder Vermittlung selbsttätig durch.

Das Rechnernetz EARN (European Academic Research Network) wurde aufgrund einer Initiative von IBM sowie verschiedenen Forschungsunternehmen und Universitäten im Jahr 1984 ins Leben gerufen und verbindet mittlerweile die wichtigsten Universitäten Deutschlands und Europas[15]. Mit Hilfe einer Satellitenverbindung sind auch ein amerikanisches Universitätsnetz (BITNET) und verschiedene Netze im Nahen und Fernen Osten (z.B. Japan) angeschlossen. Die Gesamtzahl der verbundenen Rechner beträgt 690 (davon 85 in Deutschland) und die Zahl der erreichbaren Studenten, Professoren und Wissenschaftler geht in die Millionen.

Die Anwendungen, die über EARN durchgeführt werden, sind neben der normalen Textkommunikation, die für die Erstellung von wissenschaftlichen Texten, Vortragsunterlagen etc. verwendet wird, der Meßdatenaustausch in der Hochenergiephysik, der Zugriff zu Daten für Nierenübertragungen, der Austausch graphischer Daten von Konstruktionszeichnungen, die Übertragung von Programmen, um nur einige zu nennen.

Obwohl EARN noch nicht Kommunikationstechniken der sog. offenen Systeme einsetzt, ist EARN nicht auf IBM Anlagen beschränkt. Mittlerweile sind etwa 10 verschiedene Herstellerarchitekturen an EARN angepaßt worden und anschließbar. In einem größeren Rahmen wird jedoch das Projekt DFN (Deutsches Forschungsnetz), an dem die IBM ebenfalls beteiligt ist, im Rahmen eines echten offenen Systems die Datenkommunikation zwischen Universitäten und Einrichtungen der öffentlichen Forschung noch weiter verbessern[16].

3.3 Zusammenfassung

Die Kombination von Telekommunikations- und Informationsverarbeitungssystemen zu höherwertigen Informationssystemen kann evolutionär wie bei Forschungsnetzen oder revolutionär wie bei Bildschirmtext geschehen. Im ersten Fall ist die Architektur gewachsen und wird wesentlich von der Implemetierung bestimmt, im zweiten Fall ist die Implementierung Folge der vorgegebenen Architektur. Gemeinsam ist solchen Informationssystemen ein extrem hoher Grad an Komplexität, der eine neue Herausforderung an das Software-Engineering stellt. Diese Komplexität zu beherrrschen, ist die große Aufgabe, die vor uns liegt.

4.0 Ausblick

Wie in den aufgeführten Beispielen demonstriert wurde, sind in solchen Informationssystemen die Funktionen Informationsverarbeitung und Telekommunikation bei der Implementierung so integriert, daß es sinnlos geworden ist, sie nach den bisherigen Definitionen noch auseinandersortieren zu wollen.

Die genannten Beispiele lassen ebenfalls erahnen, welche Fülle von Möglichkeiten sich durch die augenblickliche technologische Entwicklung eröffnet. Um diese auch nutzen zu können, ist es jedoch nicht damit getan, sich der technischen Herausforderung zu stellen, sondern es sind auch eine Reihe von ordnungspolitischen Voraussetzungen zu schaffen. An dieser Stelle seien nur zwei erwähnt.

1. Es ist notwendig, die Arbeiten an einem "offenen Kommunikationsstandard" zügig weiterzuführen. Hier sei die Arbeit der International Standard Organization (ISO) an einem Open Systems Interface (OSI) genannt, an der auch die IBM aktiv beteiligt ist[18, 19]. Um diese Arbeiten zu fördern, wurde in diesem Jahr das IBM European Network Center in Heidelberg gegründet, dessen Aufgabe es ist, hierfür theoretische und praktische Beiträge zu liefern.

Zur gleichen Zeit wird die IBM Netzwerkarchitektur System Network Architecture (SNA) weiterentwickelt[20, 21]. 1973 hat IBM als erste Firma eine Netzwerkarchitektur unter diesem Begriff angekündigt. SNA war und ist in erster Linie eine Kommunikationsarchitektur, nach und nach implementiert in einer Fülle von Hard- und Softwareprodukten. Darüber hinaus ist es aber auch von IBM für zukünftige Architekturerweiterungen. Seine Bedeutung für unsere Kunden und unsere Entwickler kann daher kaum hoch genug eingeschätzt werden.

Es scheint angebracht, darauf hinzuweisen, daß SNA und OSI sich nicht gegenseitig ersetzen, sondern ergänzen sollen. Deshalb hat unser deutsches Softwareentwicklungshaus bereits OSI-Protokolle zur Nutzung in Verbindung mit SNA-Systemen entwickelt und auf den Markt gebracht.

2. Durch das eingangs erwähnte Überschneiden eines monopolistisch geregelten mit einem dem freien Wettbewerb überlassenen Markt ist eine ordnungspolitische Unsicherheit bzw. Einschränkung entstanden. Der Einzug des Computers in die Fernmeldetechnik ermöglicht den Aufbau von "intelligenten" Netzen mit völlig neuen Leistungsmerkmalen. Die Kombination von Telekommunikation und Informationsverarbeitung eröffnet neue Märkte für Mehrwertdienste und intelligente Geräte beim Endbenutzer. Die Vielfalt der Benutzeranforderungen und Produktmöglichkeiten ist kaum vorhersehbar, geschweige denn planbar. Es ist daher unbedigt erforderlich, diese Märkte so weit wie möglich zu deregulieren, d.h. von Vorschriften freizuhalten und so dem freien Wettbewerb zu überlassen - zu liberalisieren[22].

Dies zu erreichen, ist eine ordnungspolitische Herausforderung, der wir uns auch als Techniker stellen müssen und von deren Beantwortung die Weiterentwicklung der Informationssysteme in Deutschland entscheidend beeinflußt wird.

Literatur

[1] Führer, R.: Landesfernwahl. R. Oldenburg Verlag, 1966

[2] Schönfeld, W.H.: Einführung in die Fernsprechnebenstellentechnik. E. Herzog Verlag, 1965

[3] Bergmann, K.: Lehrbuch der Fernmeldetechnik. Fachverlag Schiele und Schön Gmbh, 1973

[4] Corby, B.: IBM 2750 Voice and Data Switching System, IBM Journal of Research and Development 13, H. 4, S. 408-415, 1969

[5] Thierer, M.: Local-area subnetworks, A Performance Comparison, IEEE Transactions on Cummunications COM-29, No 10, pp 1465-1473, Oktober 1981

[6] Bux, W. Closs, F., Janson, P.W., Kummerle, K., Muller, H.R., Rohauser, E.H.: A Local-Area Communication Network Based on a Reliable Token Ring System, Proceedings of the International Symposium on Local Computer Networks, Florence, Italy, pp. 69-82, April 1982

[7] Dixon, R.C., Strole, N.C., Markov, J.D.: A Token-Ring Network for Local Data Communications. IBM Systems Journal, Vol. 22, Nos

[8] Dixon, R. C., Strole, N. C., and Markov, J. D., A Token-Ring Network for Local Data Communications, IBM Systems Journal, Vol. 22, Nos. 1 and 2, pp. 47-62, 1983

[9] Strole, N. C., A Local Communications Network Based on Interconnected Token-Access Rings: A Turorial, IBM Journal of Research and Development, Vol. 27, No. 5, pp. 481-496, September 1983

[10] Amdahl, G. M., Blaaner, G. A., and Brooks Jr., F. P., Architecture of the IBM System 1360, IBM Journal of Research and Development 8, No. 2, April 1964

[11] Cleve, D., Die rechnergesteuerte Telefonauskunft der Deutschen Bundespost, On-line Kongreß, 1986

[12] Ording, Dr. E. C., Hölsken, H., Die neue Btx-Zentralentechnik, IBM Nachrichten 269, Februar 1984

[13] Ording, Dr. E. C., Btx - Ein Kommunikationssystem mit neuen Dimensionen, Videotex Konferenz, Basel, September 1985

[14] Hölsken, H., Bildschirmtext - The System Behind the Service, FITCE 1985, Technical Conference, September 1985

Das Wissenschaftliche Zentrum Heidelberg: Benutzerorientierte Informatik

Albrecht Blaser

Kurzfassung: Das Wissenschaftliche Zentrum Heidelberg (WZH) ist eines von 16 wissenschaftlichen Zentren, die die IBM weltweit unterhält. Anders als die Forschungs- und Entwicklungslaboratorien der IBM, die international organisiert sind und weltweite Aufgaben wahrnehmen, sind sie integraler Bestandteil ihrer jeweiligen IBM Landesorganisationen und arbeiten vorwiegend an wissenschaftlichen Fragestellungen, die in erster Linie für ihr Land bedeutsam sind. Diese erfordern in der Regel fortschrittliche Techniken der Informatik und ihrer Anwendungsgebiete. Die Forschungsprojekte werden meist in enger Kooperation mit Universitäten und Forschungsinstituten durchgeführt, und so stellen die wissenschaftlichen Zentren ein wichtiges Bindeglied der IBM zum wissenschaftlichen und akademischen Umfeld dar und bewirken einen regen Informationsaustausch.

Das WZH wurde 1968 gegründet. Seither beschäftigt es sich mit Anwendungen der Informatik im wissenschaftlichen Bereich sowie mit fortschrittlichen, benutzerfreundlichen Mensch-Maschine-Schnittstellen und den dafür notwendigen Systemstrukturen. Zur Zeit arbeiten in Heidelberg 50 Mitarbeiter der IBM Deutschland mit Gastwissenschaftlern aus Deutschland und dem Ausland sowie studentischen Hilfskräften und Diplomanden zusammen. In Kooperationsprojekten mit Partnern konzentriert man sich derzeit auf 6 Forschungsgebiete:

- Ergonomie von Anwendungsprogrammen,
- Expertensysteme und linguistische Datenverarbeitung (mit der Universität Tübingen),
- fortschrittliche Informationsverwaltung in Datenbanksystemen (mit den Universitäten Darmstadt, Hagen und Karlsruhe),
- wissenschaftliche Berechnungsmethoden und Problemlösung (mit der Universität Heidelberg und der Fachhochschule Rheinland/Pfalz Bingen),
- verteilte Datenverarbeitung an Universitäten (mit der Universität Karlsruhe),
- Endbenutzeranwendungen in offenen Systemen (mit der Gesellschaft für Mathematik und Datenverarbeitung Darmstadt und der Universität Frankfurt).

Dieser Beitrag soll einen Eindruck von den Forschungsarbeiten des WZH und ihren Ergebnissen in ausgewählten Themengebieten wie

- Dialogkonzepte und benutzerorientierte Hochsprachen, einschließlich eingeschränkte natürliche Sprache,
- Ergonomie solcher Schnittstellen,
- Datenbank- und Schnittstellen,

- Datenbank- und Informationssysteme,
- Expertensysteme,
- und Rechnernetze

vermitteln, wobei sie zu den Entwicklungen der Informatik der letzten 20 Jahre in Beziehung gesetzt werden. Er gliedert sich in Sprachen und Dialogkonzepte als direkte Äußerungsmerkmale von Benutzbarkeit und in Systemstruktur und -komponenten als die Faktoren, die darauf wesentlichen Einfluß haben. Es wird versucht, Ausblicke auf weitere Entwicklungen zu geben.

1.0 Einleitung

Die Ausrüstung der früheren Rechenanlagen mit Basissoftware bestand aus einfachen Betriebssystemen für Stapelverarbeitung, Assemblern und Übersetzern für die ersten höheren Programmiersprachen wie FORTRAN und COBOL. Damit entwickelten Datenverarbeitungsspezialisten Programme für die Lösung von Anwendungsproblemen.

Gegen Ende der 60er Jahre setzte zumindest in der Wissenschaft auch der Trend zur interaktiven Rechnerbenutzung für die Programmierung und für die Lösung von Anwendungsproblemen ein. Auch hier mußten DV-Spezialisten die anwendungsorientierten Dialogprogramme entwickeln, die dann von Fachexperten zur Lösung konkreter Fälle aus dem Anwendungsgebiet benutzt wurden.

Typische Beispiele dieser Vorgehensweise waren zwei Projekte des WZH, die mit Forschungsgruppen des Deutschen Krebsforschungszentrums Heidelberg und der Universitäts-Strahlenklinik Heidelberg durchgeführt wurden:*

1. Interaktive Verbesserung von radioszintigraphischen Aufnahmen für die frühe Krebserkennung [WAL73]: Aufbauend auf damals neuartigen digitalen Filterungsverfahren und Methoden der graphischen Datenverarbeitung wurde ein Dialogprogramm entwickelt, mit dem der Diagnostiker durch geschickte Wahl von Filterungs- und Bilddarstellungsparametern am graphischen Bildschirm Mustererkennung betrieb und dadurch Tumore früher sichtbar machen konnte als mit herkömmlichen Methoden (Abb. 1).

---

* Nach Abschluß der Forschungsprojekte wurden die Programme von den Studienpartnern praktisch eingesetzt und stetig weiterentwickelt.

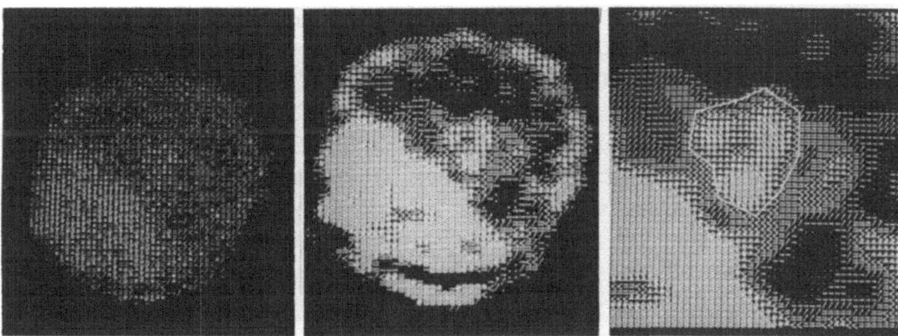

Abb. 1.a-c. Durch rechnerunterstützte Bildmanipulation und -verbesserung kann der Diagnostiker im Dialog am Bildschirm Anomalien sichtbar machen, die mit dem bloßen Auge am ursprünglichen Szintigramm nicht erkennbar sind. Die Bildserie zeigt die szintigraphische Aufnahme eines Schädels (a), das gefilterte Bild (b), und schließlich die Vergrößerung eines verdächtigen Bildausschnittes (c), auf der der Tumor klar sichtbar ist.

2. Interaktive Bestrahlungsplanung zur Behandlung von Tumoren [FEK75]: Aufbauend auf dreidimensionalen Modellen des menschlichen Körpers und der Dosisverteilung ionisierender Strahlenarten im menschlichen Gewebe wurde ein Dialogprogramm entwickelt, mit dem der Radiologe in einer Art computerunterstütztem Entwurfsvorgang den Bestrahlungsplan - d.h. Art, Stärke und Richtung der Strahlen - bestimmen und damit einen identifizierten Tumor bekämpfen sowie Strahlenschäden weitgehend vermeiden konnte (Abb. 2).

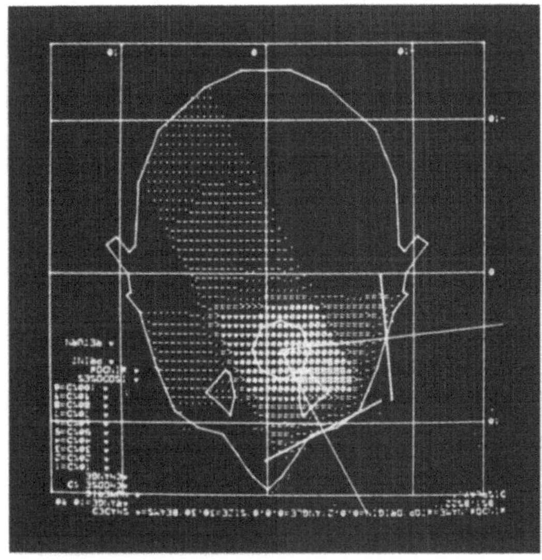

Abb. 2. Bei der Krebsbehandlung kann der Arzt im Dialog mit dem Computer den günstigsten Bestrahlungsplan entwickeln. Das Foto zeigt die Dosisakkumulation zweier Strahlen

Wie damals üblich, war in diese Dialogprogramme das ganze Anwendungswissen fest einprogrammiert, und die Daten waren auf die Verarbeitungsalgorithmen hin optimal organisiert. Nur tief Eingeweihte konnten also das in einem Programm enthaltene Wissen verändern oder erweitern. Die Dialogschnittstellen waren durch Menütechnik und Prompting gekennzeichnet, die einzigen Techniken, mit denen man damals Dialogprogramme Endbenutzern zugänglich machen konnte.

Gegen Ende der 60er und verstärkt Anfang der 70er Jahre setzte eine Bemühung ein, Hilfsmittel zu erforschen und zu entwickeln, die DV-Laien in die Lage versetzen sollten, ihre Probleme dem Rechner selbst mitzuteilen und die Lösung interaktiv zu erarbeiten, d.h. die Forschung wandte sich sog. Endbenutzersprachen und -systemen zu. Dies geschah parallel zu den ständigen Bemühungen, die Produktivität der DV-Spezialisten für Anwendungsentwurf und -implementierung weiter zu steigern, etwa durch "bessere" Programmiersprachen, Datenbanksysteme und Anwendungsgeneratoren. Zusätzlich versuchte man, mit den Regeln der strukturierten Programmierung die Qualität und Wartbarkeit der Programme entscheidend zu verbessern. Überdies wurde der Entwicklungsprozeß in Phasen organisiert und durch geeignete Systemhilfsmittel unterstützt.

Die Forschung über Endbenutzer- und Programmiererhilfsmittel hatte das gleiche Motiv. Es begann sich nämlich damals abzuzeichnen, daß sich in den kommenden Jahren die Leistung aller Systemkomponenten (Zentraleinheit, Arbeits- und Sekundärspeicher, Ein-/Ausgabegeräte, Datensichtgeräte, Telekommunikation) drastisch verbessern und der "Engpaß Anwendungsentwicklung" - d.h. die Diskrepanz zwischen der Rechnerleistung und den Anwendungswünschen einerseits und der Leistungsfähigkeit der Anwendungsprogrammierung andererseits - weiter verschärfen würde. Dabei war die Leistungsfähigkeit der Anwendungsprogrammierung nicht nur durch die nur langsam wachsende Produktivität ihrer Mitarbeiter, sondern auch durch die zu geringe Zahl kompetenter DV-Spezialisten beeinträchtigt. Um diesen "Anwendungsstau" zunächst abzubauen und später ganz zu vermeiden, müßten einerseits Endbenutzer in die Lage versetzt werden, einen Teil ihrer Anwendungen selbst zu entwickeln (wir wollen diese Anwendungen entsprechend ihrer Verbreitung in einem Unternehmen "lokal" nennen), und andererseits müßte die professionelle Entwicklung der Klasse der "globalen", langlebigen, effizienten Informationssysteme durch produktivitätssteigernde Maßnahmen effektiver gestaltet werden (Abb. 3).

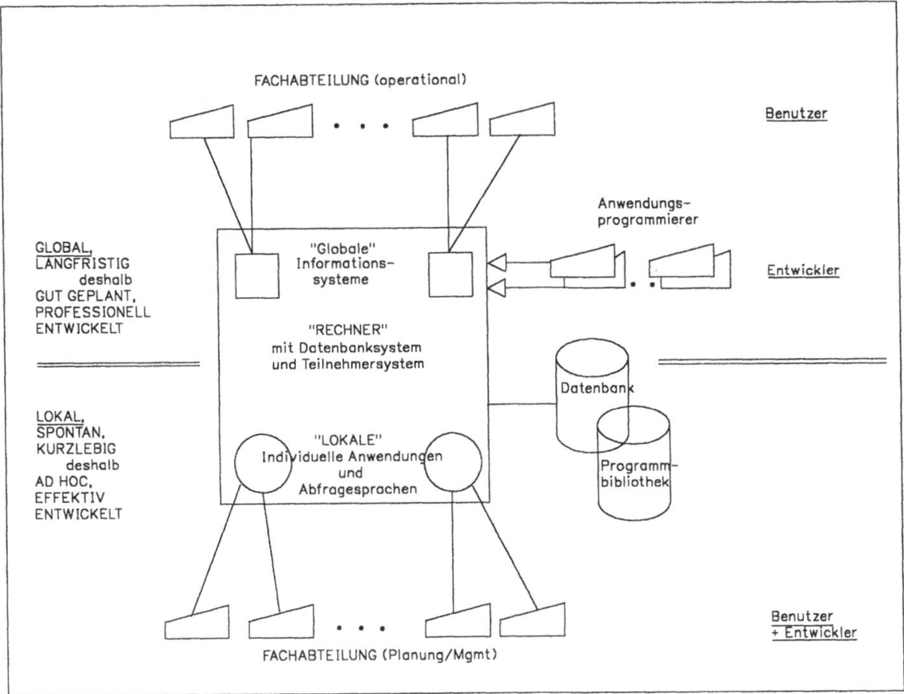

Abb. 3. Anwendungssysteme kann man grob gliedern in solche von globaler Bedeutung für ein Unternehmen und solche von nur lokaler oder auch zeitlich begrenzter Bedeutung. Die globalen Anwendungen zeichnen sich durch mehrere der folgenden Eigenschaften aus:

- Sie sind langfristig planbar, haben einen größeren, Abteilungen überschreitenden Benutzerkreis und werden regelmäßig ausgeführt;
- sie sind sehr umfangreich und greifen auf integrierte Datenbestände (operationale Datenbanken) zu;
- es sind interaktive Mehrbenutzersysteme, die effektiv, zuverlässig und leicht wartbar sein müssen;
- ihr Ausführungs-/Antwortzeit-Verhalten ist kritisch.

Solche Forderungen führen dazu, daß diese Anwendungen professionell, d.h. von speziell ausgebildeten Anwendungsentwicklern erarbeitet werden müssen.

Die lokalen Anwendungen hingegen

- werden nur von einem Benutzer oder einer kleinen Gruppe eingesetzt,
- ihr Bedarf entsteht spontan und muß möglichst unmittelbar befriedigt werden,
- sie haben nur eine kurze Lebenserwartung
- und an ihre Wartbarkeit, Zuverlässigkeit und Effektivität werden keine hohen Ansprüche gestellt.

Hier sollte dem Benutzer ein Instrumentarium zur Verfügung stehen, mit dem er sich selbst seine Anwendung ad hoc realisieren kann

In der IBM Deutschland sind es im wesentlichen zwei organisatorische Einheiten, die für solche "globalen" Informationssysteme und deren effektive Entwicklung verantwortlich sind:

- der Bereich Informationssysteme, der für die Entwicklung von Anwendungssystemen für IBM internen Gebrauch in allen Unternehmensbereichen zuständig ist,
- das Programmprodukt Entwicklungszentrum, das Anwendungssysteme und zugehörige Basissoftware für den Vertrieb an deutsche und internationale IBM Kunden entwickelt.

Beide Funktionen haben die geschilderte historische Entwicklung bei den Informationssystemen von der Programmierung in Assembler und Test an der Systemkonsole bis hin zur Verwendung der modernsten heute verfügbaren Methoden und Hilfsmittel mitgemacht und dabei eine Produktivitätssteigerung in den letzten 5 Jahren von etwa 30-60% und - noch wichtiger - eine Qualitätsverbesserung* um etwa den Faktor 4-5 erzielt, trotz wachsender Komplexität der zu entwickelnden Systeme. Sie haben dabei zur Entwicklung der Methoden und Hilfsmittel auch selbst beigetragen. Beispiele für zum jeweiligen Zeitpunkt fortschrittliche Systeme und Methoden, die in diesen Funktionen entwickelt wurden, sind im Bereich Informationssysteme:

- Steuerungssysteme für Produktionsabläufe,
- Finanzplanungs- und -steuerungssysteme
- und das flächendeckende, interaktive Vertriebsinformationssystem BRIDGE der IBM Deutschland (1974);

im Programmprodukt Entwicklungszentrum sind es:

- das Storage and Information Retrieval System STAIRS, ein Dokumentennachweissystem (1970),
- der Direct S. W. I. F. T. Link zur Abwicklung des internationalen Bankenzahlungsverkehrs (1976),
- das Interaktive Finanzsystem (IFS) für die Finanzbuchhaltung (1977),
- das File Transfer Program (FTP) für Daten- und Programmaustausch zwischen Rechnern im SNA-Netz (1980),
- das System für integrierte Daten- und Textverarbeitung IPDT (1980),
- das Distributed Office Support System DISOSS zum Erstellen, Verteilen, Archivieren und Wiederauffinden von Büro-Dokumenten (1981),
- COPICS-Produkte für die Fertigungsindustrie (1983),
- VIDEOTEXT zur Erstellung von Bildschirmtextinformation (1984),
- die Image Handling Facility IHF für graphische Daten- und Bildverarbeitung (1985)
- und die Self Education Facility SEF-PC zur Erstellung von Lernprogrammen auf dem Personal Computer (1985).

---

* Ein gängiges Maß für Programmqualität ist die Anzahl der während der Lebenszeit eines Programms gemeldeten echten Fehler pro 1000 Programmzeilen. Diese Zahl nahm in den letzten 5 Jahren von etwa 5 auf etwa 1 ab.

Im Bereich "lokaler" Anwendungen galt es zunächst, Entwicklungs- und Problemlösungshilfsmittel für Endbenutzer zu erarbeiten. Dies war für die Informatikforschung viele Probleme auf. Das Ziel war die effektive Nutzung des Rechners durch Anwendungsexperten, d. h. durch einen Personenkreis, der für die Bearbeitung von Anwendungen verantwortlich und motiviert ist und den Rechner als ein sinnvolles und nützliches Hilfsmittel bei seiner Arbeit im Sinne einer "Steigerung der menschlichen Effizienz" sieht, sich aber nicht im Detail der Programmierung verlieren möchte.

Aufbauend auf seinen bis dahin gesammelten Erfahrungen mit interaktiven Anwendungsprogrammen, begann das WZH etwa 1973, sich in engem Kontakt mit anderen Forschungs- und Entwicklungsgruppen in der IBM und außerhalb mit diesen Fragen zu befassen. Seine Arbeiten basierten im wesentlichen auf den folgenden Prinzipien:

- Das Lernen und der Umgang mit dem System sollten so einfach sein, daß der Benutzer hierdurch nicht von seinen Anwendungsproblemen abgelenkt wird, sondern sich ganz auf diese konzentrieren kann.
- Rechnerbedingte Details, die aus der Sicht des Benutzers und seiner Anwendung unwichtig sind, sollten verborgen werden.

Hierzu gehört, daß man eine benutzerfreundliche, verständliche, natürlich erscheinende Ausdrucksweise zuläßt, die anwendungsbezogen ist und auf einer anwendungsorientierten Sicht von Daten (damals entstand gerade die relationale Datenbankidee) und Programmen basiert. Als Dialogkonzepte und Hilfsmittel der Benutzerführung sollten "Prompting" (d.h. Aufforderung an den Benutzer, die gerade benötigte Information einzugeben), "Menüs" (das sind dynamische Angebotslisten, die Hinweise geben, welche Aktionen im derzeitigen System- bzw. Bearbeitungszustand möglich und erlaubt sind) und "Erläuterungen" (auch Help oder Tutorials genannt, die den Benutzer jederzeit in die Lage versetzen, sich über das System und seine Anwendung zu informieren) dienen. Dies erforderte Interaktivität [BHA77] und - ganz bedeutsam - Visualisierung von Objekten und Operationen sowie die Anpaßbarkeit des Systems an Benutzeranforderungen und -kenntnisse [BLA76, MUE83].

Die Realisierung dieser Prinzipien erforderte eine saubere Trennung des anwendungsspezifischen Wissens von den Dialog- und Verarbeitungsprogrammen. Sie wurde damals zunächst für die Daten (d.h. das Faktenwissen) eingeleitet, die man in zunehmendem Maße in Datenbanksystemen verwaltete. Heute wird dieser Trend fortgesetzt durch die Expertensystemtechnik, die auch anwendungsspezifisches Regelwissen vom eigentlichen Verarbeitungsprogramm trennt.

Es war klar, daß die Probleme nicht nur im Bereich der Mensch-Maschine-Schnittstelle sondern auch in der Systemstruktur lagen. In beiden Problemkreisen war und ist das WZH tätig (wobei die in den früheren Anwendungen gewonnene Erfahrung äußerst nützlich war), zunächst stärker in den Fragen der Benutzersprachen, im Laufe der Zeit mehr und mehr in den Systemarchitekturfragen, insbesondere der Unterstützung durch Datenbanksysteme, durch Expertensysteme und durch Rechnernetze. Kapitel 2 und 3 sind diesen beiden Themenkreisen gewidmet, Kap. 4 gibt einen kurzen Ausblick.

2.0 Sprachen und Dialogkonzepte - direkte Äußerungsmerkmale von Benutzbarkeit

In einer Übersichtsarbeit [LEH79] hat Lehmann 1979 etwa 80 verschiedene Vorschläge für Datenbankabfragesprachen untersucht, auf der Basis der darüber existierenden Literatur und z.T. auch eigener Erprobung. Alle diese Sprachen waren selbstverständlich formale Sprachen. Darüber hinaus können sie in 3 Kategorien eingeteilt werden:

- lineare Sprachen mit künstlich erfundener Syntax (als Repräsentant mag "Structured Query Language" SQL dienen [CHA76]);
- lineare Sprachen, deren Syntax eine Untermenge der Grammatik einer natürlichen Sprache ist (Repräsentant sei "User Speciality Languages" USL [ZOE81]);
- "zweidimensionale" Sprachen, die am Bildschirm die Struktur der in der Datenbank vorhandenen Objekte anzeigen und manipulierbar machen (Repräsentant sei "Query by Example" QBE [ZLO77]).

Diese Sprachtypen findet man in Verbindung mit den wesentlichen schon genannten Dialogkonzepten, d.h. als Kommandosprachen, bei denen der Benutzer initiativ sein muß, und unterstützt durch Menüauswahl und Prompting, wobei im wesentlichen das System initiativ ist und der Benutzer reagiert. Man findet natürlich auch Mischformen.

Dieser Sachverhalt gilt auch heute noch, obwohl sich in den letzten Jahren aufgrund technologischer Entwicklungen wie Rastergraphik (all points adressable displays), Fenstertechnik, Zeigeinstrumente wie Maus mit den Möglichkeiten der direkten Objektmanipulation, Berührungssensitivität, Piktogramme, Sprachein- und -ausgabe usw. wesentliche Erweiterungen und Verbesserungen bei den Dialogtechniken ergeben haben. Er dürfte auch über den Bereich der Datenbankabfrage hinaus für andere Dialoganwendungen gelten.

Eingebettet in diese überaus reichhaltige Forschungslandschaft lagen die Schwerpunkte der WZH-Arbeiten bei den sog. zweidimensionalen Sprachen (Abschnitte 2.1 und 2.2), bei eingeschränkter natürlicher

Sprache (Abschnitt 2.3) und bei ergonomischen Untersuchungen von Sprachen und Dialogkonzepten (Abschnitt 2.4).

2.1 Formularverarbeitung für den Sachbearbeiter

Ende der 60er Jahre wurde im IBM Labor in Poughkeepsie, maßgeblich von R. Miller, einem Psychologen, die Vision einer Programmiersprache und -umgebung für Endbenutzer entwickelt, die auf der Voraussetzung basierte, daß viele transaktionsorientierte Anwendungen von Sachbearbeitern durch die Manipulation von Formularen erledigt werden.* Warum sollte nicht schon bei der Programmierung das Formular die entscheidende Rolle spielen?

Dazu schien ein sehr großer Bildschirm nötig (Miller schwebte eine ganze Wand vor), auf den das Raster eines Formulars projiziert war. Darin konnte man Spalten-, Zeilen- und Zellenbezeichnungen (Variablennamen) eintragen, Zellen oder Bereiche für Dateneingabe und -ausgabe (mit Angabe der Herkunft und Disposition der Daten) und die meist einfachen Verarbeitungsregeln (Transformation von Eingabe zu Ausgabe) spezifizieren und Fußnoten mit erläuternden Texten hinzufügen. In einer übergeordneten Komponente sollten Beziehungen zwischen verschiedenen Formularen und Geschäftsabläufe wiederum zweidimensional als Flußdiagramme definiert werden können (Abb. 4.).

Das WHZ griff 1973 diese Ideen auf, um zu untersuchen, was davon mit der damaligen Technologie (charakterisiert durch Timesharingsysteme für IBM/370, Schreibmaschinen und gerade aufkommende einfache, zeilenorientierte Bildschirme für Zeichendarstellung als Datenstationen, fehlende lokale Intelligenz, aber doch leistungsfähige Koaxialkabelverbindung) verwirklicht werden könnte. Diese Untersuchungen fanden in den Jahren 1974-77 im Projekt Interaktive Programmierung durch Endbenutzer (IPE) statt [BKE78].

---

* Hierüber existieren nur IBM interne Literatur und persönliche Kommunikation.

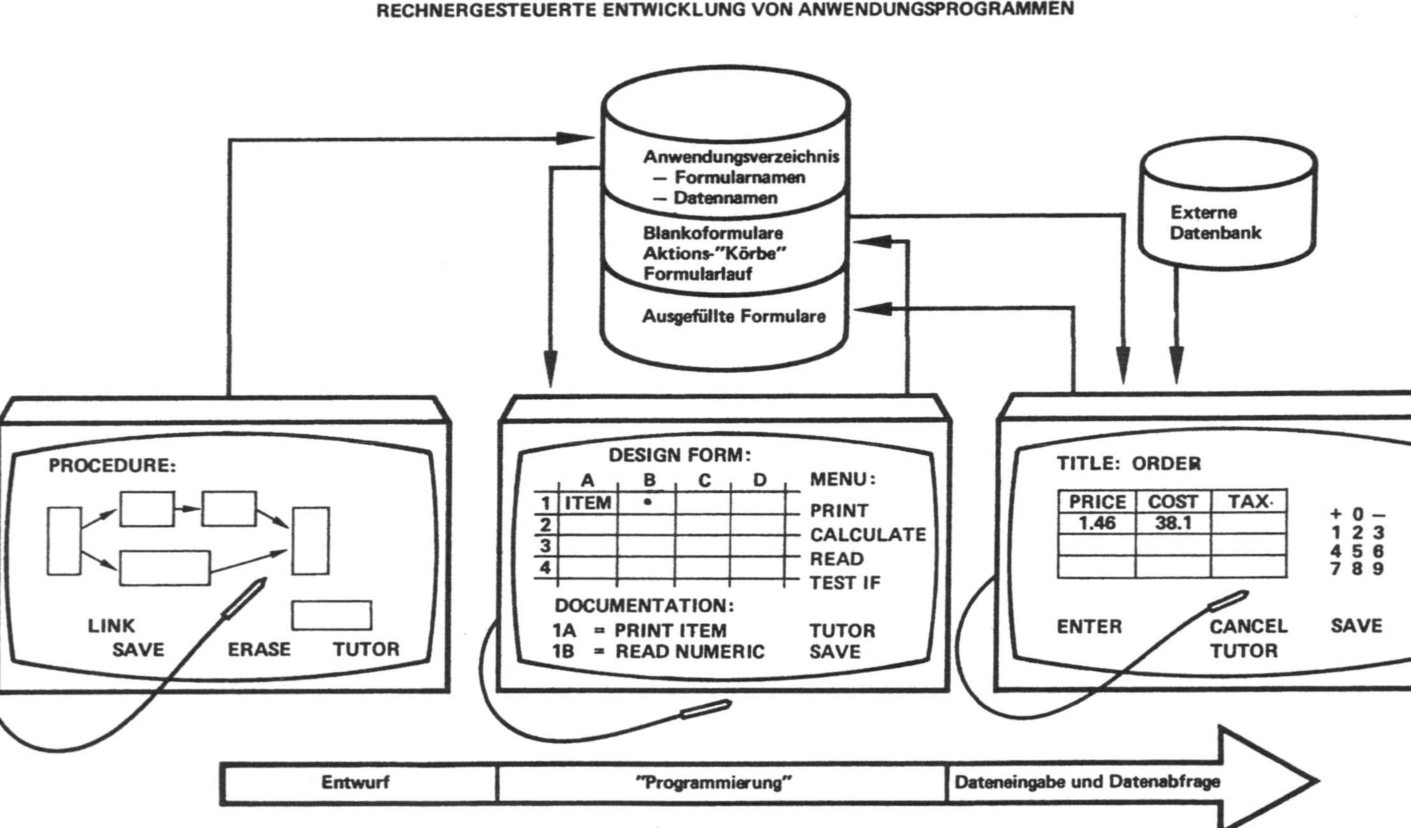
RECHNERGESTEUERTE ENTWICKLUNG VON ANWENDUNGSPROGRAMMEN
Anwendungsverzeichnis
– Formularnamen
– Datennamen
Blankoformulare
Aktions-"Körbe"
Formularlauf
Ausgefüllte Formulare
Externe Datenbank
PROCEDURE:
LINK
SAVE
ERASE
TUTOR
DESIGN FORM:
A B C D
1 ITEM •
2
3
4
MENU:
PRINT
CALCULATE
READ
TEST IF
DOCUMENTATION:
1A = PRINT ITEM
1B = READ NUMERIC
TUTOR
SAVE
TITLE: ORDER
PRICE COST TAX
1.46 38.1
+ 0 –
1 2 3
4 5 6
7 8 9
ENTER
CANCEL
TUTOR
SAVE
Entwurf
"Programmierung"
Dateneingabe und Datenabfrage

◀ **Abb. 4.** Rechnergesteuerte Entwicklung und Benutzung von Anwendungsprogrammen: Interaktive Programmierung durch Endbenutzer (IPE) ist in 3 Phasen gegliedert, nämlich den Entwurf des Gesamtsystems (Systems and Procedures Mode), die Programmierung von Programmoduln (Formularentwurf) und die Benutzung von Formularen zu Dateneingabe, -abfrage und -verarbeitung. In allen Phasen spielen zweidimensionale Darstellungen der "Objekte" eine entscheidende Rolle

Es entstand eine experimentelle, in APL eingebettete Implementierung. Sie erlaubt dem Benutzer die Programmierung und Benutzung von Formularen in der oben beschriebenen, zweidimensionalen Weise. Bei der Entwicklung benennt er ein Formular (Programm), Zeilen, Spalten und ausgewählte Zellen. Durch besondere Einträge definiert er Felder für Eingabe, Ausgabe und Zwischenresultate. Das System fordert von ihm für jede Eingabezelle die Herkunft der Daten und für jede Resultatzelle die Angabe einer Berechnungsvorschrift. Diese kann er in APL-Notation beschreiben, wobei die ungewohnte APL-Symbolik hinter APL-Funktionen mit aussagefähigen Namen verborgen bleiben kann. Vom Systemadministrator neu hinzugefügte APL-Funktionen stellen eine Erweiterung des Funktionsvorrats für den Endbenutzer dar. Die Forderung nach Anpaßbarkeit an Benutzerbedürfnisse ist also in APL sehr leicht zu bewerkstelligen (Abb. 5.).

VERKAUFSABRECHNUNG

Monat	Januar	Februar	März	Summe
Verk	•	•	•	o
St-Preis*	•	•	•	
Umsatz	o	o	o	o
Steuer	o	o	o	o
St-Kosten*	•	•	•	
Kosten	o	o	o	o
Gewinn	o	o	o	o

Summe [Verk] ←—SUM Verk
Umsatz←—Verk x St-Preis
Steuer←—0.43 x Umsatz
-
-
-
*St-Preis = Stückpreis in xxx.xx DM

Abb. 5. Interaktive Programmierung durch Endbenutzer: Der Benutzer legt den Formularnamen (Verkaufsabrechnung) fest, trägt Spalten und Zeilenbezeichnungen ein (Januar, ..., Verk, St-Preis, ...) und definiert Eingabe (•)- und Ausgabe (o)-Zeilen. Er wird dann vom System aufgefordert, die Rechenregeln für Ausgabefelder anzugeben (z.B. "Umsatz ←" wird beantwortet mit "Verk x St-Preis"). * bei einem Bezeichner ist ein Hinweis darauf, daß zu diesem eine erläuternde Fußnote vorhanden ist

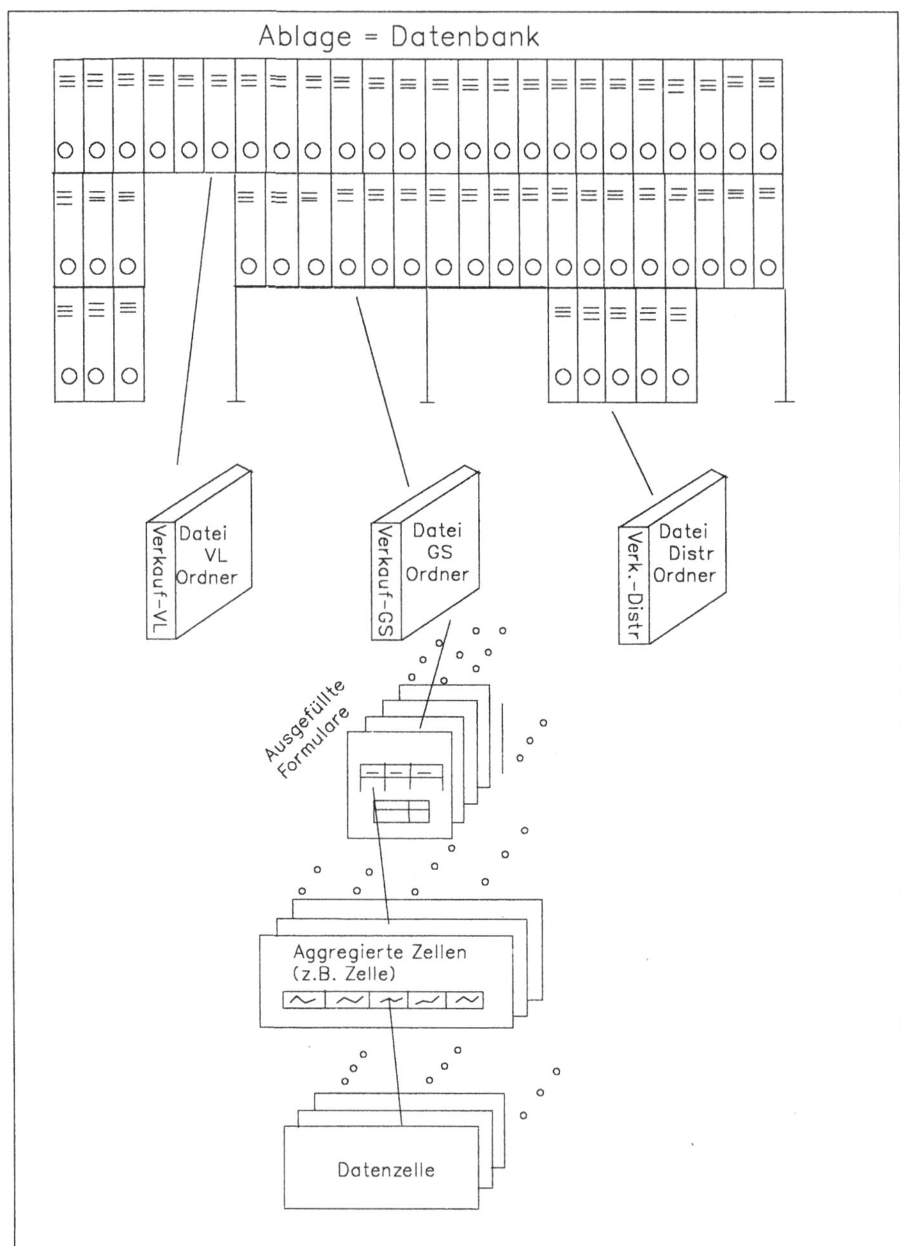

Abb. 6. Die Datenverwaltung von IPE: Die Organisation der Daten in "Ablagen", "Ordnern", "Formularen" ist der Vorstellungswelt der Sachbearbeiter angepaßt. Formulare können zum "Anlegen von Ordnern" (Dateien) in einer "Ablage" (Datenbank), zur Datenextraktion und zur Spezifikation von Ausgabeformaten entwickelt und verwendet werden

Nach Abschluß der Defintion des Formulars wird seine Beschreibung von IPE in ein lauffähiges APL-Programm übersetzt. Es ist also ein Programm auf eine Art entstanden, die man auch nichtprozedurale, deskriptive oder automatische Programmierung nennt. Der Benutzer kann es beliebig oft ausführen. Auch bei der Ausführung lebt er in dieser "Formularwelt". Es werden ihm nur die Zellen gezeigt, die er mit Daten zu versehen hat. Das System zeigt ihm darüber hinaus bei Bedarf Beispiele der verlangten Datentypen und -formate und die erläuternden Fußnoten. Die Dateiverwaltung empfindet der Benutzer als eine Aktenorganisation in Ordnern und Aktenschränken (Abb. 6).

IPE wurde 1978 von der IBM Europa als Produkt verfügbar gemacht [IBM1]. Es ist möglicherweise das erste Produkt von der Sorte, die wir heute "Spreadsheet" nennen und fast auf jedem Personal Computer benutzen. Es war seiner Zeit wahrscheinlich weit voraus, d.h. seine Bedeutung wurde noch nicht richtig erkannt (es wurde zum Berichtsgenerator abgestempelt), und wahrscheinlich war auch die Technologie noch nicht reif dafür (es fehlten lokale Intelligenz in der Arbeitsstation, der große "All-Points-Adressable" Bildschirm, die Fenstertechnik und Zeigeinstrumente wie die Maus). Wohl deshalb wurde es in dieser Implementierung auch kein Markterfolg. Heute, 7 Jahre später, ist die Idee weltweit Wirklichkeit geworden und hat zu den erfolgreichsten Produkten im Softwaremarkt geführt.

2.2 Tabellensprachen für den Problemlöser

Ausgelöst durch die Arbeiten im IBM Forschungslabor San Jose, die durch die ersten Publikationen von E.F. Codd ihren Durchbruch erzielten [COD70], wurden die 70er Jahre zur Reifezeit der relationalen Datenbankidee und mit ihr der Idee der mengenorientierten Hochsprachen zur Datenbankabfrage und -manipulation [LEH79]. Sie sollten zumindest für einfache Anfragen an eine Datenbank den Zwang zur Programmierung durch DV-Experten beseitigen und den Endbenutzer selbständig machen. Daß dies durchaus realistisch ist, mag das Beispiel in Abb. 7 illustrieren.

Das WZH war - seit etwa 1973/74 - wieder stark an dieser Sprachenentwicklung beteiligt. Um zunächst bei den zweidimensionalen Sprachen zu bleiben: Die Idee unseres Kollegen M. Zloof vom IBM Forschungslabor Yorktown Heights, genannt Query By Example (QBE) [ZLO77], fiel - wohl auch wegen ihrer Verwandtschaft zu IPE - auf fruchtbaren Boden in einem WZH-Forschungsprojekt, das zum Ziel hatte, eine Arbeitsumgebung für Wissenschaftler zu schaffen, in der sie gemessene Daten verwalten und analysieren können sollten, ohne viel von Datenverarbeitung verstehen zu müssen. Das Projekt war angeregt worden durch die Problematik unserer früheren Studienpartner bei der Verwaltung und Auswertung radioszintigraphischer Aufnahmen. Zunächst wurde es

Meßdatenbank genannt, später "Interaktives Datenanalyse- und Managementsystem" IDAMS [BLA83].

Zloofs Idee, mit einer relationalen Datenbank dadurch zu kommunizieren, daß man die Tabellenraster der benötigten Relationen am Bildschirm zweidimensional anzeigt und den Abfrage- oder Änderungswunsch durch einen beispielhaften Eintrag in diese Tabellenraster formuliert, paßte ganz zu unserer Überzeugung, daß Visualisierung der zu manipulierenden Objekte ein wichtiges Element der Benutzbarkeit ist.

Da wissenschaftliche Datenanalyse meist aus komplexen Datentransformationen besteht, die im Rechner häufig mit vorhandenen Bibliotheksprogrammen durchgeführt werden (z.B. Faktorenanalyse in der Statistik oder Glätten von Zeitreihen), mußte die Benutzerschnittstelle von IDAMS die Kommunikation mit Daten in einer Datenbank und mit Programmen in einer Programmbibliothek syntaktisch möglichst vereinheitlichen. Außerdem mußte sie die Formulierung von spontanen, komplexen Transformationswünschen zulassen, also praktisch die Mächtigkeit einer interaktiven Programmiersprache für wissenschaftliche Zwecke haben. Wichtig schien hierbei, entsprechend dem wechselnden Rollenspiel des Nutzers die Entwicklung und die Benutzung von Anwendungsmoduln (Arbeitsschritten) zu vereinheitlichen und zu vereinfachen. Von der Einsicht, daß Bibliotheksprozeduren auch als Tabellenraster dargestellt werden können und daß man die für wissenschaftliche Datenanalyse so mächtige Programmiersprache APL [GIR84] durch Kombination mit QBE zu einer vollen, mächtigen, interaktiven Datenmanipulations- und Programmiersprache ausbauen kann, war es dann nur noch ein kleiner Schritt zur Sprache "Extended Query By Example" EQBE [BLA83, SHA83]. Sie kann auf zweifache Weise gedeutet werden:

- einerseits als Erweiterung einer Datenbanksprache wie QBE um den Aufruf von Bibliotheksprogrammen (FORTRAN, PL/1, Assembler, APL) und um die Formulierbarkeit komplexer Prädikate in APL,
- andererseits als Erweiterung von APL um den Aufruf kompilierter, gespeicherter Prozeduren und um Datenbankzugriff.

Die Ausarbeitung dieser Sprachidee, die Syntax und die funktionale Mächtigkeit wird am einfachsten durch ein Beispiel deutlich (Abb. 8).

IDAMS übersetzt eine fertig formulierte Aufgabe, die sehr komplex sein kann, in ein lauffähiges APL-Programm. Wie bei IPE kann man auch hier von nichtprozeduraler, deskriptiver, automatischer Programmierung reden. Das Programm kann sofort ausgeführt, aber auch für spätere, wiederholte Ausführung gespeichert und im privaten Katalog registriert werden. Abbildung 9 zeigt die Möglichkeit, das Programm zu parametrisieren (im Beispiel ist offensichtlich der Firmenname als Parameter erwünscht). In dieser Form kompiliert und abgelegt, ist in der Tat ein sinnvolles Bibliotheksprogramm entstanden. Durch Aufnahme in den permanenten Katalog und durch entsprechende Dokumentation (die dann für die Erläuterungskomponente nutzbar wird) stellt es ein für viele Benutzer wertvolles Programm dar, das in weiteren Aufgaben als Tabel-

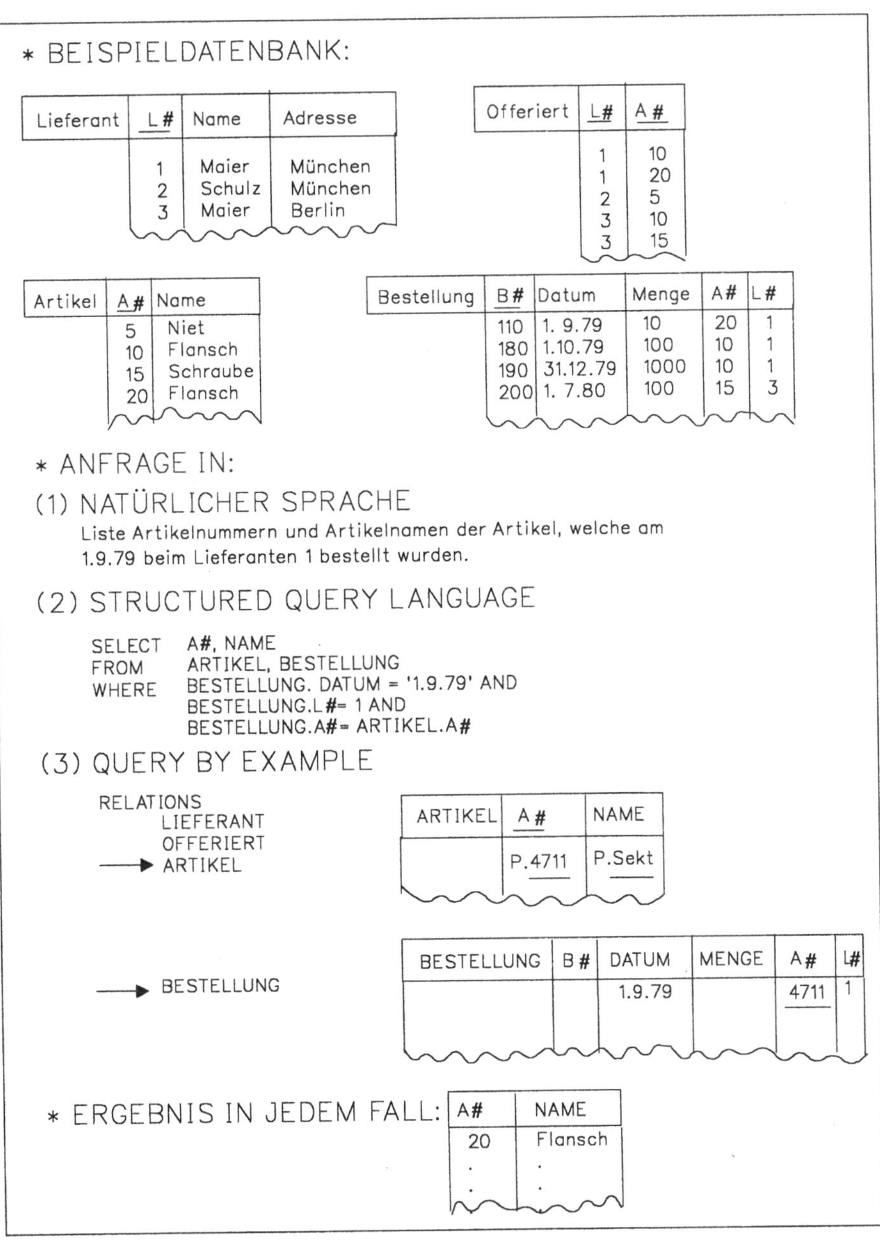

Abb. 7. Beispieldatenbank bestehend aus 4 miteinander verknüpften Tabellen (Relationen) und Anfrage in "natürlicher Sprache", "Structured Query Language", und "Query by Example". Die beiden ersten Formulierungen sind selbsterklärend. Bei QBE werden dem Benutzer die Raster der Tabellen am Bildschirm angezeigt, gegen die er seine Abfrage formulieren will und die er dazu aus einem Menüangebot auswählt →. Dann füllt er eine beispielhafte Formulierung seiner Abfrage in diese Tabellenraster ein (beispielhafte Einträge werden unterstrichen, Konstanten nicht, P. steht für Print = Ausgabe)

lenraster sichtbar gemacht werden kann (es hat den vom Benutzer vergebenen Namen als Tabellennamen und eine Spalte für den Eingabeparameter "Firmenkurzbezeichnung"). Diese Fragen führen aber über die Benutzerschnittstelle hinaus und hin zu den Fragen der Systemarchitektur.

FORMULIERUNG DER AKTIEN-AUFGABE

Aktien	Kurzname	Tageskurse
	'DAI'	R

Glätten	Typ	Eing.	Resultat
	1 20	R	S

Bild	B-Typ	Kurve	H-Achse	V-Achse	Name
	1	R	"	'DM'	'Daimler-Roh'
	1	S	"	'DM'	'Daimler-Glatt'

ZEIGE	MW	MAX	MIN
	Durchschnitt R	Γ / R	L / R

Daimler-Glatt

DM
500
400
300
200
0
500
1000
1500

Daimler-Roh

MW	MAX	MIN
333.10261	515	215

DM
500
400
300
200
500
1000
1500

Abb. 8. Extended Query by Example: Aus seinem privaten Katalog hat sich der Benutzer drei Objekte ausgewählt (Menüauswahl):

- Die AKTIEN-Tabelle aus der Datenbank. Sie enthält in Spalte 1 die Kurznamen der an der Frankfurter Börse gehandelten Aktien, in Spalte 2 die Zeitreihe der Tageskurse über einen bestimmten Zeitraum.
- Die GLÄTTEN-Tabelle aus der Programmbibliothek. Sie repräsentiert ein FORTRAN-Programm, dessen erster Eingabeparameter den Glättungstyp und die Anzahl der Durchläufe, dessen zweite Eingabeparameter die zu glättende Zeitreihe und dessen RESULTAT-Parameter das Glättungsergebnis bedeuten.
- Die BILD-Tabelle aus der Programmbibliothek. Sie repräsentiert ein APL-Programm, das eine Zeitreihe auf einem graphischen Bildschirm als Kurve darstellt. B-Typ ist der Bild-Typ, KURVE die zu zeichnende Zeitreihe, H- und V-ACHSE die Beschriftungen der horizontalen und vertikalen Achsen, und Name ist der Bildname. (Diese erläuternden Informationen kann der Benutzer vom System erfragen.)

Die leere Tabelle ist zur Formulierung von Ausgabelisten immer vorhanden. (Besonderheit: Hier legt der Benutzer die Tabellen- und Spaltennamen selbst fest. Der gewählte Tabellenname wird Name der Anwendung.) Im Sinne von QBE formuliert der Benutzer sein Problem durch beispielhafte Einträge in die Tabellenraster. Zwischen ' ' stehen Literale, Zeichenketten ohne ' ' sind Variablennamen. Die Bedeutung dieser Formulierung ist: "Hole die Zeitreihe der Tageskurse der Daimler-Aktie aus der Datenbank, glätte sie, zeichne Rohdaten und geglättete Daten. Gebe der Anwendung den Namen ZEIGE. Sie soll eine Liste von Mittelwert, Maximum und Minimum dieser Zeitreihe produzieren." Das Resultat ist angezeigt

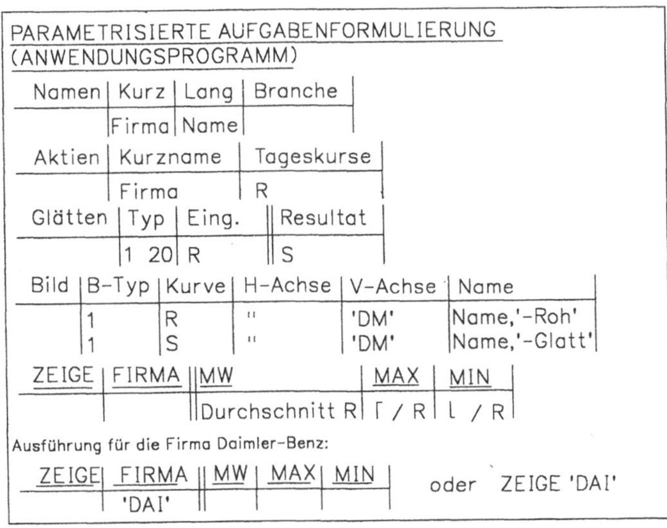

Abb. 9. Parametrisierung der Aufgabe von Abb. 8. Der Firmenkurzname 'DAI' wird durch den Parameter FIRMA ersetzt. Um für die Bildbeschriftung den vollen Firmennamen verfügbar zu haben, ist eine weitere Tabelle aus der Datenbank nötig. Das fertige Programm erhält den Namen ZEIGE und die Aufrufsyntax ZEIGE FIRMA (Benutzung: ZEIGE 'DAI'). Durch Aufnahme in den permanenten Katalog kann es auch als Tabellenraster benutzt werden

In den Jahren der Beschäftigung mit der Sprache EQBE und dem System IDAMS stand das WZH in engem Kontakt mit entsprechenden

Forschungs- und Entwicklungsgruppen. Viele unserer Erkenntnisse - insbesondere im Bereich der Systemarchitektur - sind in entsprechende Produktentwicklungen wie Query Management Facility [IBM2], Information Center/1 [IBM3] und APL2 [IBM4] eingeflossen und tun es immer noch. Teile von IDAMS und seine APL-Entwicklungshilfsmittel sind als selbständige Produkte auf den Markt gekommen (APL System für Graphik Präsentation [IBM5], APL Ergänzungsfunktionen [IBM6] und APL-Programmverbindung zu anderen Programmiersprachen [IBM7]). Das WZH selbst und andere Funktionen (z.B. das Los Angeles Science Center) haben in Kooperation mit Partnern Anwendungen auf der Basis von IDAMS erstellt und die Idee der interaktiven wissenschaftlichen Datenanalyse mit erweiterter relationaler Datenbankverwaltung, Programmbibliotheken, Methodenbank, Graphik, und Berichtsgenerierung in einem integrierten System (einem sog. Decision Support System - DSS) mit einheitlicher, mächtiger Benutzerschnittstelle vorangetrieben.

Es war schon früh klar, daß ein komplexes, mächtiges System wie IDAMS auch eine Komponente zur Benutzeranleitung als generelle Orientierungshilfe, zur Suche nach anwendungsrelevanten Objekten in der Datenbank und in der Programmbibliothek sowie zur Benutzerunterweisung am Anfang der Benutzung und bei während der Arbeit auftretenden Problemen braucht. Deshalb wurde eine zunächst parallellaufende Forschungsaktivität des WZH mit dem Namen "Interaktive Benutzeranleitung (IUGS - Interactive User Guidance System) in IDAMS integriert [ERB76]. Von der Sprachschnittstelle her ist IUGS vergleichbar mit herkömmlicher Textsuche. Die unterweisende Information (der Text) ist in einem Netzwerk organisiert, durch das der Benutzer entweder durch Menüauswahl oder Angabe von Suchargumenten (Knotennamen) navigiert, bis er die gewünschte Hilfeinformation zu dem betreffenden Sachverhalt oder Objekt gefunden hat. Das Prinzip der Visualisierung kommt hier dadurch zum Tragen, daß der Benutzer den Ausschnitt aus dem Netzwerk, in dem er sich gerade befindet, am Bildschirm sehen kann (Abb. 10). Dies ist in einem speziellen Fall die frühe Implementierung der zur Zeit stark propagierten Prinzipien für Endbenutzerschnittstellen [NIE83]:* Der Benutzer muß in jedem Stadium der Arbeit sehen

- wie er dahin gekommen ist,
- was er in diesem Stadium tun kann,
- wohin er von da aus gehen kann.

---

* Diese Prinzipien sind ganz generell in der menügesteuerten Dialogkomponente von IDAMS verwirklicht.

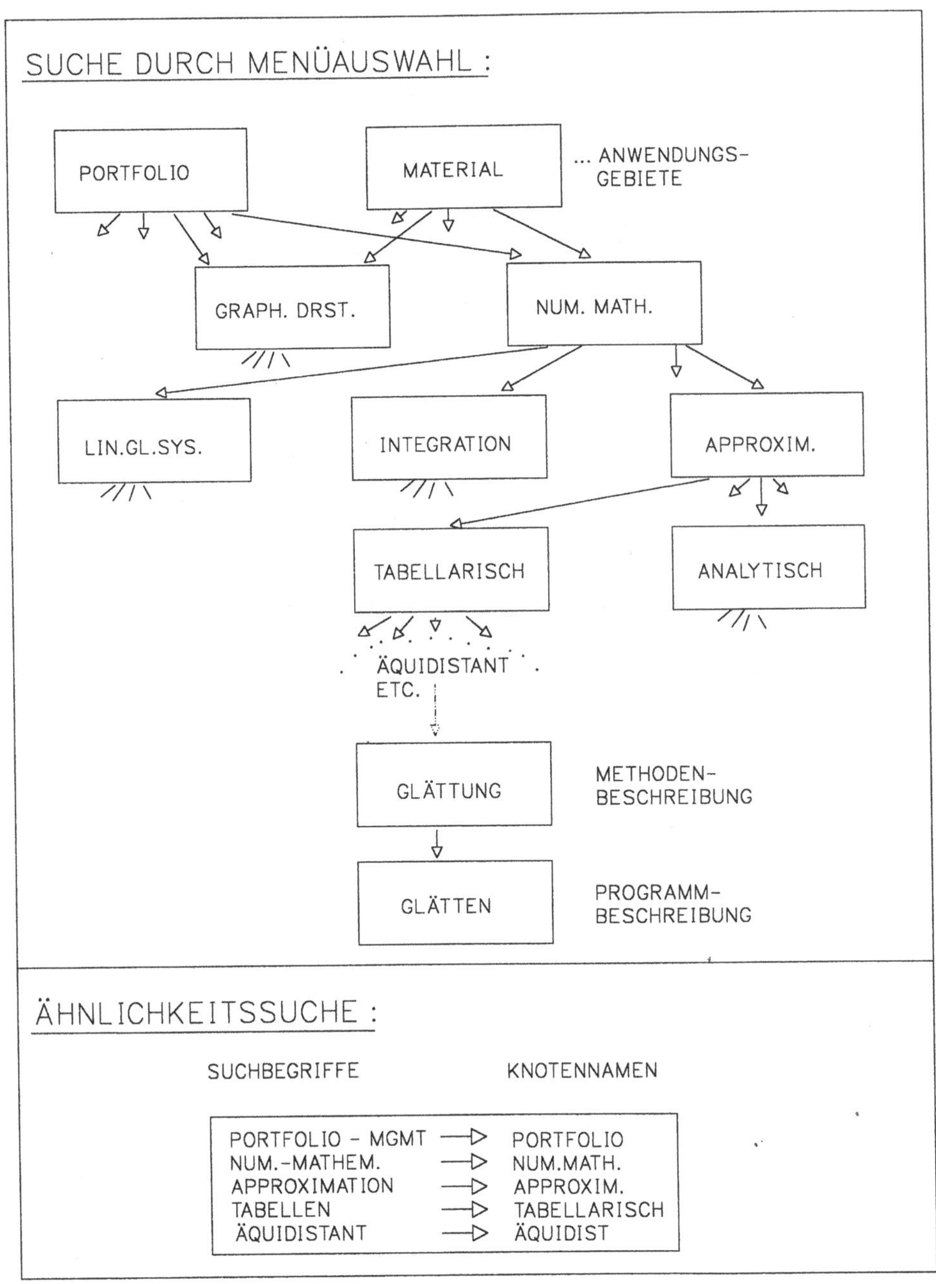

Abb. 10. Organisation der erläuternden Information in einem Suchnetz. Der Benutzer navigiert durch Menüauswahl (Wahl eines Nachfolgeknotens) oder Angabe von Suchbegriffen (Ähnlichkeitssuche). Er kann ständig sehen, wo er ist, woher er kommt und wohin er gehen kann

Aber auch hier handelt es sich mehr um Fragen der Systemarchitektur. Die Organisation der Information und der effiziente Zugriff auf sie mit unvollständigem Wissen (d.h. unscharfen, unvollständigen, nur "ähnlichen" Suchbegriffen) sind hier interessanter als die Fragen der Einbettung dieser Funktionen in die Mensch-Maschine-Schnittstelle. Es sei aber hervorgehoben, daß die Dialogkomponente von IUGS solche unscharfen Suchbegriffe zuläßt (Abb. 10), auf die das System effizient und mit sinnvollen - d.h. über Fehlermeldungen hinausgehenden - Aktionen reagiert [SHE75]. Die hierfür entwickelten Lösungen haben ihren Weg in das Produkt STAIRS Partial Match Retrieval gefunden [IBM8] und sind inzwischen in der Strategie für IBM Dokumentensuchsysteme verankert. Es ist heute keine Frage mehr, daß interaktive Systeme für Endbenutzer eine Anleitungskomponente brauchen und wie diese systemtechnisch zu gestalten ist. Vielmehr wird heute gefragt, wie die darin benötigte, unterweisende Information aussehen muß, um bei Benutzern mit verschiedenartigem Lernverhalten den gewünschten Lerneffekt zu erzielen. Dies aber ist eine Frage der kognitiven Ergonomie (s. Abschnitt 2.4).

2.3 Eingeschränkte natürliche Sprache für die Datenbankabfrage

"Natürliche Sprache" als Kommunikationsmedium mit Computern ist vielleicht die faszinierendste aber auch die umstrittenste Idee in der an "Religionskriegen" nicht armen Auseinandersetzung um **die** richtige Sprache. Das Spektrum der Argumente reicht von:

> Es wird nie passieren! Warum sollte man sich auch darum bemühen, den Rechner eine so unvollkommene, wortreiche, vieldeutige, unscharfe Sprache verstehen zu lassen, wenn es doch einfach zu benützende, präzise, eindeutige Kunstsprachen gibt?

bis zu:

> Natürliche Sprache (gesprochen und geschrieben) ist die letztlich erstrebenswerte, benutzerfreundlichste Mensch-Maschine-Schnittstelle, die man sich vorstellen kann und die man zur Aktivierung von Endbenutzern unbedingt haben muß. Ohne sie gibt es dafür keine wirkliche Chance. Es wäre unverzeihlich, wenn man dieses über eine jahrtausendelange Entwicklung optimierte Instrument der menschlichen Kommunikation für die Mensch-Rechner-Kommunikation nicht erschließen würde!

Es soll hier dazu nicht Stellung genommen werden. Vielmehr soll wertfrei berichtet werden, was das WZH in den vergangenen 10 Jahren auf diesem Sektor, der an Forschungsprojekten nicht arm ist, geleistet hat (etwa 40 der in [LEH79] untersuchten Sprachvorschläge basieren auf natürlicher Sprache).

1973/74 begann das WZH im Zuge der Bemühungen um Endbenutzerschnittstellen, geschriebene, eingeschränkte natürliche Sprache als Abfrage- und Manipulationssprache für relationale Datenbanken zu untersuchen. Dies geschah zunächst innerhalb einer international koordinierten Aktion, da man ganz klar sah, daß "natürliche Sprache" in allererster Linie auch "Landessprache" bedeutet und Landessprachen sinnvollerweise wohl nur in ihrer heimatlichen Umgebung untersucht werden sollten. Da sich später eine Technik abzeichnete, mit der man verschiedene Landessprachen im gleichen System behandeln zu können glaubte [IBM9], hat das WZH diese Fragen eigenständig weiterbehandelt, als aus firmeninternen Gründen die internationale Aktion 1975 beendet wurde. Die Arbeit fand in engem Kontakt mit Kollegen in der IBM und außerhalb statt, die dasselbe Ziel, z.B. für die englische Sprache, mit ähnlichen oder anderen Methoden verfolgten.

Die Arbeiten des WZH basierten auf dem System REL (für Rapidly Extensible Language), das in den vorhergehenden Jahren am CALTECH entwickelt wurde [THO69]. Es bestand durchaus die Hoffnung, daß auf dieser Basis für die eingeschränkte Aufgabenstellung "Datenbankabfrage und -manipulation", bei der insbesondere jeweils nur einzelne, einfache Sätze zu "verstehen" sind, gute Erfolgsaussichten bestanden. Von 1974-1982 entstand das experimentelle System USL (User Speciality Languages - Benutzerspezifische Sprachen) [ZOE81]. Je nach gewähltem Vokabular und Grammatik versteht es Untermengen von Dänisch, Deutsch, Englisch, Französisch, Italienisch, Spanisch und etwas Holländisch. Meist wurden diese Grammatiken von Wissenschaftlern entwickelt, die die entsprechende Sprache als Muttersprache, zumindest aber fließend, beherrschten (z.B.[ZOE84]).

Abbildung 11 vermittelt einen Eindruck davon, wie Datenbankabfragen gemeinhin aussehen (als Beispieldatenbank sind geopolitische Daten gewählt). Der Eindruck von den Sprachfähigkeiten von USL muß zwangsläufig unvollständig bleiben, denn es ist eines der Charakteristika natürlicher Sprachsysteme, daß der von ihnen beherrschte Sprachumfang nur schwer zu erläutern ist (das gilt wohl auch für Menschen).

Durch die Entwicklung von USL und seine Erprobung in realen Anwendungen wurde die technische Machbarkeit und Benutzbarkeit natürlichsprachlicher Datenbankabfragesysteme nachgewiesen, oder genauer ausgedrückt: es wurde nachgewiesen,

- daß man Untermengen natürlicher Sprachen formalisieren (d.h. dem Rechner verständlich machen) kann, die groß genug sind, um als natürlich angesehen zu werden und um damit Datenbanken befragen und verändern zu können;
- daß Syntax und Semantik dieser Sprachfragmente so beschrieben werden können, daß das Abfragesystem unabhängig von einem bestimmten Anwendungsgebiet bleibt;
- daß die Anpassung an eine Anwendung überschaubaren Aufwand (Wochen bis Monate) und keine Spezialausbildung in Linguistik, wohl aber Verständnis der Datenbank erfordert;
- daß die Anpassung an eine neue Landessprache (Entwicklung eines kleinen Basisvokabulars und der Grammatik) etwa 1 Arbeitsjahr dauert;

Die Datenbank enthält Information über

Kontinente
Staaten
Hauptstädte
Flächen
Bevölkerung

Organisationen
= = =
= = =
= = =

Beispiel von Anfragen an diese Datenbank:

Liste die Georelationen
Wieviele Staaten hat welcher Kontinent
Wer trat nach 1970 der UNO bei
Welchen Organisationen gehört die BRD an
Ist die BRD ein EG-Staat
Ist die BRD kein EG-Staat
Wieviele Mitglieder hat die EG
Liste Einwohner, Fläche, und Hauptstadt der EG-Staaten
Was ist die Summe der Einwohner der EG-Staaten
Welche Staaten, die der EG angehören, sind nicht Mitglieder der NATO
EPF = Einwohner/Fläche
Liste EPF
Welcher Staat hat das größte EPF
Liste Maximum (EPF)
Liste die 10 größten EPF
= = =
= = =
= = =

Abb. 11. Beispiel einer Datenbank über Geographie, Politik und Wirtschaft und einige natürlichsprachliche Abfragebeispiele

- und daß solche Schnittstellen auf normale relationale Datenbanksysteme aufgesetzt werden können (natürliche Sätze werden in Ausdrücke der Datenmanipulationssprache, etwa SQL, übersetzt und dann im Datenbanksystem ausgeführt), d.h. keine spezielle Datenorganisation erfordern.

Die letzten 4 Punkte sind entscheidend für die Portabilität eines solchen Systems; man könnte sagen, sie definieren den Begriff Portabilität in diesem Zusammenhang. Sie haben natürlich starke Auswirkungen auf die Systemarchitektur, aber auch auf die Sprachschnittstelle, da die Forderung der leichten Portabilität hier natürlich Einschränkungen auferlegt (z.B. verbietet sie das Einprogrammieren von Anwendungswissen in das System). Dieser Mangel an "Weltwissen" ruft bei manchen Betrachtern den Eindruck geringer "Natürlichkeit" des Dialogs hervor, was stimmen mag. Die Benutzer einer solchen Schnittstelle müssen sich darüber im klaren sein, daß ihr Kommunikationspartner kein intelligentes, einfühlsames Wesen ist, das auch dann weiß, was sie wollen, auch dann wenn sie sich unpräzise ausdrücken, sondern eine sehr logische, im Grunde aber dumme Maschine, die allerdings den großen Vorzug hat, schnell aus großen Datenbeständen die gewünschte Information besorgen und verarbeiten zu können. Daß die Benutzer bei dieser Einstellung in der Lage sind, ihre Anwendungsprobleme mit dieser Schnittstelle zu lösen, haben unsere Anwendungsexperimente gezeigt.

In einer Anwendungsstudie mit Lehrern des Karl-Friedrich-Gymnasiums Mannheim [SHU80] wurde mit USL auf der Basis eines umfangreichen, an dieser Schule über viele Jahre gesammelten Datenmaterials die Frage untersucht, ob frühe Noten im Gymnasium Rückschlüsse auf den Erfolg im Abitur zuließen, und falls ja, welche Fächerkombinationen besonders aussagefähig wären. Drei Gymnasiallehrer führten diese Untersuchung in etwa 18 Monaten durch, wobei ca. 7 300 USL Abfragen formuliert wurden. Abbildung 12 enthält eine kurze Analyse dieser Abfragen, wobei besonders ins Auge fällt, daß nur etwa 6,6% davon "fehlerhaftes" Benutzerverhalten aufwiesen. Krause hat im Rahmen seiner Habilitation die Sitzungsprotokolle einer genauen Auswertung unterzogen [KRA82]. Ein summarisches Ergebnis war, daß die Benutzer "semantische Probleme" leichter meisterten als "syntaktische", daß aber Überschreitungen der Grenzen der USL-Grammatik äußerst selten waren. Weitere Benutzeruntersuchungen wurden mit USL-Englisch in den Jahren 1983 - 84 an der New York University durchgeführt [JKV85], vorwiegend zum Vergleich natürlicher Sprache mit einer Kunstsprache wie SQL.

Will man die Fähigkeit eines solchen Systems durch die Verwendung von allgemeinem "Weltwissen" und speziellem "Anwendungswissen" erweitern, ohne dabei die Portabilität einzuschränken, so liegt es nahe, Techniken wissensbasierter Systeme einzusetzen. So ist es natürlich, daß das Nachfolgeprojekt zu USL mit der Bezeichnung LEX (linguistik- und logikbasiertes rechtliches Expertensystem [LEH85]) dort angesiedelt ist. Hier wird eine erweiterte Behandlung der natürlichen Sprache für die Analyse ganzer Texte (nicht nur einzelner Sätze wie bei USL) zur Wissenserfassung, -repräsentation und -verarbeitung untersucht. Die hier zu erarbeitenden Techniken werden die USL-Sprachschnittstelle in zweierlei Hinsicht erweitern helfen:

Eigenschaften der Daten und des Anwendungsvokabulars:

6	Basisrelationen
79	Virtuelle Relationen (sie entsprechen natürlichsprachlichen Konzepten)
91	Nomina
2	Adjektiva
9	Verben

Benutzer, Sitzungen, Abfragen:

3	Benutzer
46	Sitzungen (2/78 - 10/79)
7278	Abfragen

Fehleranalyse:

• Anzahl Fehler	Absolut	Relativ
Benutzerfehler	478	6,57 %
Systembeschränkungen und -fehler	82	1,13 %
Nicht klassifizierbar	28	0,38 %
Summe	588	8,07 %

• Klassifikation der Fehler

Benutzerfehler	% von Benutzerfehler	
Falsche Wortbenutzung	166	34,73 %
Falsche Variablenbenutzung	85	17,78 %
Grammatikalische Fehler	14	2,93 %
Tippfehler	152	31,80 %
Dialogsteuerungsfehler	61	12, 76 %

Systembeschränkungen und -fehler	% von Systemfehler	
Beschränkungen der Grammatik	19	23,17 %
Falsche Interpretation	63	76,83 %

Abb. 12. Benutzerstudie mit USL-Deutsch am Karl-Friedrich-Gymnasium Mannheim

- Reichhaltigere linguistische Fähigkeiten, z.B. zur Behandlung von Pronomina und Satzfolgen;
- Einbau, Verwaltung, Nutzung von Welt- und Anwendungswissen im Sinne von Expertensystemen, um das Kommunikationsverhalten der Maschine noch natürlicher erscheinen zu lassen.

Mit diesen Erweiterungen soll dann zwischen Mensch und Maschine ein Dialog möglich werden, wie er beispielhaft in Abbildung 13 gezeigt wird.

Komplexes Beispiel (LEX)

- Fallbeschreibung (Benutzer)
  T kam von der Straße ab und rammte einen Laternenpfahl.
  Es entstand ein Sachschaden von 500 DM.
  Der Unfall ereignete sich um Mitternacht in einer Wohngegend.
  T wartete 20 min.
  Dann verließ er den Unfallort und ließ sein Auto zurück.

- Frage (Benutzer)
  Hat T lange genug gewartet oder war dies Unfallflucht?

- Rückfrage (System)
  War jemand am Unfallort anwesend?

- Antwort (Benutzer)
  Nein
- Antwort (System)
  1. Der Schaden war größer als 300 DM, also nicht klein.
     Deshalb muß die Verkehrsdichte in Betracht gezogen werden.
  2. Die Verkehrsdichte war hoch.
     Deshalb hätte T mindestens 30 min. warten müssen.
  3. Die Wartezeit war kürzer als 30 min.
     Deshalb war sie nicht ausreichend.
     Es liegt also Unfallflucht vor.

- Frage (Benutzer)
  Warum war die Verkehrsdichte hoch?

- Antwort (System)
  Die Verkehrsdichte war hoch, weil der Unfallort in einer Wohngegend liegt.

Abb. 13. Problemlösungsdialog in eingeschränkter natürlicher Sprache mit dem juristischen Expertensystem LEX

Solche Verbesserungsbemühungen ändern nichts an der Tatsache, daß heute eine ausgereifte, erprobte Technologie für die Abfrage von relationalen Datenbanken mit natürlicher Sprache vorliegt und daß heutige Systeme durchaus praktisch benutzbar sind. Dies wird auch unterstrichen durch einige Produkte, die - vielleicht noch etwas verfrüht, zögernd und auf experimenteller Basis - auf dem Markt angeboten werden. Man kann sicherlich mit Interesse der weiteren Entwicklung entgegensehen.

2.4 Ergonomische Untersuchungen von Sprach- und Dialogkonzepten in Mensch-Maschine-Schnittstellen

Die in der Einleitung als Zielvorstellung für Endbenutzersysteme herausgestellten Prinzipien der "Benutzerfreundlichkeit" sind nicht quantifiziert und heute vielleicht auch noch nicht quantifizierbar. Diesen Zustand zu verbessern ist Ziel der Softwareergonomie.

Obwohl die Anwendbarkeit eines Endbenutzersystems nicht nur von der Sprachschnittstelle sondern auch von der Systemstruktur abhängt, wird das Thema Softwareergonomie im Kapitel über Sprachen und Dialogkonzepte angesprochen, weil die meisten Beiträge dieser jungen Wissenschaftsdisziplin in den angesprochenen Bereich der Mensch-Maschine-Schnittstelle fallen. Hier liegen auch die Arbeiten des WZH, v. a. angestoßen durch die Anwendungsprojekte mit IPE, IDAMS und USL, die zwar nicht als systematische, ergonomische Untersuchungen angesetzt waren (eher waren sie "Feldversuche im praktischen Einsatz"), die aber dennoch im Fall von USL zu systematischen Auswertungen der Benutzerprotokolle führten [KRA82,JKV85]. Anknüpfend an diese Erfahrungen, begann das WZH im Jahre 1982, das Forschungsgebiet "Ergonomie von Anwendungsprogrammen" systematisch in Angriff zu nehmen. Es fand seinen ersten sichtbaren Niederschlag in einem eintägigen Symposium im März 1983 [BZO83].

Gemäß dem internationalen Trend versteht das WZH Softwareergonomie als kognitive Ergonomie, die sehr breit die Parameter menschlicher Lern- und Denkprozesse berücksichtigt. Dabei wird durch Modellbildung und Experiment versucht, gesicherte Aussagen zur Benutzerfreundlichkeit durch empirische Forschung an kognitiven Prozessen von Benutzern bei der Arbeit mit Anwendungsprogrammen zu erzielen. Die Analyse, Beschreibung und Bewertung der dabei untersuchten kognitiven Prozesse, etwa hinsichtlich Komplexität, Zeitaufwand und Stabilität, führt zu einer operationalisierbaren und quantifizierbaren Definition dessen, was man gemeinhin und meist unexakt Benutzerfreundlichkeit nennt. Dies sollte auch helfen, die Diskussionen um den Begriff Benutzerfreundlichkeit an sich und um den Vergleich der "Benutzbarkeit" einzelner Systeme zu versachlichen, die ja nicht zuletzt wegen der wirtschaftlichen Auswirkung einer diesbezüglichen Einstufung sehr emotional geführt werden.

Wesentliche und für die Arbeit mit Anwendungsprogrammen bedeutsame Komponenten menschlicher Kognition sind menschliches Wissen, sein Erwerb und seine Anwendung bei der Aufgabenbearbeitung. Will man also Erkenntnisse über die Güte von Anwendungsprogrammen oder Kriterien für deren Gestaltung gewinnen, so muß man Untersuchungen über das zum Arbeiten mit Anwendungsprogrammen benötigte Wissen, dessen Erwerb und Anwendung durchführen. Benutzerwissen besteht aus Begriffsstrukturen und einzelnen Komponenten. Begriffsstrukturen, durch die Anwendungsprogramme vom Benutzer als Werkzeuge zur Manipulation von speziellen Objekten mit speziellen Operationen aufgefaßt werden, sowie deren Rolle bei der Benutzung des Programms, werden als das mentale Modell des Benutzers vom Anwendungsprogramm bezeichnet (Abb. 14). Sie muß man modellieren und empirisch untersuchen.

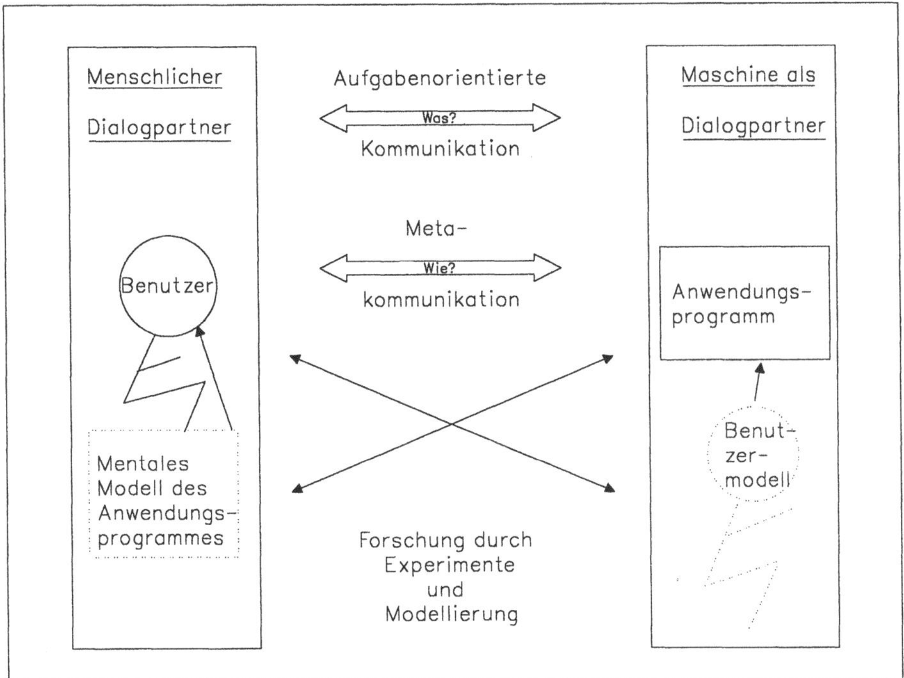

Abb. 14. Grundsätzlicher Gegenstand der Untersuchung im Bereich Softwareergonomie: Die Entwickler von Programmen inkorporieren (bewußt oder unbewußt) ihre Vorstellung von den Benutzern im Programm (Benutzermodell). Durch einen Lernvorgang und durch praktische Arbeit entwickeln die Benutzer eine Vorstellung vom Anwendungsprogramm (mentales Modell). Durch Modellierung und Experimente versucht man zu verstehen, wie die aufgabenorientierte und unterstützende (Meta)schnittstelle aussehen muß, damit das mentale Modell beim Benutzer möglichst schnell und korrekt (Modell deckt sich mit der Realität) entsteht. Dieses Verständnis sollte auch helfen, das Benutzermodell zu verbessern

Um diesen Fragen systematisch nachzugehen, muß man sie vorerst auf Einzelaspekte einschränken, d.h. man muß sich von der globalen Sicht eines ganzen Systems und seiner praktischen Benutzung im realen Einsatz auf die Untersuchung von ausgewählten Teilfragestellungen in einer kontrollierten Laborumgebung zurückziehen. Am WZH beschränkte man sich z.B. auf vergleichende Untersuchungen von graphischen und verbalen Repräsentationen von Dialogkonzepten und auf die Rolle von Metakommunikation. In beiden Fällen interessiert der Einfluß auf die Ausbildung und Güte des Verständnisses eines Anwendungsprogramms (des mentalen Modells). Das Anwendungsszenario ist die Text- und Dateimanipulation.

Man kann dabei z.B. in bezug auf graphische Repräsentationen von Dialogkonzepten (sog. Ikonen oder Piktogramme) und ihren Einfluß auf das mentale Modell Fragen stellen wie:

- Sind sie verbalen Kommandos vorzuziehen (wie z.Z. ja häufig behauptet wird)?
- Falls ja, für welche Benutzer, Anwendungsarten, Benutzungsphasen gilt dies?
- Wie müssen sie gegebenenfalls konstruiert sein, damit sie Vorteile bieten?

So konnte z.B. in einem Experiment zur Frage, welchen Effekt das Vermitteln von virtuellen Objekten des Systems und deren Manipulation (wie Erzeugen/Transformieren/Vernichten auf und Transport zwischen virtuellen Plätzen) durch Kommandosymbole hat, gezeigt werden, daß das Wissen darüber in einem Zusammenhang zur tatsächlichen Leistung (Zeit für die Aufgabenbearbeitung an einem Texteditor) steht. Zwei Gruppen von EDV-naiven Testpersonen wurden zwei unterschiedliche Versuchsbedingungen zugeteilt, nämlich Kommandonamen und Kommando-Bildsymbole, beide durch Menüauswahl unterstützt. Die Systemstruktur war in beiden Fällen gleich. Die Kommandonamen bezeichneten Funktionen, angelehnt an die unmittelbare Aufgabe (z.B. wähle, speichere, ersetze, schreibe usw.), während jedes Kommando-Bildsymbol Objekt, Platz und Transformation integriert darstellte (z.B. Datei mit Pfeil in/aus Speicher für "speichere"/"wähle" usw.; Abb. 15a). Die Testpersonen hatten alle die gleichen Textbearbeitungsaufgaben auszuführen. Gemessen wurden die Ausführungszeiten. Vor und nach jedem Versuch mußten die Testpersonen für die jeweiligen Kommandosymbole Gruppen nach Zusammengehörigkeit bilden. Das wurde als Maß dafür genommen, welche Bedeutungselemente in den Kommandosymbolen als vorrangig gesehen wurden. Die Ikonengruppe ordnete hauptsächlich nach Objekten und Plätzen (semantische Gruppierung), die andere Gruppe nach Aufgabensequenzen (sequentielle Gruppierung; Abb. 15b). Die Korrelation der Art der Gruppenbildung mit der Leistung am Editorsystem war positiv für semantische Gruppierung und Leistung (je stärker semantisch gruppiert wurde, um so besser die Leistung) und negativ für sequentielle Gruppierung und Leistung (je stärker sequentiell gruppiert wurde, um so schlechter die Leistung; Abb. 15c). Die Vermittlung von Objekten, Plätzen und deren Transformationen scheint sich damit positiver auszuwirken als scheinbare Aufgabennähe bei gleichzeitigem Verdecken der Systemstruktur [ROH85, TAU85]. Mit diesen Analysen kann jetzt ein in einem früheren Experiment [ROK84]

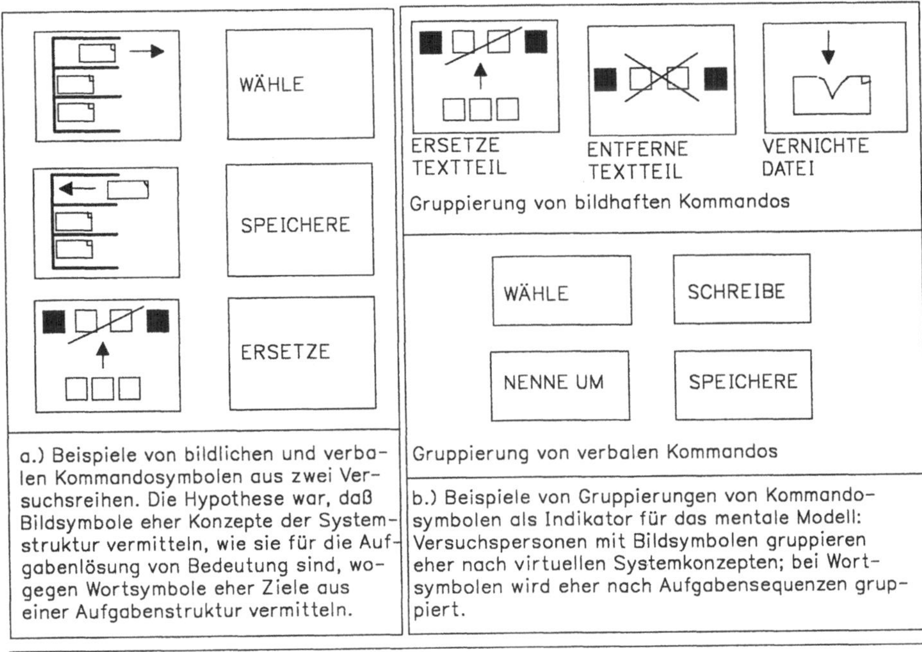

a.) Beispiele von bildlichen und verbalen Kommandosymbolen aus zwei Versuchsreihen. Die Hypothese war, daß Bildsymbole eher Konzepte der Systemstruktur vermitteln, wie sie für die Aufgabenlösung von Bedeutung sind, wogegen Wortsymbole eher Ziele aus einer Aufgabenstruktur vermitteln.

b.) Beispiele von Gruppierungen von Kommandosymbolen als Indikator für das mentale Modell: Versuchspersonen mit Bildsymbolen gruppieren eher nach virtuellen Systemkonzepten; bei Wortsymbolen wird eher nach Aufgabensequenzen gruppiert.

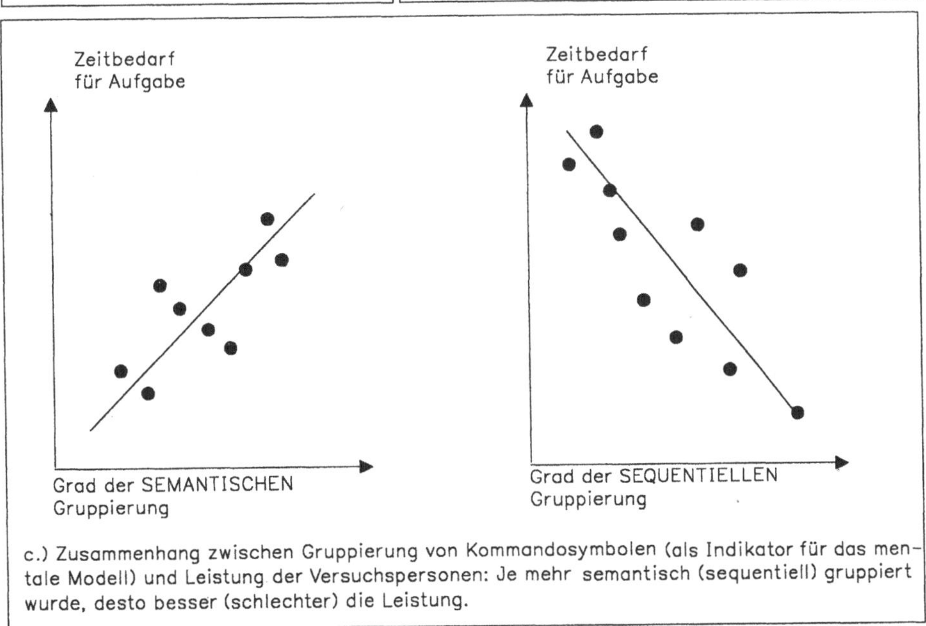

c.) Zusammenhang zwischen Gruppierung von Kommandosymbolen (als Indikator für das mentale Modell) und Leistung der Versuchspersonen: Je mehr semantisch (sequentiell) gruppiert wurde, desto besser (schlechter) die Leistung.

Abb. 15a-c. Aufgabenstellung und Ergebnisse eines softwareergonomischen Experiments

(durchgeführt an einem ähnlichen Editorsystem mit gleichen Wörtern oder Bildsymbolen, aber mit einem speziellen Hilfesystem) gefundener Effekt erklärt werden, warum nämlich Benutzer bei Bildsymbolen bedeutend seltener Hilfeinformation über die Systemstruktur benötigten als bei verbalen Kommandos.

Das Beispiel dieser Untersuchung zeigt, daß softwareergonomische Forschung uns durch die Einbeziehung kognitiver Parameter zwingt, in neuen Dimensionen über die Bewertung von Anwendungsprogrammen zu denken. Es genügt nicht der Einfall des Ingenieurs zu Funktionalität und "symbolischer Verpackung" eines Anwendungssystems (das er ja voll versteht) und seine Erwartung, so wäre es benutzerfreundlich. Vielmehr hat man zu untersuchen, wie sich der Benutzer *sein* Wissen und Verständnis darüber aufbaut, aus welchen semantischen Grundelementen er *sein* Wissen über die Arbeit mit dem System zusammensetzt und welche Sprache für *ihn* am besten die Semantik von Aufgabenlösungen mit dem Anwendungsprogramm beschreibt. Man muß sich also davor hüten, für Schlagworte wie leichte und schnelle Erlernbarkeit, Benutzbarkeit und Anpaßbarkeit usw. einfache Meßgrößen zu erwarten, wie es in den Anfängen der Benutzerforschung häufig geschah. Und trotzdem wird natürlich jedes vertiefte Verständnis und erweiterte Wissen von den Entwicklern begierig aufgenommen und ist sehr bedeutsam, auch ökonomisch, weil offensichtlich diese Systemeigenschaften heute zum wirtschaftlichen Erfolg von Maschinen und Programmen mehr beitragen können als ihre Funktionalität.

3.0 Systemstruktur und Systemkomponenten - wesentliche Einflußfaktoren für Benutzbarkeit

In einem vielbeachteten Beitrag zu IFIP'83 hat L.M. Branscomb, Chief Scientist der IBM Corporation, über "Ease of Use - A System Design Challenge" gesprochen [BRT83]. Er hat dabei insbesondere die Bedeutung folgender Prinzipien für die Benutzbarkeit eines Systems herausgestellt:

- Trennung der Schnittstellenmechanismen von der Benutzersprache und den Systemmeldungen, zur Steigerung der Anpaßbarkeit an den Benutzer, an eine spezielle Anwendung, an verschiedene Medien (z.B. Tastatur, Zeigeinstrument, Handschrift, Stimme) und an eine nationale/kulturelle Umgebung;
- Schichtenstruktur der Schnittstelle zur Unterstützung wachsender Erfahrung und funktionaler Anforderungen der Benutzer.

Weitere Grundideen, insbesondere für die Portabilität und Anpaßbarkeit, sind

- die Trennung der Daten von der Verarbeitungslogik (Datenbank-Idee)
- und neuerdings Trennung des gesamten Anwendungswissens vom Verarbeitungs- und Dialogprogramm (Expertensystem-Idee).

Hinter diesen knappen, vereinfachten und generalisierten Aussagen verbirgt sich sehr viel technische Problematik. Um konkreter zu sein, müßte man zu Detaildarstellungen und -diskussionen vorstoßen, was hier nicht angebracht wäre. Vielmehr sollen an ausgewählten Projekten des WZH noch einige spezielle Systemaspekte im Lichte von Benutzbarkeit betrachtet werden. Es sind dies

- der Begriff des Benutzerprofils im Problemlösungssystem IDAMS (Abschnitt 3.1),
- die USL-Systemstruktur unter dem Aspekt der Anpaßbarkeit/Portabilität (Abschnitt 3.2),
- die Erklärungskomponente des Expertensystems LEX (Abschnitt 3.3),
- das Datenmodell des Datenbanksystem-Prototyps AIM (Abschnitt 3.4),
- die Benutzbarkeit von Dienstleistungen in heterogenen Rechnernetzen wie DAC und EUA-OSI (Abschnitt 3.5).

Dies deckt zwar nicht alle vergangenen und heutigen Aktivitäten des WZH ab, aber daß Fragen wie die Leistungsfähigkeit von Betriebssystemkomponenten [SHM84] auf das Antwortzeitverhalten von Transaktionsprogrammen und damit auf ihre Benutzbarkeit Auswirkungen haben oder daß die Garantie der Zuverlässigkeit von numerischen Rechnungen durch eine gute Arithmetik und darauf aufbauende leistungsfähige numerische Algorithmen [SHT85] das Vertrauen des Benutzers zum Rechner steigern können und damit Benutzerfreundlichkeit bedeuten, ist unmittelbar einsichtig und soll nicht weiter ausgeführt werden.

3.1 Das Benutzerprofil im Endbenutzersystem

In den Jahren 1975-81 lag den WZH-Arbeiten über interaktive Problemlösungssysteme die Systemstruktur von Abb. 16 zugrunde. Sie wurde insbesondere im Interaktiven Datenanalyse- und Managementsystem IDAMS verwirklicht [BLA83]. Ihre wesentlichen Komponenten sind:

- die relationale Datenbank, erweitert um Datentypen, wie sie in wissenschaftlichen Anwendungen benötigt werden, und die entsprechende Datenbankverwaltung;
- die Programmbibliothek mit Bibliotheksverwaltung (Methodenbank);
- der zweistufige Katalog (permanent und aktiv) mit entsprechenden Katalogverwaltungen;
- die Textverwaltungs- und Textsuchkomponente;
- der Hilfsprozessor AP403 zur Verbindung der APL- und Nicht-APL-Komponenten des Systems;

- die zweistufige Sprachschnittstelle EQBE (zweidimensionale, kommando- und menügetriebene Form und lineare Form) mit Übersetzer;
- Ein-/Ausgabe, Datenpräsentation und Graphik;
- die Dialogkomponente mit der Möglichkeit zwischen Kommando- und Menüform zu wählen.

Heute würden wir diese Architektur erweitern, im wesentlichen um zwei Systemteile:

- eine Wissensbasis und Komponenten zu ihrem Aufbau, ihrer Verwaltung und Verarbeitung, d.h. um eine Expertensystemkomponente;
- eine Kommunikationskomponente zur Einbindung in ein Rechnernetz und zur Steuerung des Zusammenspiels der Dienstleistungen in den verschiedenen Netzknoten, insbesondere in den Arbeitsstationen und speziellen Servicemaschinen, aber auch im Zentralrechner.

Abb. 16. Die IDAMS Systemstruktur für Problemlösung und Entscheidungsfindung [BLA83]. ▶
Die im Dialog mit IUGS (Interactive User Guidance System) identifizierten Daten werden ihrer Struktur nach am Bildschirm angezeigt und durch EQBE (Extended Query by Example) aus der Datenbank extrahiert und im APL-Arbeitsbereich bereitgestellt. Im Dialog mit IUGS können Programme identifiziert werden, die in einer Programmbibliothek vorhanden sind.
Mit EQBE können die Programme geladen und auf die Daten angesetzt werden.
Ergebnisse und Zwischenergebnisse können in graphischer Form angezeigt werden, um neue Hinweise für weitere Bearbeitungsschritte in diesem Problemlösungsverfahren abzuleiten.
Der Benutzer kann, entsprechend seiner Vertrautheit mit IDAMS, den Ablauf mit Kommandos weitgehend selbst bestimmen oder sich auf systemseitige Führung mit Anleitung, Aufforderung und Menüauswahl stützen. Wenn der Benutzer sich in IDAMS einwählt, wird ihm der aktive Katalog der letzten Sitzung angeboten. Er repräsentiert sozusagen das Benutzerprofil und enthält im wesentlichen die Namen von Datentabellen und Programmen. Der Benutzer kann den aktiven Katalog, d.h. seine Arbeitsumgebung, dadurch ändern, daß er Objekte vernichtet (ERASE), aus dem permanenten Katalog neu hinzufügt (COPY; das Auffinden der gewünschten Objekte wird durch einen interaktiven Objektsuchprozeß unterstützt - IUGS), neu entwickelt oder verändert. Neu entstehende Objekte sind zunächst temporärer Bestandteil der APL Arbeitsumgebung, können aber auch permanent gemacht werden mittels SAVE. Falls noch keine systematische Beschreibung erstellt ist, wird sie durch den DEFINE Prozeß während einer SAVE Operation angefordert

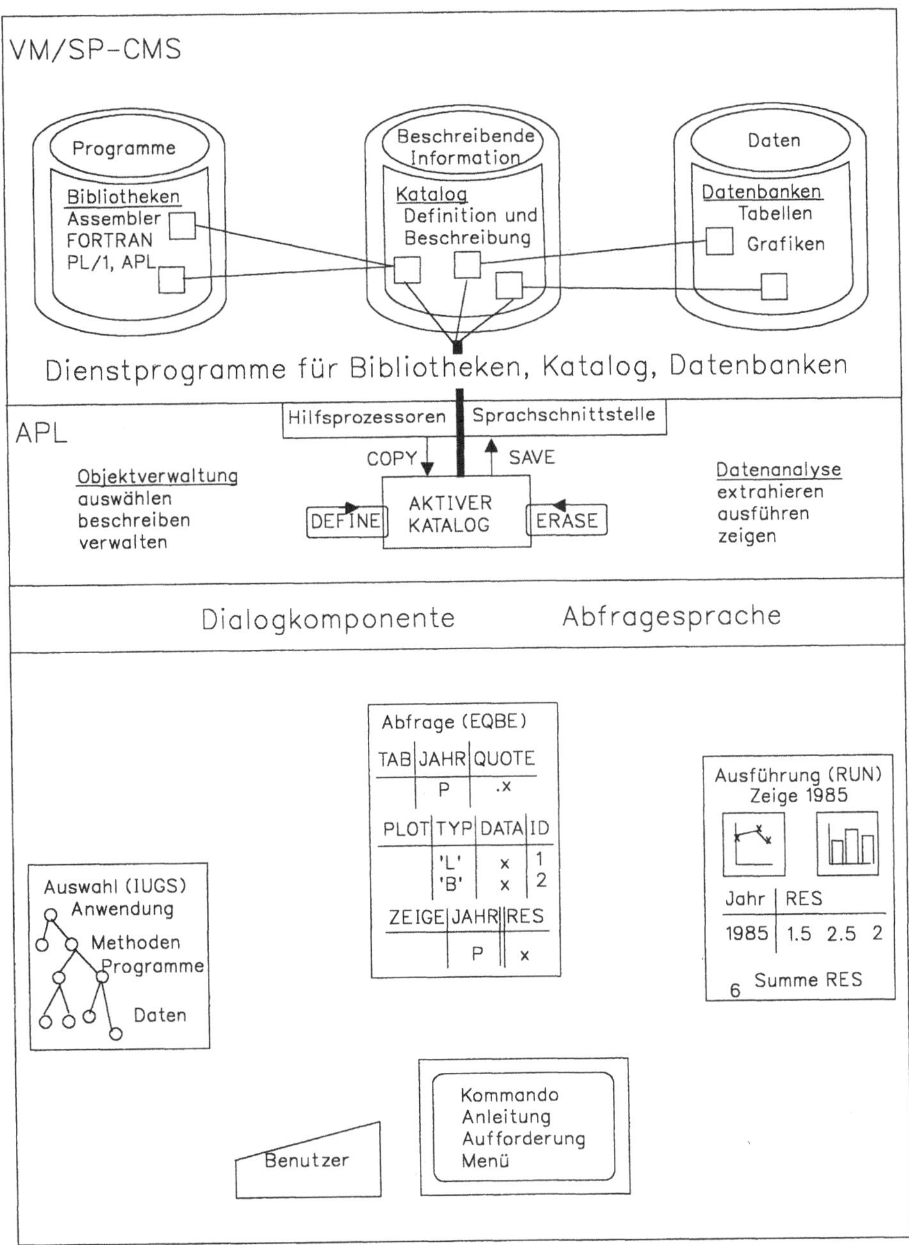

Ein wichtiger Aspekt der Benutzbarkeit eines Systems dieser Art ist seine Anpaßbarkeit an eine spezielle Benutzersituation: Der Arbeitsmodus muß entsprechend der Vertrautheit mit dem System gewählt werden können, und leichte Erweiterbarkeit (evtl. durch den Benutzer selbst) muß genauso gewährleistet sein wie die Einschränkbarkeit des Funktions- und Datenangebots (insbesondere bei Mehrbenutzersystemen), das der Benutzer sehen und im Zugriff haben sollte. Diese Fähigkeit ist im Begriff des Benutzerprofils zusammengefaßt und wird bei der IDAMS-Systemstruktur durch den zweistufigen Katalog gelöst (Abb. 16): Der permanente Katalog enthält alle Objekte, die für viele Benutzer von langfristiger Bedeutung sind. Der aktive Katalog ist mit dem Arbeitsbereich eines Benutzers fest verbunden und enthält die von ihm aus dem permanenten Katalog selektierten sowie die von ihm nur für seine eigene Arbeit geschaffenen Objekte.

Das Benutzerprofil kann sich also dynamisch den Benutzeranforderungen anpassen. Es enthält auch Aussagen darüber, ob der Benutzer mit der zweidimensionalen oder linearen Sprache arbeiten will und welche Dialogunterstützung er erwartet (z.B. lange oder kurze Erläuterungen). Beim Einwählen in das System findet der Benutzer, gesteuert vom Benutzerprofil, die Arbeitsumgebung wieder, die er zuletzt bei seiner letzten Sitzung verlassen hatte. Das Benutzerprofil gewährleistet also Kontinuität bei der Arbeit, was insbesondere bei langwierigen Problemlösungsprozessen ein wichtiger Aspekt von Benutzbarkeit ist.

3.2 Anpaßbarkeit und Portabilität natürlichsprachlicher Abfragesysteme

USL [ZOE81] baut auf einem allgemein verfügbaren, nicht auf natürlichsprachliche Schnittstellen zugeschnittenen Datenbanksystem (SQL/DS, [IBM10]) auf und greift auf Daten darin zu. Es besteht also keine Notwendigkeit, wie bei einigen anderen natürlichsprachlichen Datenabfragesystemen Daten zu duplizieren und zu reorganisieren, um USL einsetzen zu können. Dies bringt mit sich, daß natürlichsprachliche Sätze in Sätze der Datenbanksprache (SQL, [CHA76]) übersetzt werden müssen.

A priori ist USL unabhängig von einer bestimmten Landessprache, einer Anwendung (Datenbank) und einem bestimmten Benutzer (und seinem Jargon). Um benutzbar zu werden, muß es also an alle diese Gegebenheiten angepaßt werden können. All dies wird erreicht durch die Systemstruktur von Abb. 17. Sie zeigt:

- eine Dialogsteuerungskomponente, die Benutzerformulierungen entgegennimmt und Antworten zur Datenstation leitet;
- einen Syntaxprozessor (Parser) zum Aufbau der Grammatikdateien aus formalen Syntaxbeschreibungen (dazu werden eine Metagrammatik der formalen Beschreibung und Metaroutinen benützt) und zur syntaktischen Analyse von Eingabesätzen; er ist ähnlich wie bei herkömmlichen Programmiersprachen;

- eine Komponente zur syntaktischen und semantischen Wortdefinition, wobei letzteres die Herstellung der Beziehung eines natürlichsprachlichen Begriffs zu einem Begriff in der Datenbank (View-Definition) oder zu einem schon definierten Begriff oder Satzteil (Synonyme, Abkürzungen, Variable) bedeutet;
- einen semantischen Exekutor, der einen Satz von 75 Interpretationsroutinen benutzt, um den Syntaxbaum in Zwischenstrukturen zu übersetzen (Parser und Exekutor müssen syntaktisch korrekte natürlichsprachliche Sätze ohne Kenntnis ihrer Anwendungsbedeutung analysieren und übersetzen können);
- einen Codegenerierer, der die Zwischenstrukturen in Sätze der Datenbanksprache übersetzt, und einen Optimierer, der diese Sätze von unnötigen Operationen befreit; dies ist nötig, da die Beziehungen zwischen Begriffen der natürlichen Sprache und Begriffen in der Datenbank durch die intensive Benutzung des relationalen View-Mechanismus hergestellt werden;
- eine Grammatik und ein dazugehöriges Basisvokabular für die gerade benutzte Landessprache. Sie sind als Dateien gegen andere Grammatiken mit Vokabularen austauschbar; ihre Bedeutungen müssen über verschiedene Anwendungen hinweg invariant sein und die Strukturen der Grammatik müssen sich ohne Anwendungswissen analysieren lassen;
- das dreistufige Wörterbuch; die 1. Stufe enthält Funktionswörter, die anwendungsunabhängig eine allgemeingültige Bedeutung haben (wie Januar, Montag, und, der, in, ...); sie werden mit der Grammatik a priori mitgeliefert; die 2. Stufe enthält anwendungsspezifische Wörter, die zur Anwendungsentwicklungszeit definiert und zu Begriffen in der Datenbank in Beziehung gesetzt werden (wie Mitarbeiter, Führungskraft, Einstelldatum, Gehalt, ...); sie werden vom Datenbankadministrator in Zusammenarbeit mit den späteren Benutzern eingeführt und auf Begriffe in der Datenbank bezogen und können sich im Laufe der Zeit vermehren und verändern; ihre Wortsemantik ist also über die Datenbank definiert, ihre Syntax wird vom System erfragt. Die 3. Stufe umfaßt Wörter, die der Benutzer selbst dynamisch während seiner Arbeit einführen und wieder verwerfen kann (als Abkürzungen, Synonyme, Variablennamen, ...).

Es wird also ganz deutlich, was allein der Begriff der Portabilität, d.h. der schnellen und leichten Anpassung an eine Landessprache, an existierende Daten in einer generellen auch für andere Zwecke benützbaren Datenbank und an ein Anwendungsvokabular an Anforderungen für die Systemstruktur mit sich bringt. Ein System, das diese Anforderungen nicht befriedigt, kann aber kaum als benutzbar angesehen werden.

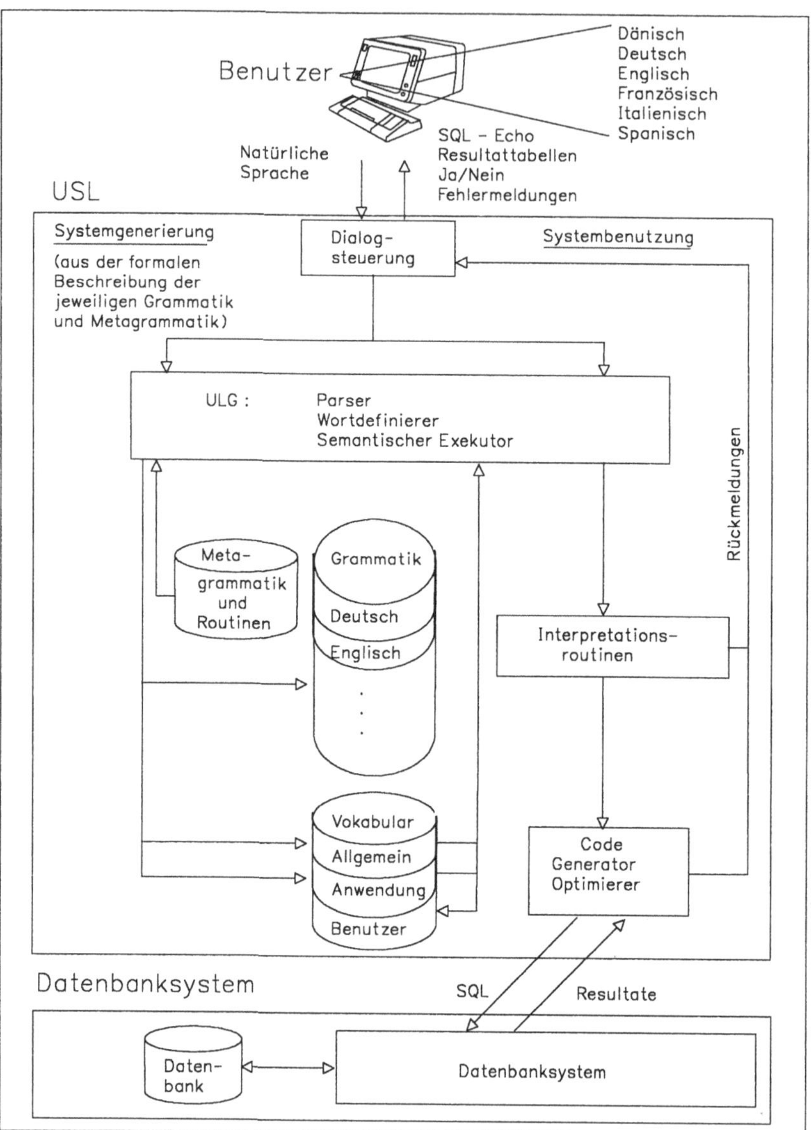

Abb. 17. Struktur des Systems User Specialty Languages (USL): Parser, Wortdefinierer und semantischer Exekutor - zusammen mit Metagrammatik und -routinen - bilden den Universal Language Generator ULG [IBM9], der am Wissenschaftlichen Zentrum Paris der IBM Frankreich entwickelt wurde. Das Datenbank Management System ist SQL/DS [IBM10]

3.3 Expertensysteme - eine neue Dimension der Benutzbarkeit

Schon seit längerer Zeit erheben die Autoren von sog. wissensbasierten Systemen oder Expertensystemen den Anspruch, daß erst mit dem Einsatz der entsprechenden Techniken ein Dialogverhalten auf der Systemseite erzeugt werden kann, das menschlichem Dialogverhalten nahe kommt, d.h. in gewissem Sinn "intelligent" ist und damit gerechtfertigte Ansprüche an "Benutzerfreundlichkeit" befriedigt. Dies hängt nicht nur damit zusammen, daß in vielen Fällen die Benutzerschnittstelle solcher Systeme natürlichsprachlich ist, sondern auch damit, daß diese Systeme mit logischen und heuristischen Methoden neues Wissen aus gespeichertem Wissen ableiten können, wie es der menschlichen Vorgehensweise in etwa entspricht. Probleme sind hierbei der Erwerb und die Repräsentation des Wissens, die Deduktionsmethoden und die Dialogführung, insbesondere in der Phase, in der das System die Herleitung einer vorgeschlagenen Problemlösung erläutern soll. Diese Fähigkeit, die ganz wesentlich zur Benutzbarkeit beiträgt, haben herkömmliche Dialogsysteme nicht.

Als einigermaßen zwangsläufige Weiterführung der linguistischen Forschung im USL-Projekt arbeitet das WZH seit 1983 auf diesem neuen Gebiet, zusammen mit Wissenschaftlern der Universität Tübingen. Ziel des Projekts "Linguistik- und logikbasiertes rechtliches Expertensystem" (LEX) ist der Entwurf und die Erstellung des Prototyps eines allgemeinen Systems zum Erwerb und zur Abfrage von Wissen und seine Anwendungen auf das deutsche Straßenverkehrsstrafrecht [LEH85].

Das anwendungsunabhängige Basissystem soll in der Lage sein, Eingabe in natürlicher Sprache interaktiv, aber so weit wie möglich selbständig zu analysieren. Bei der Eingabe kann es sich sowohl um neues Wissen über den Anwendungsbereich als auch um Abfragen handeln. Dazu werden in Ansätzen schon existierende Verfahren der Textanalyse erweitert, geeignete Repräsentationsformen entworfen und hierfür Deduktionsverfahren entwickelt.

Das juristische Expertensystem soll u.a. Juristen bei der Behandlung komplexerer Fälle mit Strukturierungshilfsmitteln und durch die Möglichkeit des Zugriffs zu einer umfangreichen Wissensbank unterstützen (Abb. 13). Einige potentielle Vorteile der Expertensystemtechnik für die Realisierung dieser Anwendung sind

- die größere Flexibilität des Nutzers bei der Abfrage des Wissens im System,
- die bessere Unterstützung bei der Veränderung und Ergänzung des Wissens (z.B. durch neue Gerichtsentscheidungen),
- die Fähigkeit des Expertensystems, die Herleitung einer Antwort zu erklären, indem es die durchgeführten Deduktionsschritte angibt.

Auf die Erklärungsfähigkeit soll hier noch etwas genauer eingegangen werden, weil sie für die Benutzbarkeit von solchen anspruchsvollen, entscheidungsunterstützenden Systemen unabdingbar erscheint (ein Jurist würde sich nicht mit dem Ergebnis der Analyse eines Falles zufrieden geben; er wird wissen wollen, wie das System zu diesem Ergebnis kam) und weil sie doch einigermaßen neuartig ist.

Man kann natürlich auch bei einer konventionell implementierten Anwendung für jede mögliche Antwort eine Erklärung vorbereiten, die vom Nutzer abgerufen werden kann. In einem Expertensystem läßt sich diese Aufgabe aber generell lösen. Dazu muß man in der Deduktionskomponente des Expertensystems die durchgeführten Beweisschritte aufzeichnen, und die Dialogkomponente muß in der Lage sein, diesen sog. Beweisbaum dem Nutzer in geeigneter Weise zu präsentieren. Die Sprachanalyse- und Sprachgenerierungskomponente ist zuständig für die hierbei nötigen natürlichsprachlichen Formulierungen (Abb. 18).

Einige der dabei zu lösenden Fragen sollen kurz angesprochen werden:

1. Den vollständigen Beweisbaum auszugeben ist in den wenigsten Fällen sinnvoll, da er zu viele Details enthält. Die zu treffende Auswahl hängt aber u.a. vom Wissensstand des Nutzers ab. Lösungsansätze hierzu sind der Aufbau eines Nutzerprofils (Benutzermodells), die Kennzeichnung eines Teils der Wissensbank als für Erklärungen relevant und ein stufenweises Vorgehen, das zunächst nur eine Erklärung in großen Schritten gibt, aber weiteres Nachfragen erlaubt. Erschwerend ist, daß die Forderung nach einer Kennzeichnung des für Erklärungen relevanten Wissens im Widerspruch zum Projektziel steht, Wissen weitgehend automatisch zu erfassen.
2. Die für die Erklärung ausgewählten Beweisschritte müssen dem Nutzer in geeigneter, vorzugsweise natürlichsprachlicher Form präsentiert werden. Dafür sind 2 Lösungen denkbar: Man kann zu jeder relevanten Regel (oder Fakt) eine geeignete, z.B. natürlichsprachliche Formulierung speichern, oder man muß einen solchen Text aus der Regel generieren, wozu es dann wieder vorteilhaft ist, eine interne Wissensrepräsentationssprache zu verwenden, wie etwa die Diskursrepräsentations-Strukturen [LEH84], die eine relativ einfache Übersetzung gestattet. Nicht sinnvoll ist dies allerdings in jenen Fällen, in denen der Nutzer eine Regel unter einem bestimmten Namen kennt (z.B. "§142 Absatz 1 StGB"); dann sollte dieser Name auch genannt werden. Dies wiederum reicht etwa bei Regeln nicht aus, die der Nutzer nicht kennt; dann möchte er die Quelle erfahren.
3. Eine Antwort ist i. allg. nicht nur auf eine Weise herleitbar. Die Erklärung einer Deduktion ist um so leichter verständlich, je mehr sie dem "natürlichen" Schließen im entsprechenden Anwendungsgebiet folgt. Ein Jurist insbesondere wird erwarten, daß eine Begründung die in der Rechtsprechung übliche Vorgehensweise berücksichtigt. Dies erfordert, daß die Wissensbank nicht nur Wissen

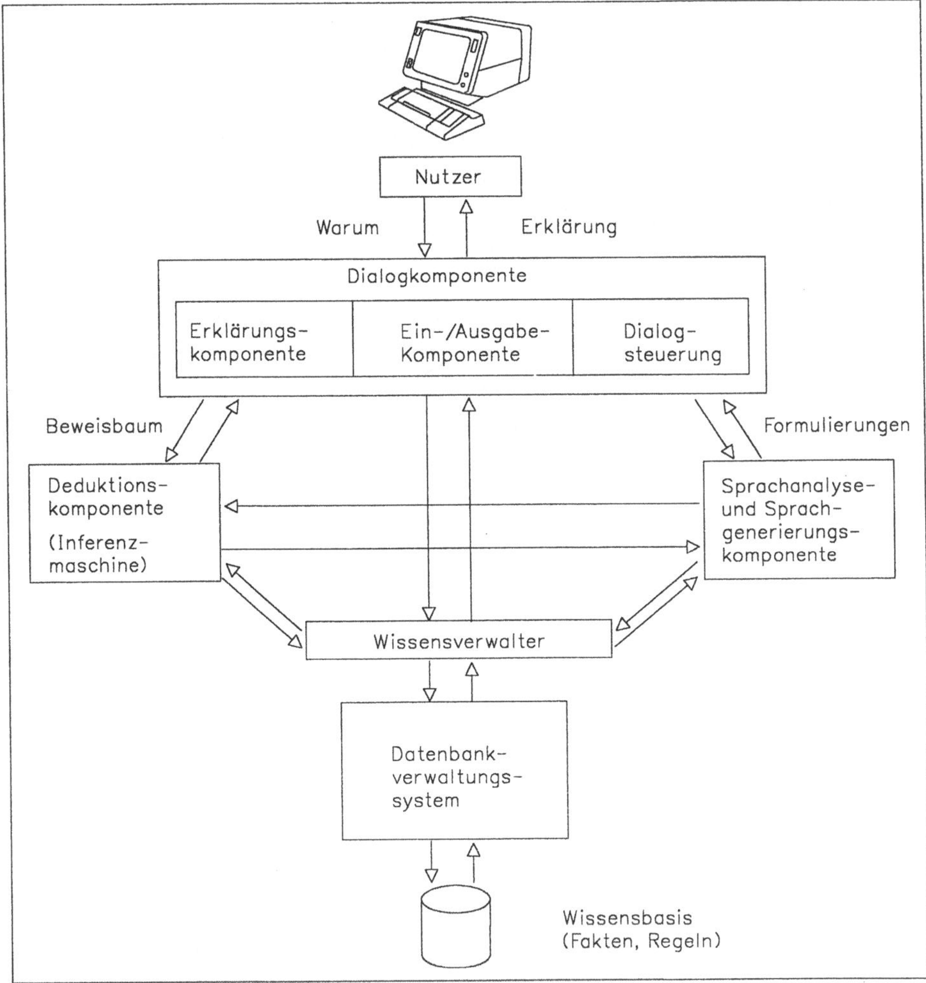

Abb. 18. Die wesentlichen Komponenten eines natürlichsprachlichen Expertensystems. Das Zusammenspiel aller dieser Komponenten ist für die Fähigkeit des Systems nötig, den Herleitungsweg einer Problemlösung zu erläutern. Die Wissensbasis besteht aus Fakten und Regeln über das entsprechende Fachgebiet, über die (deutsche) Sprache, über die "Welt im allgemeinen", und über die Nutzer (Nutzerprofil)

über die Anwendung selbst, sondern auch über die von Experten des Bereichs angewandten Lösungsstrategien enthält.

4. Eine weitere offene Frage ist, wie das System einem Nutzer erklärt, daß es nicht in der Lage ist, eine Aussage zu beweisen. Ein menschlicher Experte würde dies aus seiner Erfahrung heraus dadurch tun, daß er für diesen Fall relevante, notwendige Bedingungen nennt, die nicht erfüllt sind. Wie kann man das System aber in die Lage versetzen, eine solche Bedingung zu finden?

Manche dieser Fragen werden im Rahmen des Projekts behandelt werden, wie z.B. die Verwendung von Informationen über den Wissensstand des Nutzers zum vorliegenden Fall und die Aufnahme von juristischen Problemlösungsstrategien in die Wissensbank, andere sind langfristige Forschungsprobleme und werden zunächst unbeantwortet bleiben müssen. Wie viele andere Forschungsgruppen auch, befindet sich das WZH noch in einer frühen Arbeitsphase, so daß die erzielbaren Ergebnisse sich noch nicht klar abzeichnen.

3.4 Die Rolle des Datenmodells für die Benutzbarkeit eines Datenbanksystems

Datenbanksysteme haben seit den 60er Jahren in der praktischen Datenverarbeitung zunehmend an Bedeutung gewonnen. Der Entwurf von Datenbanken sowie die Entwicklung und der Einsatz von Datenbanksystemen haben sich deshalb zu einer Ingenieur- und Wissenschaftsdisziplin innerhalb der Informatik und ihrer Anwendungen herausgebildet. Sie sind ein unentbehrliches Werkzeug für die ökonomische Entwicklung interaktiver Anwendungsprogramme und für den direkten Zugang von Endbenutzern zur Information geworden. Für beide Verwendungsarten spielt die vom Datenbanksystem unterstützte konzeptionelle Datensicht, das sogenannte Datenmodell, eine entscheidende Rolle. Es ist sozusagen die zentrale Komponente einer Datenbanksystemarchitektur, auf die sich alle anderen Komponenten beziehen. Je besser das Datenmodell die intuitive Vorstellung der Benutzer (Programmierer und Endbenutzer) von Information und ihrer Manipulation trifft, desto leichter fällt der Umgang mit der gespeicherten Information.

Für die in der Vergangenheit vorrangig bearbeiteten kommerziellen Anwendungen (z.B. für Lagerhaltung und Banktransaktionen) haben sich das Netzwerkmodell von CODASYL [COD71], das hierarchische Modell von IMS-VS [IBM11], und das Codd'sche Relationenmodell [COD70] hervorragend bewährt, das letztere insbesondere auch für interaktive Endbenutzeranwendungen, weil fast ausschließlich auf ihm mengenorientierte Hochsprachen entwickelt wurden.

Der seit einigen Jahren starke Trend zu neuartigen, anspruchsvollen Anwendungen, z.B. in der Bürokommunikation, im rechnergestützten Entwerfen und Fertigen und in der wissenschaftlichen Problemlösung wirft jedoch neuartige Probleme für Datenbanksysteme auf [BLA80,BPI85]. Das WZH beschäftigt sich mit diesen Problemen, angeregt durch die früheren Arbeiten an IDAMS und an assoziativen Suchtechniken [SHE75], seit etwa 1978. Neben vielen anderen Problemen spielen im Projekt "Fortschrittliche Informationsverwaltung" (Advanced Information Management AIM [LUM85]) ein neuartiges Datenmodell - das sog. "Nichtnormalisierte Relationenmodell" oder NF2-Modell (für

Non-First-Normal-Form) - und seine Systemunterstützung eine zentrale Rolle.

Während in herkömmlichen Datenbankanwendungen die zu modellierenden und zu manipulierenden Objekte der realen Welt durch wenige einfache Eigenschaften, Strukturen und Operationen charakterisiert sind, ist dies etwa bei den Objekten der Bürokommunikation oder des Ingenieurentwurfs genau umgekehrt: Wir haben es mit komplex strukturierter Information und mit vielen verschiedenartigen Strukturen zu tun, deren Einzelteile umfangreich (lange Felder, z.B. für Texte, Graphiken, Bilder) und wieder komplex sind (ein Dokument ist aus vielen Teildokumenten, ein Maschinenteil aus vielen Einzelteilen aufgebaut). Das Datenmodell muß diese Komplexität modellieren können, und je nach Anwendung müssen ganz verschiedene Sichten (Views) und anspruchsvolle und vielfältige Operationen auf den Datenstrukturen möglich sein, auch über die Grenzen der heutigen "klassischen" Datenmodelle hinweg.

Der Beitrag des NF2-Modells zur gesteigerten Benutzbarkeit liegt also in seiner Fähigkeit, semantische Zusammenhänge der Daten, die die komplexen Objekte fortschrittlicher Anwendungen beschreiben sollen, besser darzustellen als herkömmliche Datenmodelle, was sich natürlich in den darauf aufsetzbaren Sprachen und formulierbaren Anfragen und Operationen niederschlägt (Abb. 19).

Büro- und Ingenieurtätigkeiten sowie wissenschaftliche Arbeit sind häufig evolutionäre Prozesse, bei denen Zwischenergebnisse nicht wie im herkömmlichen Datenbanksystem verloren gehen dürfen, da sie später wieder benötigt werden. Das Datenbanksystem muß also Abfragen in die Vergangenheit und nach der zeitlichen Entwicklung eines Objekts unterstützen. Man spricht von Zeitversionen. Außerdem werden häufig verschiedenartige Darstellungen von ein und demselben Objekt gefordert. Hier spricht man von Darstellungsversionen oder Varianten. Bei heutigen DB-Systemen müssen diese Funktionen und die dazu nötigen Daten explizit von den Anwendungsprogrammen verfügbar gemacht werden. Neuartige Datenbanksysteme wie AIM übernehmen diese Funktionen, indem sie dem Datenmodell sozusagen eine 3. Dimension, die Zeit, hinzufügen und sie im System effizient unterstützen.

Diese und andere Probleme der Unterstützung fortschrittlicher Anwendungen beschäftigen zur Zeit viele Datenbankforscher auf der ganzen Welt. Im AIM-Projekt des WZH wurde ein Prototyp eines solchen Datenbanksystems entworfen und teilweise implementiert. Bis zum Jahresende soll die Implementierung so weit fortgeschritten sein, daß sie z.B. in Ingenieuranwendungen erprobt werden kann.

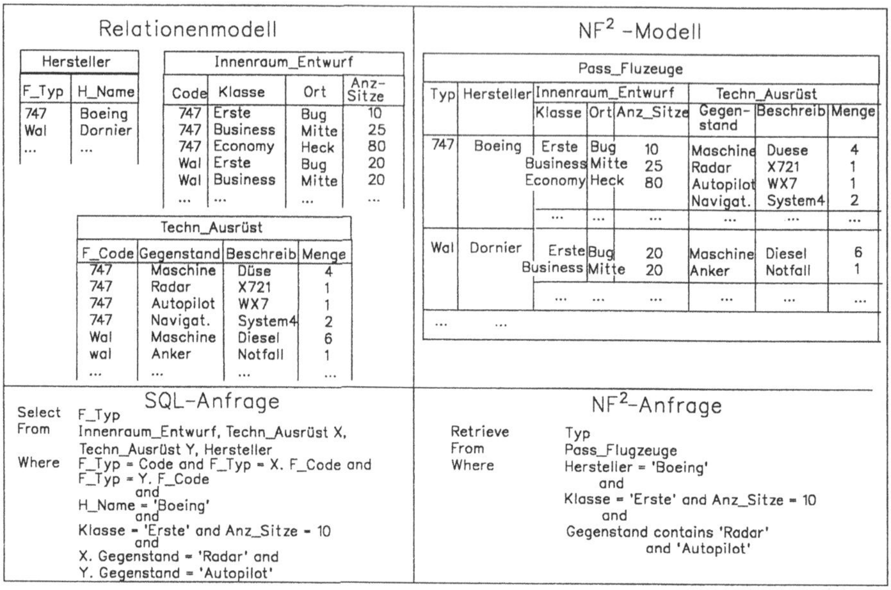

Relationenmodell

Hersteller

F_Typ	H_Name
747	Boeing
Wal	Dornier
...	...

Innenraum_Entwurf

Code	Klasse	Ort	Anz-Sitze
747	Erste	Bug	10
747	Business	Mitte	25
747	Economy	Heck	80
Wal	Erste	Bug	20
Wal	Business	Mitte	20
...	...	...	...

Techn_Ausrüst

F_Code	Gegenstand	Beschreib	Menge
747	Maschine	Düse	4
747	Radar	X721	1
747	Autopilot	WX7	1
747	Navigat.	System4	2
Wal	Maschine	Diesel	6
wal	Anker	Notfall	1
...	...	...	...

NF^2 -Modell

Pass_Fluzeuge

Typ	Hersteller	Innenraum_Entwurf			Techn_Ausrüst		
		Klasse	Ort	Anz_Sitze	Gegen-stand	Beschreib	Menge
747	Boeing	Erste Business Economy	Bug Mitte Heck	10 25 80	Maschine Radar Autopilot Navigat.	Duese X721 WX7 System4	4 1 1 2
		...	...	...	...	...	...
Wal	Dornier	Erste Business	Bug Mitte	20 20	Maschine Anker	Diesel Notfall	6 1
		...	...	...	...	...	...
...	...						

SQL-Anfrage

```
Select  F_Typ
From    Innenraum_Entwurf, Techn_Ausrüst X,
        Techn_Ausrüst Y, Hersteller
Where   F_Typ = Code and F_Typ = X. F_Code and
        F_Typ = Y. F_Code
              and
        H_Name = 'Boeing'
              and
        Klasse = 'Erste' and Anz_Sitze = 10
              and
        X. Gegenstand = 'Radar' and
        Y. Gegenstand = 'Autopilot'
```

NF^2-Anfrage

```
Retrieve   Typ
From       Pass_Flugzeuge
Where      Hersteller = 'Boeing'
               and
           Klasse = 'Erste' and Anz_Sitze = 10
               and
           Gegenstand contains 'Radar'
                     and 'Autopilot'
```

Abb. 19. Vergleich des Codd'schen Relationenmodells und SQL mit dem NF2-Modell und entsprechend erweitertem SQL bei einer "komplexen Anwendung". In jedem Fall wird folgende Anfrage formuliert: Finde alle Flugzeugtypen des Herstellers BOEING, die 10 Sitze in der ersten Klasse haben und mit Radar und Autopilot ausgestattet sind

3.5 Benutzbarkeit von Dienstleistungen im heterogenen Rechnerverbund

Die Informationsverarbeitung in den 60er Jahren stand ganz im Zeichen der Stapelverarbeitung, die keine Interaktivität und keine gemeinsame, "gleichzeitige" Nutzung (Sharing) knapper Ressourcen (Systemteile, Programme, Daten usw.) zuließ. In den 70er Jahren setzten deshalb zwei Entwicklungen ein, um hier abzuhelfen:

- Teilnehmerbetrieb ("time sharing") auf großen Systemen verbesserte die gemeinsame Nutzung von Ressourcen, führte aber nicht immer zu der gewünschten guten Interaktivität (z.B. lange Antwortzeiten),
- dedizierte Minirechner und Arbeitsstationen brachten im i. allg. hervorragende Interaktivität, versagten aber ganz bezüglich der gemeinsamen Nutzung von Ressourcen.

Technologische Fortschritte ermöglichen nun in den 80er Jahren, beide Welten durch Rechnervernetzung wieder zusammenzuführen und dadurch sowohl gute Interaktivität als auch gutes "Resource-Sharing" zu erreichen.

Die Informationsverarbeitung im Rechnerverbund hat ihren Ausgangspunkt in einer heterogenen Datenverarbeitungswelt bezüglich der Leistungsfähigkeit der Rechner (große zentrale Rechner für zentrale Datenbanken und aufwendige Berechnungen, mittlere Abteilungsrechner für spezielle Aufgaben, individuelle Arbeitsstationen mit lokaler Intelligenz), ihrer Herkunft und Architektur, ihrer Betriebssysteme und der heute schon existierenden herstellerspezifischen Netzwerkarchitekturen. Es ist eine Herausforderung vorwiegend an die Informatik, diese Heterogenität für die Nutzer von Dienstleistungen im Rechnerverbund (Anwendungsprogrammierer und Endbenutzer) hinter innovativen Softwarelösungen zu verbergen und ihnen den Eindruck zu vermitteln, daß sie volle lokale Kontrolle über die benötigten Dienstleistungen in ihrer gewohnten Dialogumgebung haben, unabhängig davon, wo diese Dienstleistungen im Netz angeboten werden. Wir verstehen hier unter Benutzerfreundlichkeit, daß diese Dienstleistungen im heterogenen Systemverbund genauso leicht lokal oder wie im homogenen Versuch genutzt werden können. Dabei reicht die Spannweite dieser Dienstleistungen von der einfachen Nachrichtenübermittlung, elektronischer Post, Gruppenkorrespondenz und Dateitransfer bis hin zur Benutzung entfernt stehender Geräte (wie Graphik-Hochleistungsdrucker) und Dienste (wie Datenbankzugriff, Programmübersetzung), die entweder im Dialog oder eingebaut in verteilt ablaufende Anwendungsprogramme aktiviert werden können.

Seit etwa 1981 ist das WZH in Kooperation mit Forschungsgruppen der Gesellschaft für Mathematik und Datenverarbeitung (GMD) Darmstadt und der Universität Karlsruhe mit 2 Forschungsprojekten in diesem Problembereich tätig. Zielsetzungen sind, Endbenutzeranwendungen in offenen Systemen (EUA-OSI: Enduser Applications in Open Systems, Abschnitt 3.5.1) und Rechnerverbund an Universitäten (DAC: Distributed Academic Computing, Abschnitt 3.5.2) in modellhaften Implementierungen zu studieren und zu erproben. Im Sommer 1985 wurden die beiden Forschungsgruppen zu einem eigenständigen Europäischen Netzwerkzentrum in Heidelberg zusammengefaßt und verstärkt, um im Auftrag der IBM Europa erweiterte Forschungs- und fortschrittliche Entwicklungsaufgaben im Rechnernetzbereich durchzuführen. Wie beim WZH sollen auch die Arbeitsergebnisse des Europäischen Netzwerkzentrums der interessierten Öffentlichkeit zur Verfügung stehen.

3.5.1 Kommunikation in offenen Systemen

Grundvoraussetzung für eine erfolgreiche Kooperation von Systemkomponenten ist die Möglichkeit, auf angemessene Weise miteinander kommunizieren zu können. Soweit eine solche Kommunikation jeweils nur Rechner der gleichen Art umfaßt, werden die notwendigen Kommunikationsdienste in der Regel durch die betreffenden Rechnerhersteller unabhängig voneinander bereitgestellt (z.B. die Systems Network Architecture SNA [IBM12]). Kommunikation jedoch, die auch Rechner unterschiedlicher Art umfaßt, erfordert die Vereinbarung einer gemeinsamen Sprache sowie gemeinsamer Konventionen für den Ablauf des Dialogs - sogenannte Kommunikationsprotokolle.

Die Normen und Normenentwürfe des Referenzmodells der International Standards Organisation (ISO) für die Kommunikation in offenen Systemen (OSI) [ISO80] beschreiben eine solche gemeinsame Kommunikationskonvention, die unabhängig ist von speziellen Maschinen- und Betriebssystemeigenschaften einzelner Rechnerhersteller. Ausgehend von der Existenz eines physischen Übertragungsmediums wird in der untersten Schicht ("Bitübertragungsschicht") des ISO/OSI-Referenzmodells die zunächst noch ungesicherte Übertragung von Bitströmen zur Verfügung gestellt. In den beiden darauffolgenden Schichten wird diese Übertragung gegen Übertragungsfehler gesichert ("Sicherungsschicht"), und es wird ein transparenter Kommunikationspfad zwischen Endsystemen bereitgestellt ("Vermittlungsschicht"). Die "Transportschicht" stellt eine direkte Verbindung zwischen einzelnen Kommunikationspartnern her. Die drei obersten Schichten des ISO/OSI-Referenzmodells unterstützen die kommunikationsrelevanten Teile der eigentlichen Anwendungen: Die "Kommunikationssteuerungsschicht" stellt Grundfunktionen für den Dialog der Partner während einer Sitzung zur Verfügung, die "Darstellungsschicht" regelt die Präsentation der kommunizierten Daten auf den jeweiligen Endsystemen und die "Anwendungsschicht" schließlich enthält die eigentlichen Kommunikationsdienste, die dem Benutzer zum Datenaustausch in verteilten Systemen direkt angeboten werden. Hier bemüht sich die Normierung bisher v.a. um eine geräteunabhängige Dialogschnittstelle, um die Ausführung von Aufgaben auf entfernten Rechnern sowie um den Austausch von Dateien und Nachrichten zwischen unterschiedlichen Rechnern.

Gemeinsam mit der GMD Darmstadt erprobt das WZH durch experimentelle Implementierungen die Normenvorschläge aller 7 Schichten des ISO/OSI-Referenzmodells [HKM84]. Anhand eines experimentellen Nachrichtenverbundsystems, das Knoten in so verschiedenartigen Netzen wie dem European Academic Research Network (EARN), dem Nachrichtensystem KOMEX, dem Deutschen Forschungsnetz (DFN) und dem Telefon- und Telexnetz umfaßt, wurden die erzielten Zwischenergebnisse auf der Hannover Messe 1985 demonstriert. Dabei wird die Technik sogenannter "Gateways" (Übergänge) zwischen Netzen verschiedener Architektur benutzt, z.B. zwischen dem auf IBM RSCS-Protokollen (Remote Spooling Communication Subsystem [IBM13]) basierenden EARN und dem auf OSI-Protokollen basierenden DFN (s. Abb. 20, [MHS85]).

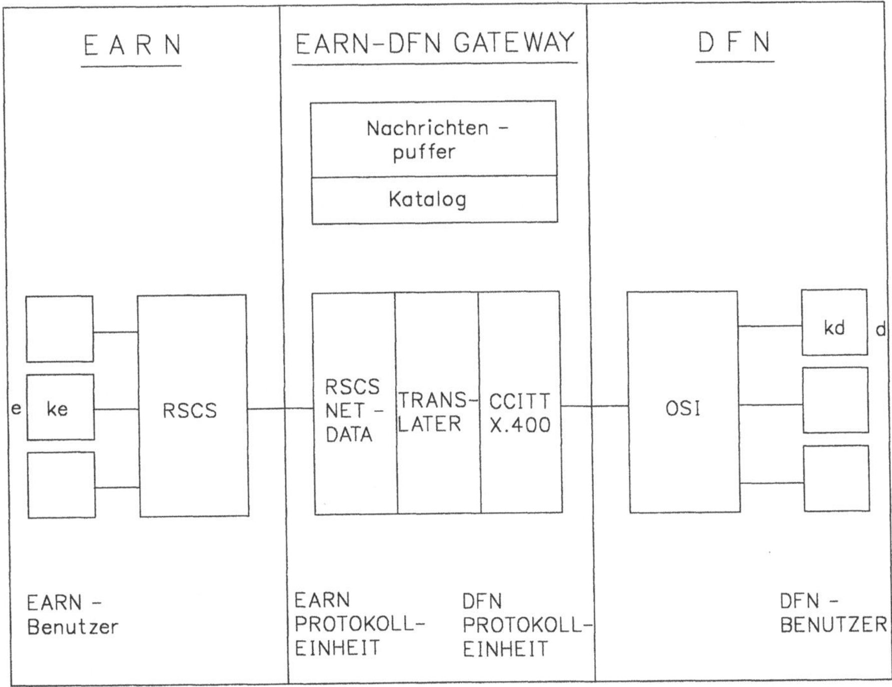

Abb. 20. Verwendung eines Gateways als Übergang zwischen zwei autonomen Netzen (EARN und DFN) verschiedener Architektur. Im Gateway werden Nachrichten vom RSCS NETDATA in ein Format transformiert (und umgekehrt), das von der CCITT unter dem Namen X.400 als Norm für Nachrichtenverbundsysteme vorgeschlagen wurde. Zur sicheren Übergabe der Nachrichten innerhalb des Gateways wird ein sogenanntes Zwei-Phasen-Commit-Protokoll verwendet und vom Nachrichtenpuffer unterstützt. Der Katalog enthält Benutzernamen und Adressen in beiden Netzen. Das Gateway ist so organisiert, daß die Übersetzung leicht an andere Protokollpaare angepaßt werden kann

Ein Gateway dient sozusagen als Dolmetscher zwischen den beteiligten Kommunikationswelten und ermöglicht so, daß z.B. ein EARN-Benutzer (e) von einem EARN-Knoten (ke) an einen DFN-Benutzer (d) in einem DFN-Knoten (kd) eine Nachricht (mit Bezeichnung n) fast genauso schicken kann, als ob d in EARN beheimatet wäre, wenn er nur dessen Adresse kennt. Der Absender verwendet dazu wie gewohnt sein Kommando zum Versenden von lokalen Nachrichten (oder von solchen innerhalb des eigenen Netzwerks) - im EARN-Netz also z.B. das Kommando SENDFILE. Die Parameter dieses Kommmandos müssen allerdings um einen Bezeichner zur Identifikation des Zielnetzes - hier dfn - ergänzt werden, weil Benutzer- und Knotennamen über verschiedene Netze hinweg nicht eindeutig sein müssen:

SENDFILE n TO d AT kd IN dfn.

Von der entsprechend erweiterten Interpretationssoftware des Kommandos SENDFILE wird dann der eigentlichen Nachricht n die folgende

Information automatisch hinzugefügt, die dem Gateway zur weiteren Adressierung der Nachricht im DFN-Netz dient:

+SEND:
+FROM: e!ke#earn
+TO: d!kd#dfn
+MESSAGE ID: e!ke#earn/ 85-07-15-11:00
+BODY TYPE: ttx
... <Inhalt von n > ...

Diese Zusatzinformation ist vergleichbar mit einem mit normierter Adresse und Absender versehenen Briefumschlag.

Der Inhalt einer solchen Nachricht n - in der Regel mit einem Standardeditor erstellt - kann aus einer beliebigen Datei bestehen. Falls erforderlich, wird diese Datei im Gateway von der EBCDIC- in eine ASCII-Codierung und umgekehrt übertragen. Das Hinzufügen der Zusatzinformation zu einer Nachricht wird von einer geeigneten Schnittstelle des Systems vor dem Endbenutzer verborgen.

Das Beispiel zeigt, wie Dienste zur Unterstützung der Kommunikation in offenen Systemen einerseits den Kommunikationspartnern möglichst einfache Schnittstellen zur Befriedigung ihrer Kommunikationsbedürfnisse bereitstellen. Andererseits bleibt dabei die zur Realisierung dieser Kommunikation notwendige Komplexität des Nachrichtenübertragungssystems den Endbenutzern fast vollständig verborgen.

3.5.2 Benutzbarkeit von Dienstleistungen im Universitätsrechnerverbund

Wissenschaftler und Studenten wollen in einem Universitätsrechnernetz nicht nur Nachrichten austauschen, Dateien versenden und die Durchführung kompletter Aufgaben (Jobs) auf einem entfernten Rechner veranlassen. Sie wollen darüber hinaus entfernt vorhandene Dienstleistungen in ihrem vorwiegend lokal ablaufenden Programm oder interaktiven Problemlösungsprozeß verwenden, d.h. verteilt ablaufende Anwendungsprogramme unter Kontrolle der beteiligten Betriebssysteme entwickeln und benutzen. Dabei ist zu beachten, daß auch hier wie in Abschnitt 3.5.1 "entfernt" immer "andersartiger Rechner, anderes Betriebssystem, andere Dateiverwaltung, andere Datenstrukturen, usw." bedeuten kann.

Dies ist in einem solchen heterogenen Rechnerverbund nur möglich, wenn die beteiligten Betriebssysteme kommunizieren und kooperieren können, was auf der technischen Seite schnelle Rechnerverbindungen (z.B. Kanalverbindungen) voraussetzt. In den vergangenen Jahren kamen sog. lokale Netze mit Übertragungsraten von 10 MBits/s und mehr zum Einsatz und verbesserten die technische Basis, auf der die Informatik die durch die Anforderungen für verteilte Anwendungen aufgeworfenen Probleme verteilter Betriebssysteme studieren und lösen kann.

Eine Betriebssystemunterstützung für den Rechnerverbund (d.h. ein Verbundsystem) sollte die Entwicklung verteilter Anwendungen so einfach wie möglich machen, idealerweise so einfach wie die rein zentraler Anwendungen, was nicht immer erreichbar ist. Daneben sollte das Verbundsystem die von zentralen Systemen her vertrauten Schutz-, Steuerungs- und Abrechnungsfunktionen erfüllen.

Die Entwicklung eines solchen Verbundsystems ist Gegenstand eines gemeinsamen Forschungsprojektes des WZH mit der Universität Karlsruhe [SCH84]. Die Universitätsumgebung dient bei diesem Projekt als Prüfstand. Die entwickelten Lösungen sollen aber allgemeingültig und nicht auf diese spezielle Situation eingeschränkt sein. Im folgenden soll v. a. der Aspekt der zu erwartenden Benutzbarkeit dieses in der Entwicklung befindlichen Systems beispielhaft angesprochen werden (Abb. 21).

Im allgemeinen wird ein derartiger Rechnerverbund aus mehreren Teilnetzen bestehen, die wiederum intern untereinander unverträgliche Protokolle (Netzarchitekturen) verwenden. Es gilt also zunächst, im Sinne von Open Systems Interconnection (OSI) ein einheitliches globales Netz zu schaffen, damit jeder Teilnehmer mit jedem anderen Teilnehmer Nachrichten austauschen kann. Diese Aufgabe wird von der Transportkomponente geleistet, welche die Ebenen 1-4 des ISO/OSI-Referenzmodells abdeckt.

Die Entwicklung verteilter Anwendungen direkt auf dem Transportsystem wäre weder sehr benutzerfreundlich noch würde damit vom System irgendeine Unterstützung für Zugangskontrolle und andere wichtige Funktionen bereitgestellt. Hier setzt deshalb die Remote Service Call (RSC)-Komponente ein. Sie bietet eine Schnittstelle an, die ähnlich der eines zentralen Betriebssystemkerns ist. Der RSC-Anwender - in der Regel ein Systemprogramm - gibt und empfängt Aufträge ähnlich wie der Anwender eines zentralen Betriebssystemkerns, mit dem Unterschied, daß es auf die Form der Kommunikation keinen Einfluß hat, ob Auftraggeber und Auftragnehmer sich im gleichen Netzknoten befinden oder nicht. Es werden also netzweite und zentrale Dienste auf die gleiche Weise angeboten.

Die RSC-Komponente behandelt u. a. Inhomogenitäten in der Darstellung von Daten: Der RSC-Anwender muß die Struktur der Daten eines Speicherbereichs beschreiben; wird auf diese Daten dann von einem anderen Rechner aus zugegriffen, dann werden die notwendigen Datenumwandlungen vom System vorgenommen. Daß der RSC-Anwender diese Beschreibung liefern muß, bedeutet jedoch nicht, daß auch der Endbenutzer damit belästigt wird. Als Indiz dafür diene der Zugriff auf entfernte Dateien. Eine Komponente im Verbundsystem, die sog. Remote File Access (RFA)-Komponente, vermittelt zwischen dem Endbenutzer und dem System. Über sie kann der Endbenutzer auf entfernte Dateien genauso zugreifen wie auf lokale Dateien, evtl. bis auf die Frage der Datenumwandlung. Glücklicherweise werden aber die häufig benutzten Dateien in fast allen Systemen so benannt, daß ihre Datenstrukturen von ihrem Namen ableitbar sind. Die RFA-Komponente kann deshalb die

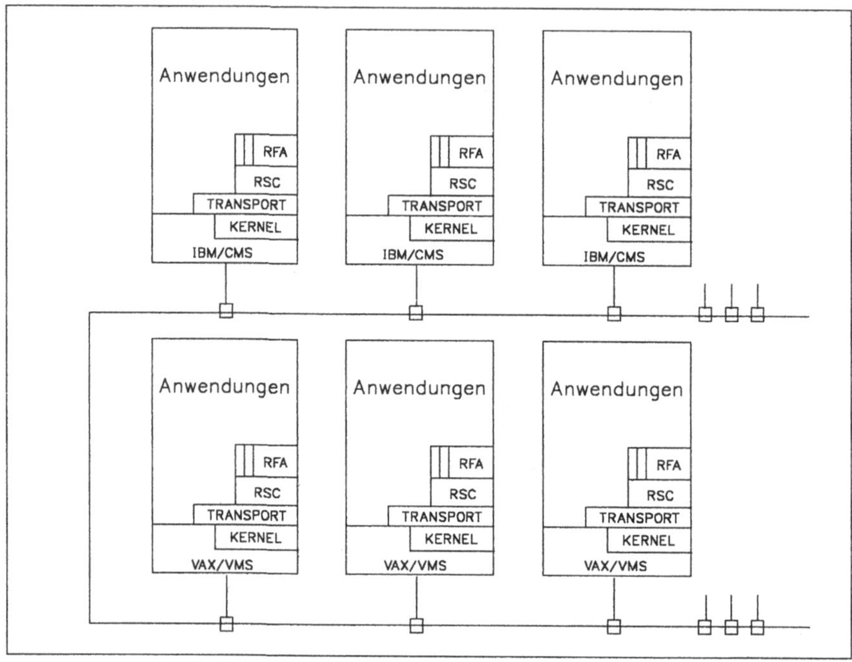

Abb. 21. Verschiedene Ebenen von Betriebssystemdienstleistungen in einem Verbund zweier Rechnernetze (IBM/370 mit VM/SP-CMS als Betriebssystem, DEC-VAX mit VMS als Betriebssystem). Auf dem modifizierten Kern der Betriebssysteme setzt der Transportdienst (Ebene 4 des ISO-OSI-Referenzmodells) auf, darauf der Aufruf entfernter Dienstleistungen (Remote Service Call RSC - entsprechend der Aktivierung von Dienstleistungen des lokalen Betriebssystemkerns) und schließlich darauf, als Beispiel, der Zugriff auf externe Dateien (Remote File Access RFA - z.B. entsprechend dem Lesen und Schreiben lokaler Dateien)

Struktur der Daten in den meisten Fällen ohne Mithilfe des Endbenutzers weitergeben.

Das Ziel des Projektes Universitätsrechnerverbund ist kurz gesagt "Netzwerktransparenz", d.h. idealerweise, daß z.B. die Anwendungsentwicklung, die Zugangskontrolle, die Betriebsmittelzuteilung, die Abrechnung usw. genauso einfach werden sollen wie in einem zentralen System. Dieses Ziel ist sicherlich nicht voll erreichbar. Ihm so nahe wie möglich zu kommen, ist eine interessante Herausforderung an die Informatik.

4.0 Zusammenfassung und Ausblick

Das Wissenschaftliche Zentrum Heidelberg blickt auf 18 Jahre "benutzerorientierte Informatik" zurück. In dieser Zeit wurden viele wichtige Fragestellungen untersucht. Die Ergebnisse der Forschungsarbeit konnten z.T. in Produkte transferiert werden, z.T. haben sie Produkte beeinflußt. Alle Ergebnisse - und das ist das primäre Ziel der WZH-Arbeit - wurden in Publikationen der Wissenschaft und der Öffentlichkeit zugänglich gemacht.* Heute verfügt das WZH über eine solide Kompetenz- und Projektbasis in den für die Anwendung der Informationstechnik wohl wichtigsten Basisdisziplinen wie Rechnerkommunikation, Datenbankentwurf und -verwaltung, Expertensystemtechnik, Computerlinguistik, Benutzerschnittstellen, mathematisch/statistische Methoden und Softwareergonomie.

Prüfsteine für die Tragfähigkeit der Forschungsergebnisse in benutzerorientierter Informatik sind fortschrittliche Anwendungen. Deshalb werden sie in den kommenden Jahren eine große Rolle in der Arbeit des WZH spielen. Einige dieser zukünftigen Anwendungen, wie das Expertensystem für das deutsche Straßenverkehrsstrafrecht und das Programmieren verteilter Anwendungen in Rechnerverbundnetzen, wurden genannt.

Es ist der Trend zu beobachten, daß die Integration verschiedener Basistechniken der Informatik zur Voraussetzung für viele fortschrittliche Anwendungen in Büro, Technik und Wissenschaft wird. Ein Musterbeispiel dafür ist das vor kurzem vom WZH und dem Institut für Transplantationsimmunologie der Universität Heidelberg gemeinsam begonnene Forschungsprojekt zur Entwicklung eines Informationssystems über Nierentransplantationen [JAR85]. In einem geeigneten Datenbanksystem soll die seit einigen Jahren von mehr als 200 Kliniken auf der ganzen Welt gesammelte Information über durchgeführte Nierentransplantationen (inzwischen mehr als 20 000 Fälle; pro Jahr wächst die Datenbank um 8 000 Fälle) und den mit jeder Transplantation zusammenhängenden Krankheitsverlauf vor und nach der Operation verwaltet, weitergeführt und zugänglich gemacht werden. Datensammlung und -befragung soll mit Zentralrechnern und Personal Computern im EARN/BITNET-Rechnerverbund erfolgen, der allmählich die ganze westliche akademisch/wissenschaftliche Welt umspannt. Mit dem Datenmaterial wird statistische Analyse betrieben mit dem Ziel, Modelle zu entwickeln, mit denen der Arzt im Dialog über das Rechnernetz Fragen bearbeiten können soll wie:

---

* Die im Literaturverzeichnis enthaltenen WZH-Beiträge sind nur ein kleiner, wenn auch wichtiger Teil der Publikationen von WZH-Mitarbeitern.

- Gegeben eine Niere mit den Charakteristika A und ein Patient mit den Charakteristika B. Wie groß ist die Erfolgsaussicht für eine Transplantation, und wie kann sie durch prä- und postoperative Maßnahmen verbessert werden?
- Gegeben eine Niere mit den Charakteristika A und eine Warteliste von Patienten mit bekannten Charakteristika. Welcher Patient soll sie unter Berücksichtigung vieler medizinischer, sozialer und humaner Gesichtspunkte im Sinne einer Ressourcenoptimierung mit Randbedingungen erhalten?

Es ist zu erwarten, daß zur Unterstützung dieser interaktiven Problemlösungsprozesse das Informationssystem auch Expertensystemfähigkeiten braucht. Von äußerster Wichtigkeit wird auch die Gestaltung der Benutzerschnittstelle sein, die es trotz der Systemkomplexität medizinischem Personal ermöglichen soll, Datenerfassung, Datenbankbefragung, Datenanalyse und Problemlösung durchzuführen. In die Gestaltung des Systems fließen also neben medizinischem Wissen von Informatikseite Rechnernetz-, Datenbank- und Expertensystemtechnik, Mensch-Maschine-Kommunikation und Ergonomie sowie Mathematik und Statistik ein.

Eine ähnliche Situation zeichnet sich bei fortschrittlichen, verteilten Anwendungen im Büro und im rechnergestützten Entwerfen und Fertigen (Computer Integrated Manufacturing - CIM) ab, in 2 Anwendungsgebieten also, denen sich das WZH in der Zukunft verstärkt widmen wird. Die Probleme, die diese Anwendungen für die Basistechniken der benutzerorientierten Informatik und für ihre Integration stellen, betrachten wir als eine permanente Herausforderung an die Informatikforschung und somit auch an das Wissenschaftliche Zentrum Heidelberg.

Dank und Anerkennung des Autors gelten den Mitarbeitern des WZH, seinen Gastwissenschaftlern, Diplomanden, Doktoranden und studentischen Hilfskräften, deren Arbeit diesen Bericht möglich machte. Insbesondere möchte ich für die tatkräftige Hilfe bei der Gestaltung seines Inhalts und bei seiner kritischen Durchsicht und Diskussion den folgenden Kollegen danken: Peter Dadam, Rainer Janssen, Eric Keppel, Winfried Lamersdorf, Hein Lehmann, Hubert Lehmann, Vince Lum, Peter Pistor, Gabriele Rohr, Uli Schauer, Hermann Schmutz, Michael Tauber und Georg Walch. Andrea Karsch, Gertrud Pflaum und Regina Umland gebührt Dank für die sorgfältige Produktion des Manuskripts.

Literatur

[BHA77] Blaser, A., Hackl, C. (eds.): Interactive Systems. Lecture Notes in Computer Science 49, Springer-Verlag, Berlin Heidelberg New York 1977

[BKE78] Blaser, A., Keppel, E.: Developing Bussiness Application Systems - Can the User Do It? In R. Hansen (ed.): Entwicklungstendenzen der Systemanalyse. Fachberichte und Referate 6, Oldenbourg 1978

[BLA76] Blaser, A.: Trends in der interaktiven Rechnerbenutzung. IBM Nachrichten 26, Heft 230, April 1976

[BLA80] Blaser, A. (ed.): Data Base Techniques for Pictorial Applications. Lecture Notes in Computer Science 81, Springer-Verlag, Berlin Heidelberg New York 1980

[BLA83] Blaser, A. et.al.: Integrated Data Analysis and Management System (IDAMS) - Feature Description. In J.W. Schmidt, M.L. Brodie (eds.): Relational Data Base Systems. Springer-Verlag, Berlin Heidelberg New York Tokyo 1983

[BPI85] Blaser, A., Pistor, P. (eds.): Datenbank-Systeme für Büro, Technik und Wissenschaft. Informatik-Fachberichte 94, Springer-Verlag, Berlin Heidelberg New York Tokyo 1985

[BRT83] Branscomb, L.M., Thomas, J.C.: Ease of Use - A System Design Challenge. In R.E.A. Mason (ed.): Information Processing '83, Elsevier Science Publishers B.V., North Holland, IFIP 1983

[BZO83] Blaser, A., Zoeppritz, M. (eds.): Enduser Systems and their Human Factors. Lecture Notes in Computer Science 150, Springer-Verlag, Berlin Heidelberg New York Tokyo 1983

[CHA76] Chamberlin, D.D. et.al.: SEQUEL 2 - A Unified Approach to Data Definition, Manipulation, and Control. IBM Journal of Research and Development 20, Nr. 6, 1976

[COD70] Codd, E.F.: A Relational Model of Data for Large Shared Data Banks. CACM 13, 1970

[COD71] CODASYL DBTG: CODASYL Data Base Task Group Report. Conference on Data Systems Languages, ACM, New York 1971

[ERB76] Erbe, R., Walch, G.: A General Interactive Guidance for Information Retrieval and Processing Systems. In G. Hunter (ed.): APL76, Ottawa, 1976

[FEK75] Fehrnetz, D., Keppel, E.: Interaktive Bestrahlungsplanung am Bildschirm. IBM Nachrichten 25, Heft 224, Februar 1975

[GIR84] Gilman, L., Rose, A.J.: APL - An Interactive Approach. Wiley, New York/Santa Barbara/London/Sidney/Toronto, 3rd Edition, 1984

[HKM84] Holliday, R., Kropp, D., Müller, G., Schulz, W.: Enduser Applications in Open Systems - Project Description. IBM Heidelberg Scientific Center Technical Report TR84.06.007, 1984

[IBM1] IBM Deutschland GmbH: IBM System /370 Interaktive Programmierung durch Endbenutzer, Programm-Bedienerhandbuch. IBM Form Nr. SB11-5080-0

[IBM2] IBM Corporation: Query Management Facility, 5668-972, General Information, IBM Form Nr. GC26-4071

[IBM3] IBM Corporation: IBM Information Center/1 General Information Manual. IBM Form Nr. GH20-0398

[IBM4] IBM Corporation: APL2 General Information. IBM Form Nr. GH20-9214

[IBM5] IBM Lizenzprogramm: APL System für Graphik Präsentation, Programminformation. Programmnr. 5775-XBH

[IBM6] IBM Corporation: APL Complementary Functions, Program Description and Operations Manual. IBM Form Nr. SB11-5250

[IBM7] IBM Lizenzprogramm: APL-Programmverbindung zu anderen Programmiersprachen 5775-DGA, Programminformation. IBM Form Nr. GT12-3238

[IBM8] IBM Corporation: IBM STAIRS/VS, STAIRS/DOS/VS Partial Match Retrieval, Programm - Bedienerhandbuch. IBM Form Nr. SB11-5383

[IBM9] IBM France: User Language Generator Program Description/Operation Manual. IBM Form Nr. SB10-7352

[IBM10] IBM Corporation: SQL/Data System, 5748-XXJ, Release 1.1, General Information. IBM Form Nr. GH24-5012-01

[IBM11] IBM Corporation: IMS/VS, 5740-XX2 Release 3, General Information. IBM Form Nr. GH20-1260-10

[IBM12] IBM Corporation: Systems Network Architecture
-Introduction. IBM Form Nr. A273-116
-Concepts and Products. IBM Form Nr. C303-072

[IBM13] IBM Corporation: IBM Virtual Machine/System Product: Remote Spooling Communication Subsystems Networking - Program Reference and Operations Manual. IBM Form Nr. SH24-5005

[ISO80] ISO/TC97/SC16 N7498: Open Systems Interconnection - Basic Reference Model. Dec. 1980

[JAR85] Janssen, R., Reuter, R.: Interactive Analysis of Transplant Data. International Symposium on Relevant Immunological Factors in Clinical Kidney Transplantation, Heidelberg, June 19-21,1985. Erscheint in Transplantation Proceedings, Dec. 1985

[JKV85] Jarke, M., Krause, M., Vassiliou, Y.: Studies in the Evaluation of a Domain-Independent Natural Language Query System. In L. Bolc (ed.): Cooperative Interactive Information Systems. Springer-Verlag, Berlin Heidelberg New York Tokyo 1985 (erscheint)

[KRA82] Krause, J.: Mensch-Maschine Interaktion in natürlicher Sprache. Niemeyer, Tübingen 1982

[LEH79] Lehmann, H., Blaser, A.: Query Languages in Data Base Systems. IBM Heidelberg Scientific Center Technical Report TR79.07.004, 1979

[LEH84] Lehmann, H.: Automatic Construction of Discourse Representation Structures. Proceedings of the 10th International Conference on Computational Linguistics (COLING84), Association for Computational Linguistics, 1984

[LEH85] Lehmann, H.: Ein juristisches Expertensystem auf der Grundlage von Linguistik und Logik. Tagungsband der Jahrestagung 1985 der Gesellschaft für Linguistische Datenverarbeitung (GLDV), 5.-7.3.1985, Hannover (im Druck)

[LUM85] Lum, V.Y. et.al.: Design of an Integrated Database Management System to Support Advanced Applications. In A. Blaser, P. Pistor (eds.): Datenbanksysteme für Büro, Technik und Wissenschaft. Informatik-Fachberichte 94, Springer-Verlag, Berlin Heidelberg New York Tokyo 1985

[MHS85] Müller, G., Holliday, R., Schulze, G.: A Message Handling Gateway Between EARN/BITNET and DFN. Proceedings of the IFIP TC6 2nd International Symposium on Computer Message Systems, 9/85, Washington DC. North Holland Publishing Company, Amsterdam New York Oxford 1985 (erscheint)

[MUE83] Müller, G.: Entscheidungsunterstützende Endbenutzersysteme. Teubner,B.G., Stuttgart 1983

[NIE83] Nievergelt, J.: Die Gestaltung der Mensch-Maschine-Schnittstelle. Informatik-Fachberichte 73, Springer-Verlag, Berlin Heidelberg New York Tokyo 1983

[ROH85] Rohr, G.: Mental Models - On the Relation Between Structure and its Symbolic Representation in Human-Computer Interaction. Erscheint in Zeitschrift für Psychologie 193, Heft 4, 1985

[ROK84] Rohr, G., Keppel, E.: Iconic Interfaces - Where to Use and How to Construct? In H.W. Hendrick, O. Brown (eds.): Human Factors in Organizational Design and Management. Proceedings of the 1st Hawaii Conference. Elsevier Science Publishers B.V., North Holland 1984

[SCH84] Schmutz, H.: Verteilte Betriebssysteme in heterogenen Netzen. In W.E. Proebster, R. Remshardt (eds.): Entwicklungsperspektiven mittlerer Rechnersysteme. Oldenbourg, München Wien 1984

[SHA83] Schauer, U.: The Integrated Data Analysis and Management System - A Generator for Enduser Systems. In A. Blaser, M. Zoeppritz (eds.): Enduser Systems and their Human Factors. Lecture Notes in Computer Science 150, Springer-Verlag, Berlin Heidelberg New York Tokyo 1983

[SHE75] Schek, H.J.: Tolerating Fuzziness in Keywords by Similarity Searches. IBM Heidelberg Scientific Center Technical Report TR75.11.010, 1975

[SHM84] Schmutz, H.: Operating Systems. In A. Blaser (ed.): Bi-Annual Report 1982/83 - Research Areas and Projects. IBM Heidelberg Scientific Center Technical Report TR84.04.001, 1984

[SHT85] Schauer, U., Roupin, R.: Solving Large Sparse Systems of Linear Equations with Guaranteed Accuracy. In R. Toupin, W. Miranker (eds.): Accurate Scientific Computing. Proceedings of the IBM Symposium, Bad Neuenahr, March 12-14, 1985. Erscheint in Lecture Notes in Computer Science, Springer-Verlag, Berlin Heidelberg New York Tokyo 1985

[SHU80] Schütz, W.: Noten am Gymnasium - Zufall oder Notwendigkeit? Südwestdeutsche Schulblätter, Zeitschrift des Philologenverbandes Baden-Württemberg, 79. Jahrgang, Dez. 1980

[TAU85] Tauber, M.J.: Mental Models - Manipulation of Virtual Objects with the Help of Virtual Machines. Erscheint in Zeitschrift für Psychologie 193, Heft 4, 1985

[THO69] Thompson, F.B., Lockemann, P.C., Dostert, B.H., Deverill, R.S.: REL - A Rapidly Extensible Language System. Proceedings of the 24th National ACM Conference, New York 1969

[WAL73] Walch, G., Meder, H.G., Pistor, P.: Erkennung von Anomalien in Scintigrammen. Lecture Notes in Economic and Mathematical Systems 83, Springer-Verlag, Berlin Heidelberg New York 1973

[ZLO77] Zloof, M.: Query-by-Example - A Database Language. IBM Systems Journal 16, Iss. 4, 1977

[ZOE81] Zoeppritz, M.: Benutzerspezifische Sprachen - Deutsch als Abfragesprache für ein Datenbanksystem. In G. Peuser, S. Winter (eds.): Brennpunkte der angewandten Sprachwissenschaft. Bouvier, Bonn 1981

[ZOE84] Zoeppritz, M.: Syntax for German in the User Speciality Languages System. Max Niemeyer Verlag, Tübingen 1984

Halbleiter- und Verbindungstechnologien (Packaging) in der IBM Deutschland

Aspekte der Entwicklung und Produktion

Peter Ehret

Kurzfassung: Die Verarbeitungsgeschwindigkeit eines DV-Systems wird wesentlich von der Halbleiter- und Packaging-Technologie bestimmt. Die jeweils angestrebte Schaltkreisdichte und Geschwindigkeit wird sowohl von dem Anwendungsziel als auch von den Grenzen der Prozeßtechnik und den Kühlungsmöglichkeiten beeinflußt. Verbesserungen in der Entwurfstechnik, bessere Beherrschbarkeit der Halbleiterprozesse und ein detailliertes Verständnis der Defektursachen bei immer kleiner werdenden Dimensionen haben den außerordentlichen Produktivitätszuwachs bei Halbleiterkomponenten bewirkt. Unterstützt durch eine den jeweiligen Anforderungen angepaßte Packaging-Technologie sind optimale Lösungen auf Systemebene in allen Leistungsbereichen möglich geworden.

1.0 Die Komponentenentwicklung in der IBM Deutschland

Die Verarbeitungsgeschwindigkeit einer DV-Anlage hängt im wesentlichen von zwei Parametern ab, der Zykluszeit und der Zahl der Zyklen, die für die Verarbeitung einer Instruktion notwendig sind. Während die letztere Zahl von der Systemarchitektur bestimmt wird, ist die Zykluszeit von der Technologie beeinflußt (Abb. 1).

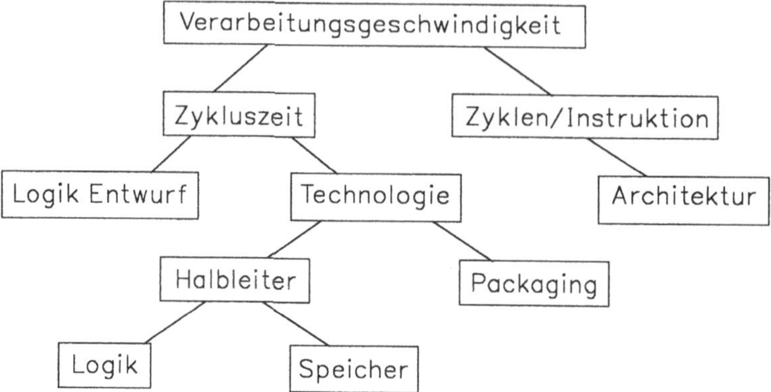

Abb. 1. Einfluß der Technologie auf die Verarbeitungsgeschwindigkeit

Im hier dargestellten Technologiepfad spielen sowohl Verzögerungszeiten innnerhalb eines Halbleiters als auch die Verzögerungen bei der Signalverarbeitung zwischen Halbleitern eine Rolle. Die Lösung der dabei anstehenden Probleme fällt in das Aufgabengebiet des Packagings.

Bei den Halbleitern beeinflussen die schnellen Logikbausteine direkt die Zykluszeit, während bei den Speichern die Kosten im Vordergrund stehen und der Einfluß auf die Zykluszeit durch geeignete Speicherhierarchien abgemildert wird.

In den frühen 60er Jahren begann in vielen Forschungslabors der sich entwickelnden Datenverarbeitungsindustrie die Suche nach dem am besten geeigneten Halbleitermaterial zur Implementierung von Schaltelementen. Es war eine Phase der Orientierung und des Sortierens. Hauptkriterien waren zunächst Ladungsträgerbeweglichkeit und leichte Beherrschbarkeit des Materials (Schmelzpunkt, Reinigung). Deshalb beschäftigte man sich in der Industrie zunächst mit Germanium (Abb. 2).

In diesem Suchprozeß beschäftigte sich die damalige Komponentenentwicklung unter anderem auch schon mit GaAs, einem Material, das in letzter Zeit wieder erheblich an Aufmerksamkeit gewonnen hat.

Als die Bedeutung des Bandabstandes für die Schaltkreisoperation und der leichten Passivierung für die sequentiellen Maskenprozesse klar wurde, waren die Würfel für Silizium gefallen, auch für das Labor in Böblingen, noch bevor die gesamte Industrie diese Weichen stellte.

Gleich nach der Entscheidung für Silizium als Halbleitermaterial entstand rasch ein breites Spektrum von Produktentwicklungsaktivitäten, das zielstrebig von der Schaltkreisentwicklung für Logik- und Speicherkomponenten über die Prozeßentwicklung zur vollen Produktverantwortung für Funktionsgruppen für DV-Systeme im weltweiten IBM Firmenverbund ausgebaut wurde (Abb. 3).

	Bandabstand Leitungs-/ Valenzband EV	Ladungsträger-beweglichkeit Cm²/Volt X Sec N	P	Besondere Merkmale
Germanium (Ge)	.7	3900	1900	Hohe Ladungsträgerbeweglichkeit, leichte Beherrschbarkeit des Kristalls (Reinigung, Schmelzpunkt)
Silizium (Si)	1.1	1400	480	Leichte Passivierung
Gallium-Arsenid (GaAs)	1.34	8500	450	Hoher Bandabstand

Abb. 2. Auswahlkriterien für Halbleiter

Das deutsche Labor ist immer wieder innerhalb der IBM führend bei der Innovation von Schaltkreisen, Prozessen und Produkten und hat die heutige technologische Basis der Firma wesentlich beeinflußt.

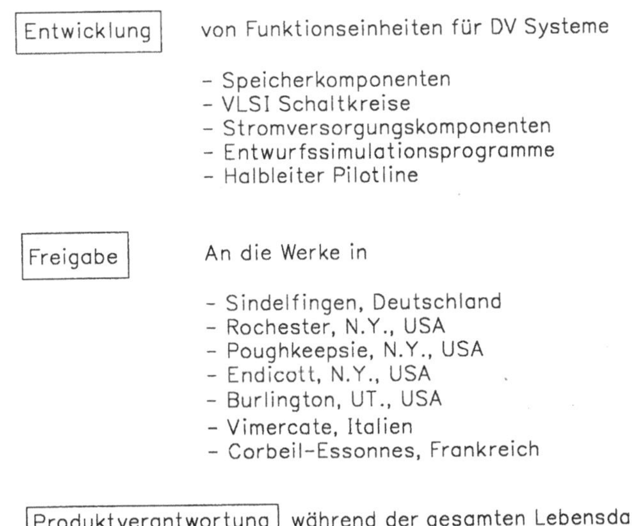

Abb. 3. Die Komponentenentwicklung in der IBM Deutschland

Zur Auswahl geeigneter Halbleiterkomponenten auf dem Wege zur Höchstintegration ist ein genauer Überblick über den Optimierungsprozeß notwendig, der die verschiedenen Einflußfaktoren gegeneinander abwägt und das zum jeweiligen Zeitpunkt beste Produkt zum Ziel hat. Je nach der Zielrichtung, seien es Speicher, Mikroprozessoren oder schnelle Logik für Großrechner, ergibt sich eine unterschiedliche Gewichtung der nachfolgend dargestellten Kriterien bezüglich Chipeinsatz, Aufgaben der Verbindungstechnologie und der Erfüllung der Forderungen aus dem Systembereich bezüglich Zuverlässigkeit, Kosten, Volumen und Rechenleistung (Abb. 4).

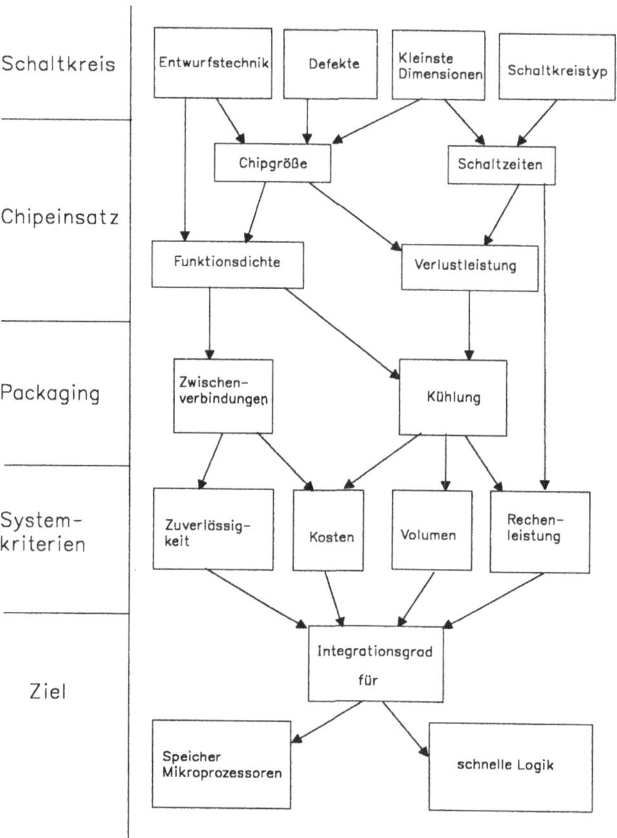

Abb. 4. Entscheidungskriterien zur Höchstintegration

Jede der Einflußgrößen ist zeitlich einem schnellen Wandel unterworfen, und es bedarf schon hin und wieder erheblichen Mutes, ein bereits weit gediehenes Projekt wesentlich zu ändern oder gar zu beenden, weil sich eine der Voraussetzungen inzwischen so stark geändert hat, daß man einsehen muß, entweder nicht das Optimum an Produktivität erreicht oder aber sich zu viel vorgenommen zu haben.

2.0 Der Weg zur Höchstintegration, Herausforderungen und Lösungen

2.1 Die Entwurfsverarbeitung

Aus heutiger Sicht erscheint die Arbeitsweise vor ca. 15 Jahren anachronistisch: Die Entwurfsarbeiten fanden am Schreibtisch oder Reißbrett statt, die Photolithographie arbeitete mit von Hand geschnittenen Folien zur Maskenherstellung, die Vorausberechnung der Schaltkreise steckte noch in den Kinderschuhen und nach der Auswertung der ersten Prototypen mußten noch oft Entwurfsänderungen erfolgen.

Die rasch fortschreitende Beherrschung der Siliziumtechnologie trieb schnell die Schaltkreiskomplexität voran und damit die Notwendigkeit nach verfeinerten Berechnungsmethoden beim Entwurf (Abb. 5).

Vor 1970

Manuell/Visuell

- Zeichnungsentwurf von
  - Schaltelementen
  - Schaltkreisen
- Layout erstellen
- Layout prüfen
- Testchip-Charakterisierung
- Testdaten

Rechnerunterstützung

- Einfache Schaltkreise mit begrenztem Simulationsumfang

Nach 1980

Rechnerunterstützung

Einsatz des Rechenzentrums bei der Berechnung bzw. Simulation von

- Schaltelementen (MINIMOS)
- Schaltkreisen (ASTAP)
- Logikfunktionen
- Prozeßparametern (SUPREME)
- Layout/Logikidentität
- Schaltkreis-/Makroplazierung
- Verdrahtung
- Zeitverhalten
- Layout-Regelprüfung
- Topologien
- Testdatenanalyse

Abb. 5. Entwurfsverarbeitung

Erste benutzbare Programme zur Schaltkreisberechnung gab es bereits 1965, allerdings mit beschränkter Modellierbarkeit. Vor mehr als 10 Jahren wurden diese Programme auch extern unter dem Namen ASTAP (Advanced Statistical Analysis Program) zur Verfügung gestellt.

Die weitere Entwicklung dieser Programme wurde im wesentlichen durch die Verfügbarkeit schneller Rechner mit großer Speicherkapazität beeinflußt, und man kann ohne Übertreibung sagen, daß die größten jeweils verfügbaren Systeme gerade ausreichten, die Komplexität der Komponenten der nachfolgenden Generationen zu beherrschen. Da die Rechenzeit und der Speicherbedarf potentiell mit der Zahl der zu berechnenden Elemente ansteigen, ist man inzwischen gezwungen, zur Makrosimulation überzugehen, die die Berechnung großer Gebilde zur Lösung von Teilmatrizen mit Kopplung reduziert (Abb. 6).

(Rechenzeit, Speicherbedarf) ~ (Elemente)$^{1.5}$

Modellierbarkeit	Allgemeine				x	x
				x		
	Beschränkte	x	x			
Statistik		x	x	x	x	x
Frequenzbereich	AC LIN				x	x
Zeitbereich	Transsient Nichtlinear		x	x	x	x
	DC	x	(x)	x	x	x
Jahr		65	67	70	76	84

System	7090	7090	/360-65	/370-168	3081
Relative Verarbeitungsgeschwindigkeit	1	1	1.5	8.3	48
Rechenzeit Min	3-100	3-300	3-300	3-300	3-300
Speicherbedarf MB	.1	.2	.2	2	7
Zahl der Schaltelemente					
Benutzt	80	200	200	800	3000
Theoretisch	100	300	300	>1M	>1M
Programm	ASAP	SCEPTRE	STAEN	ASTAP R-6	ASTAP R-10

Abb. 6. Rechenzeit und Speicherbedarf als Funktion der Elementzahl

2.2 Prozesse und Materialien

Am Anfang der FET-Technologie waren die kleinsten Dimensionen noch viele µ und der Querschnitt durch einen FET-Transistor vergleichsweise überschaubar. Die einzelnen Schaltelemente waren mit einer, allenfalls zwei Lagen Metall miteinander verbunden.

Dann setzte ein rascher Innovationsschub in der Prozeßentwicklung ein, und heute gelingt es, diese Minimaldimensionen um Faktoren zu verkleinern. Man hat inzwischen die Grenze zur Submikrontechnologie erreicht (Abb. 7).

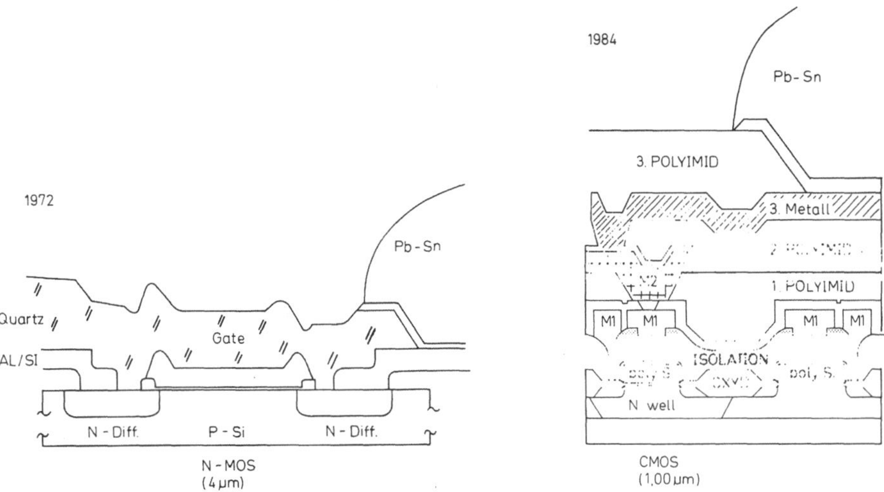

Abb. 7. MOS-Technologie-Entwicklung

Beim Vergleich der beiden hier dargestellten Querschnitte durch einen CMOS-Schaltkreis fallen sofort die wesentlichen Veränderungen in den lateralen und vertikalen Strukturen auf. Mit den hier gezeigten drei Lagen Metall gelingt es, sehr hohe Schaltkreisdichten zu verwirklichen.

Der auf beiden Oberflächen sichtbare Lötkontakt hat einen Durchmesser von ca. 70 µ und dient zur Kontaktierung des Chips mit den Keramikträgern.

Von ausschlaggebender Bedeutung bei der Herstellung von Halbleiterkomponenten ist die Ausbeute. Diese wird im wesentlichen durch Prozeßdefekte begrenzt. Die Ursachen dieser Defekte sind mannigfaltig, und ihre Quellen liegen in der Entwurfstechnik, bei den Herstellungsprozessen, im Festkörper, in Verunreinigungen der verwendeten Chemikalien und in der Staubpartikelkonzentration in der Umgebungsluft der Prozeßräume (Abb. 8).

	1970	1980	1990
Entwurfs-Technik	Schaltkreis-berechnung	Programm-komplexität	Physikalische Grenzen
Prozesse Geräte Ionen Implantation Lithographie Ätzen CVD	Eigenbau Fet Kanäle Folien Naß Hochtemp. (EPI)	Zuliefererindustrie Alle Profile Stepper & E-Beam RIE LPCVD PECVD	CIM Struktur-implantation E-Beam/ X-Ray/Ionen Flachstrukturen
Kristall	(111) -> (100) Versetzungen Verunreinigungen	Leckströme Pipes	GaAs?
Chemikalien	PA Photolacke	Electronic Grade Lichtempf. Homogener Stabiler	Gase Neue Lacke für kürzere Wellenlängen
Reinsträume	Klasse 10 000 - 1000	Klasse 100 - 10	Klasse < 10 Neue Geräte-generation: Entkopplung Wafer - Mensch

Abb. 8. Technologiesektoren und ihre Einflüsse auf Defektursachen

Im Laufe der Zeit haben sich die Anteile an den Ausfallursachen beim Endtest verschoben. Während früher noch Entwurfstechnik und Prozesse etwa die Hälfte ausmachten, haben sich die Schwerpunkte heute auf die Verunreinigungen aus Chemikalien und Reinsträumen verlagert.

Bei Prozessen gibt es im wesentlichen vier Gebiete, auf denen die Fortschritte erzielt wurden.

Zunächst hatte man sich auf die Geräteentwicklung konzentriert, die heute fast ausschließlich von hochspezialisierten Zulieferern kommen und die immer mehr in die Strategie des CIM eingebunden werden.

Die konventionellen Diffusionsprozesse wurden durch Ionenimplantation abgelöst, um immer feinere Strukturen zu erzielen, zuerst bei FET-Kanälen, dann bei allen Profilen. Das heutige Ziel ist die Beherrschung von Flachstrukturen.

In der Photolithographie werden zunehmend Laser- und Elektronenstrahlgeräte bei der Maskenherstellung eingesetzt und Wafer automatisch mit Präzisionsgeräten belichtet. Der Übergang zur Submikrontechnologie wird die optischen Belichtungsverfahren durch Elektronenstrahl- oder auch Röntgenstrahlverfahren ablösen. Am Horizont taucht noch ein weiterer Kandidat, die Ionenlithographie, auf.

Bei Ätzprozessen wird der Schritt von den Naßprozessen zu den Plasmaprozessen vollzogen.

Die Schaltkreisberechnung hat heute einen hohen Reifezustand erreicht, und die aktuelle Herausforderung liegt in der Beherrschung der Programmkomplexität bei der Berechnung von Hunderttausenden von Schaltkreisen. In der Zukunft wird man bei weiterer Annäherung an physikalische Grenzen Festkörperphänomene berücksichtigen müssen, die bei den früheren groben Strukturen keinen Einfluß hatten.

Parallel zur Entwicklung der Prozeßtechnik wurde den Kristalleigenschaften des Siliziums besonderes Augenmerk zuteil (Abb. 9).

Moderne Analyseverfahren beschäftigten sich erst einmal damit, in den Kristall "hineinzublicken" und die Defektmechanismen (Ausscheidungen von Schwermetallen, Entstehung von Versetzungslinien und Stapelfehlern) zu verstehen. Nachdem dies abgearbeitet war, rückten die notwendigen Oberflächenstrukturen in den Vordergrund, dann die Grenzflächenphänomene. Heute ist Silizium das am besten verstandene Material, das industriell eingesetzt wird.

Diffusionsprofilanalysen und der elektrische Test von Halbleitern mit Hilfe von ursprünglich als Analyseverfahren entwickelten Methoden werden zur Prozeßüberwachung und -steuerung eingesetzt.

Bei den Chemikalien haben zunehmende Reinheitsanforderungen die Reinheitsklasse "Electronic Grade" geschaffen, nachdem die PA-Chemikalien nicht mehr sauber genug waren. Bei der Ablösung der Naßprozesse werden diese Reinheitsforderungen auf Gase zu übertragen sein.

Ebenso interessant ist die Entwicklung der Photolacke, die in Zukunft lichtempfindlicher, dabei aber homogener und stabiler sein müssen. Der Übergang zur Elektronen- und Röntgenlithographie wird eine neue Generation von Lacken für diese kürzeren Wellenlängen erfordern.

Größere Änderungen erwarten wir auf dem Gebiet der Reinsträume. Klasse 100 heißt z.B. 100 Partikel bestimmter Größe pro Kubikfuß Umgebungsluft. Besonders empfindliche Prozeßschritte erfordern bereits jetzt Reinheitsklassen von kleiner 10.

Sektor	Verfahren
Si-Kristall und Kristalldefekte - Verunreinigungen - Versetzungslinien - Stapelfehler	1963 Transmissionselektronenmikroskopie 1967 Röntgentopographie 1968 Energiedispersive Röntgenanalyse im Elektronenmikroskop
Oberflächenstrukturen	1970 Rasterelektronenmikroskopie
Grenzflächen - Isolationen - Metallisierungen	1976 Auger-Elektronenspektroskopie
Diffusionsprofile	1962 Isotopenchemische Analysen 1965 Schrägschliffätzen 1970 Pulse CV an Depletionzonen 1979 Sekundär-Ionen-Massenspektrometer
Elektronisches Testen von Halbleiterstrukturen	1971 EBIC Electron.Beam- Induced-Current- Rasterelektronenmikroskop 1985 Voltage- Kontrast-Elektronenmikroskop
Chemische Analysen	1963 Neutronenaktivierung 1964 Röntgenfluoreszenzspektroskopie 1970 Atomabsorptionsspektroskopie

Abb. 9. Material- und Fehleranalyse

Aus zwei Gründen wird in der Zukunft eine neue Gerätegeneration erforderlich werden: Zunächst produzieren die heute verwendeten Geräte in erheblichem Umfang selbst Partikel, und zum anderen ist der allzu enge Kontakt zwischen Wafer und Mensch in der Submikrontechnologie ein Garant für geringe Ausbeute.

Die Bedeutung der Qualitätsanforderungen an Kristall, Geräte, Chemikalien und Umgebungsbedingungen können am besten in einer kurzen Betrachtung über "Defektausbeuten" erläutert werden.

2.3 Defekte und Ausbeute

Die Ausbeute beim Endtest wird im wesentlichen durch 3 Fehlerquellen bestimmt, nämlich durch

- Entwurfsfehler,
- Prozeßfehler und
- Defekte.

Im folgenden wird auf Defekteinflüsse eingegangen. Die wirksame, relative Defektdichte steigt steil mit kleiner werdenden Defektgrößen an. Noch kleinere Defekte, im Durchmesser kleiner als die Hälfte der kleinsten Strukturen, nehmen in der Wirksamkeit ab (Abb. 10).

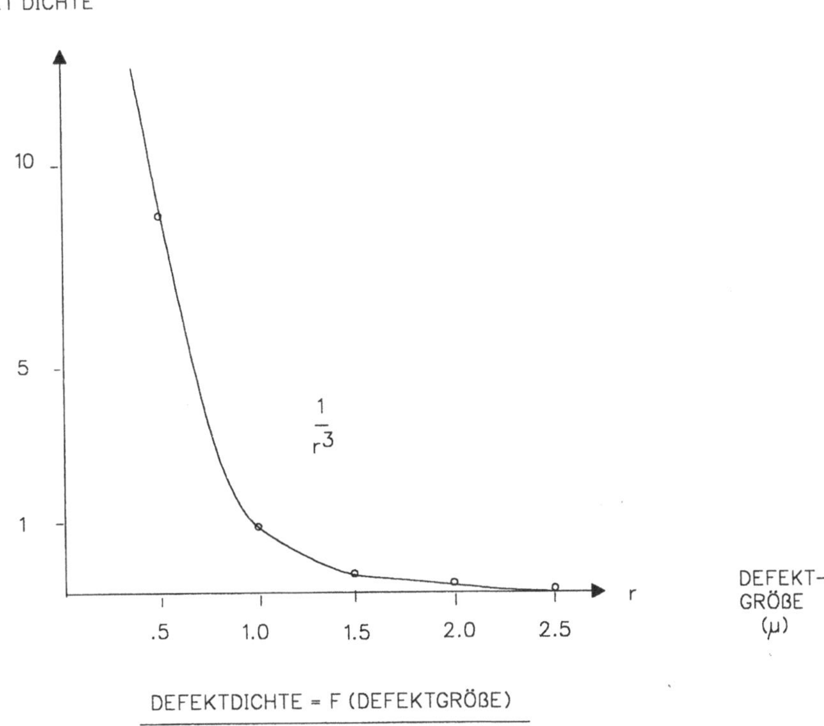

Abb. 10. Wirksame, relative Defektdichte

Auf dem Weg zur Höchstintegration verschob sich die Grenze der wirksamen Defekte hin zu immer kleineren Dimensionen. Am Beispiel der Speicherentwicklung ist dies über der Zeit dargestellt (Abb. 11).

Bei der Entwicklung des 2KBit-Chips ("Riesling") im Böblinger Labor Anfang der 70er Jahre war die kritische Defektgröße noch ca. 2,5 μ. Je dichter die Chips, desto kleiner wurden die erforderlichen Konturen und die kritische Defektgröße. Beim 1MB-Chip sind aus diesem Grund selbst Partikel in der Größe von 0,5 μ ein Problem.

Im Zusammenhang mit der vorher gezeigten Abhängigkeit $1/r^3$ sieht man sofort die Herausforderung bei der wirtschaftlichen Fertigung von Höchstintegrationskomponenten.

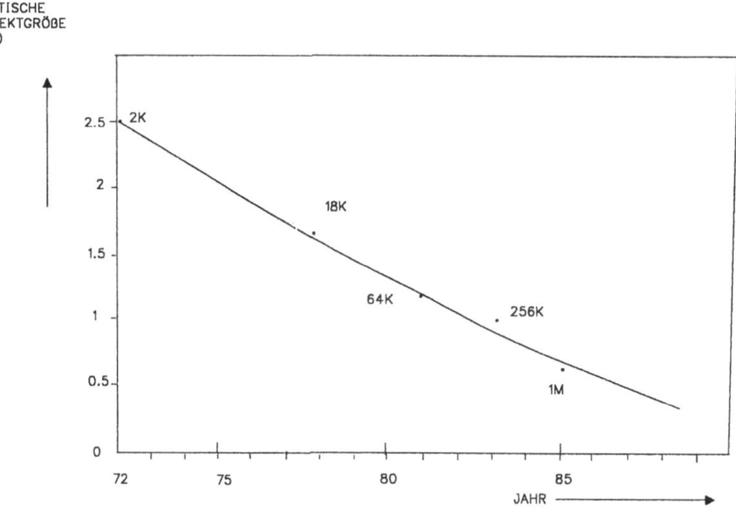

Abb. 11. Defektgrößeneinfluß auf Speicherprodukte

Das kann man besonders deutlich machen bei der Berechnung der Ausbeuteprojektion für verschiedene Speicherchipdichten als Funktion der jeweils erreichbaren Defektdichte und Defektgröße (Abb. 12).

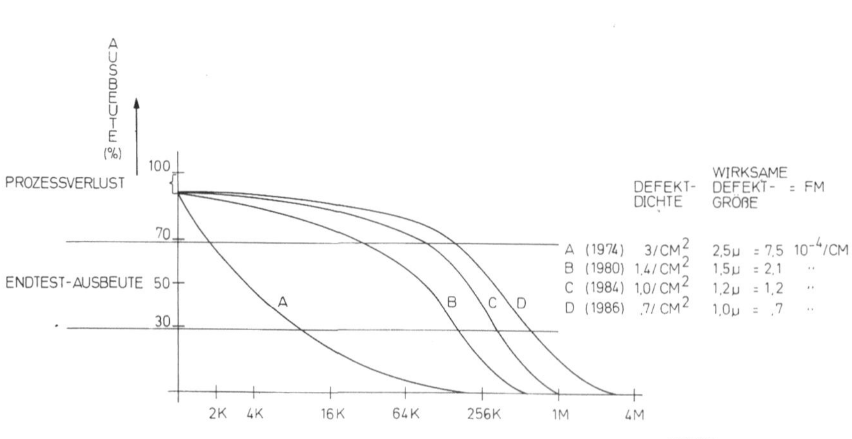

Abb. 12. Speicherausbeuten

Zunächst muß man mit einem sogenannten Prozeßverlust rechnen, der bedeutet, daß hin und wieder ein Wafer den Endtest nicht erreicht. Bei einer guten Fertigungslinie liegt dieser Prozeßverlust bei wenigen Prozent.

Bei der angestrebten Endtestausbeute schließt die Entwicklung mit der Fertigung im Prinzip einen Vertrag über das angestrebte Ausbeuteband ab. Dieses Ausbeuteband wird so gelegt, daß die maximale Produktivität erreicht wird.

Die Kurve A stellt die Ausbeuteprojektion für eine Defektumgebung dar, wie sie für 1974 typisch war. Aus dieser Kurve ist sofort die Aussichtslosigkeit der wirtschaftlichen Fertigung eines 64kBit-Chips zu ersehen. Die dafür erforderliche Defektumgebung wurde erst 1980 erreicht. Für die wirtschaftliche Produktion eines 1MB-Chips sind nochmals wesentlich geringere Defektkonzentrationen erforderlich.

Die IBM Deutschland hat im übrigen die Vorfertigungsphase des 1MB-Chips abgeschlossen und ist in die Qualifikationsphase eingetreten. Anfang 1986 wird die Massenfertigung im Werk Sindelfingen anlaufen.

Aus dem oben dargestellten Diagramm wird außerdem ersichtlich, mit welchen Schwierigkeiten bei der Fertigung z.B. eines 4MB-Chips gerechnet werden muß.

Die Ausbeuteprojektion kann man in etwas allgemeinerer Form als Funktion der Chipgröße und der Defektdichte darstellen (Abb. 13).

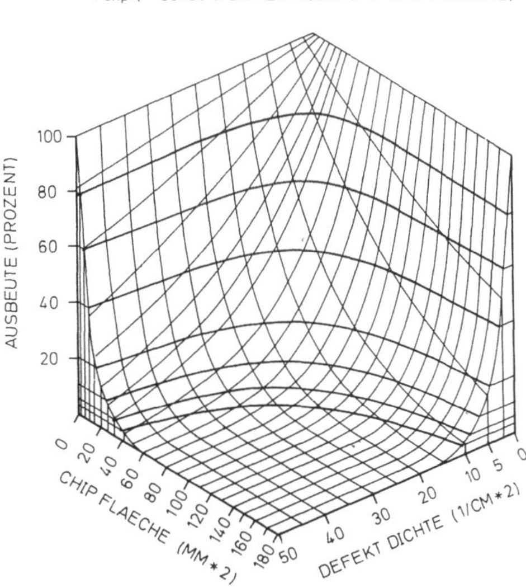

Abb. 13. Ausbeute = f (Chipgröße, Defektdichte)

Die horizontalen Achsen zeigen die Chipfläche in mm^2 und die Defektdichte in Defekte pro cm^2. Die Vertikalachse zeigt die Ausbeute in %.

Nach der Formel

$$\text{Ausbeute} = e^{-KxDDxF}$$

läßt sich die Ausbeutefunktion als Raumfläche darstellen.

In dieser Fläche liegt eine Kurvenschar, die bei jeweils konstanter Defektdichte die Ausbeute als Funktion der Chipfläche zeigt. Eine weitere Kurvenschar zeigt die Ausbeute als Funktion der Defektdichte bei vorgegebener Größe. Zusätzlich sind die Linien für vorgegebene Ausbeute eingezeichnet, anhand deren man sich die für die jeweilige Defektdichte optimale Chipgröße aussuchen kann.

Genauere Analysen erfordern die Berücksichtigung des "Defect Clustering", d.h. der Anhäufung von Defekten in relativ kleinen Zonen auf einer Waferfläche, wobei andere Zonen vergleichsweise defektfrei bleiben. Dies führt zu wesentlich komplizierteren Berechnungen als die vereinfachende Annahme der Poisson-Verteilung der Defekte.

3.0 Entwicklung der Schaltkreisdichte

3.1 Speicher

Am Beispiel der Speicherprodukte wird im folgenden auf die rasche Entwicklung der Produktivität eingegangen.

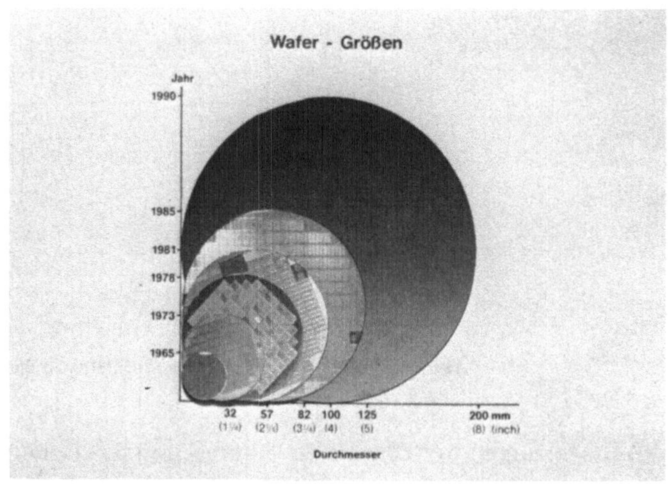

Abb. 14. Wafergrößen

Als eindrucksvolles Beispiel der Leistung der Zulieferindustrie fällt zunächst der schnelle Anstieg der Waferdurchmesser auf. Vor 20 Jahren noch lag der Durchmesser bei 32 mm. Heute haben wir den Industriestandard von 125 mm erreicht und schon bald werden sich die Fertigungsingenieure mit 200mm-Wafern beschäftigen (Abb. 14).

Die wesentlichen Produktparameter sind Begriffe wie Zellgröße, die Zahl der Bits, die auf einem Chip implementiert sind, bzw. die Zahl der Bits, die man aus einem Wafer erhält (Abb. 15).

Jahr des Fertigungsanlaufs	1970	1971	1973	1975	1978	1981	1983	1985
Kleinste Dimension	8µ	5µ	4µ	2.5µ	3.5µ	2.2µ	2.5µ	1.5µ
Technologie	BIP	N-CH Metal Gate	N-CH M. G.	BIP	N-CH M. G.	N-CH M. G.	BIP/I^2L	NMOS
Typ	SRAM	SRAM	SRAM	SRAM	DRAM	DRAM	SRAM	DRAM
Anwendung	Puffer	Haupt-speicher	Haupt/Kont.-speicher	Puffer	Kontroll-speicher	Haupt-speicher	Puffer	Haupt-speicher
Zellgröße	34800μ^2	12900μ^2	8200μ^2	2200μ^2	1500μ^2	348μ^2	687μ^2	36.1μ^2
Chipgröße MM^2	2.9x3.1	3.3x4.0	3.8x4.4	5.3x5.3	4.8x5.6	3.8x6.0	5.0x5.0	5.5x10.5
M^2	9.0	13.2	16.7	28.1	26.9	22.8	25.0	57.8
Bits/Chip	96	512	2048	4608	18432	65536	18432	1048576
Bits/MM^2	10.7	38.8	123	164	685	2874	737	18141
Wafer Ø Labor	57	57	57	(57)	-	-	82	-
Fertigung	57	57	57	82	82	100	82	125
Chips/Wafer L	225	151	119	(69)	-		177	
F				149	159	295	177	175
Bits/Wafer L	.02M	.08M	.24M	(.32M)	-		3.26M	
F				.69M	2.93M	19.3M	3.26M	184M

Abb. 15. Entwicklung der RAM-Speicherchipdichten

Die Zellgröße hat sich dabei um mehr als 2 Größenordnungen auf ca. 30 μ^2 verrringert und die Zahlen der Bits/Chip bzw. Bits/Wafer sind um fast 3 Größenordnungen gestiegen.

3.2 Logik und Verbindungstechnologien

Anders als bei Speicherprodukten stand bei der Entwicklung der Logikbausteine die Schaltkreisgeschwindigkeit im Vordergrund. Aus unterschiedlichen Gründen (Systementwurf, Packaging, Kühlung) entwickelte sich daher die Integrationsdichte bei schnellen Logikschaltkreisen langsamer als bei Speichern. Die Leistungsfähigkeit der Logik wird nicht nach Dichte und Kosten gemessen, sondern an den Verzögerungsdichten und der Verlustleistung der Schaltkreise. Im folgenden Diagramm gibt es zunächst zwei physikalische Grenzen (Abb. 16).

Die horizontale Grenze der kleinsten denkbaren Verlustleistung entspricht dem Rauschabstand eines Schaltkreises und hat den Wert kT. Die vertikale Grenze entspricht der Flugzeit der Ladungsträger durch einen P/N-Übergang. Von diesen physikalischen Grenzen ist man aufgrund der Prozeßmöglichkeiten um einiges entfernt. Die kleinsten Verlustleistungen liegen bei 1 μW, die kleinsten Verzögerungszeiten bei ca. 10 ps.

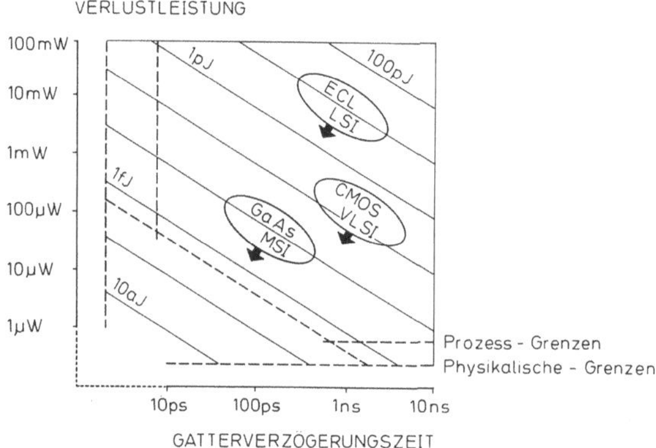

Abb. 16. Leistungsfähigkeit von Logikfamilien

Als eine Gütezahl für die Beurteilung der Leistungsfähigkeit von Logikfamilien zieht man das Produkt aus Verzögerungszeit und Verlustleistung heran, das in pJ oder fJ gemessen wird. Während man für Großrechner im allgemeinen schnelle bipolare Schaltkreise, hier die emittergekoppelte Logik, auswählt, hat sich die CMOS-Technologie als am geeignetsten für die Höchstintegration von Mikroprozessoren herausgestellt.

Inzwischen gewinnt auch GaAs als Material für schnelle Logik wieder an Interesse.

Interessant ist die Zuordnung dieser verschiedenen Alternativen zu den jeweils erreichbaren Integrationsgraden.

Die bipolare Technologie zum Bau von schnellen Zentraleinheiten hat die Integrationsstufe LSI mit bis zu einigen Tausend Schaltkreisen pro Chip erreicht, während CMOS bereits die Ebene der Höchstintegration mit über hunderttausend Schaltkreisen erobert hat.

GaAs ist ein vielversprechender Kandidat für zukünftige schnelle Zentralrechner und kämpft noch aufgrund relativ hoher Defektdichte um den Zugang zur MSI-Klasse mit einigen Dutzend bis etwas über hundert Schaltkreisen pro Chip.

Nachdem man nun die am besten geeignete Schaltkreistechnologie bestimmt hat, beginnt der Aufgabenbereich des Packagings, d. h. generell müssen beim Zusammenschalten von Halbleiterbausteinen folgende Aufgaben gelöst werden:

- Stromversorgung mit vorgeschriebenen Toleranzen,

- Inter-Chip-Kommunikation,
- Kühlung auf maximale Schaltkreistemperaturen,
- Optimieren der Zuverlässigkeit,
- Sicherung der Wartung.

Bei der Lösung dieser Aufgaben fällt als herausragendste Erscheinung die immer größer werdende Anzahl der erforderlichen Signalanschlüsse pro Packagingebene auf, von ca. 100 pro Chip über 1 200 pro Modul bis zu 3 600 bei den großen Schaltkreisplatinen moderner Großrechner (Abb. 17).

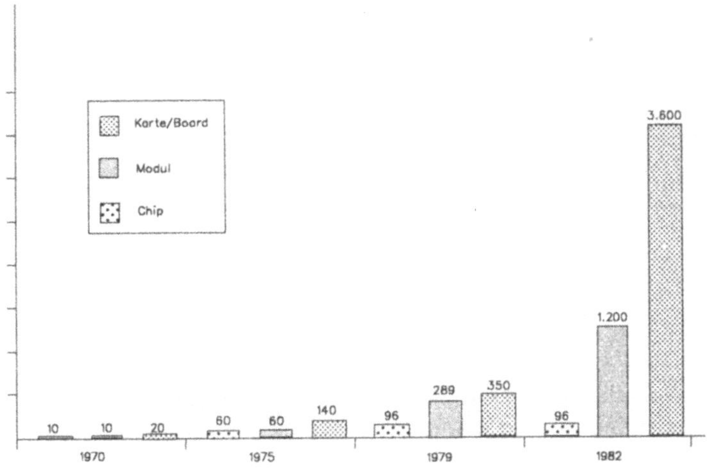

Abb. 17. Signalein-/Ausgänge

Dieser starke Anstieg auf höheren Packagingebenen ist das Ergebnis zunehmender Parallelverarbeitung zur Verringerung der Zahl der Zyklen pro Instruktion.

Die Mächtigkeit der heute zur Verfügung stehenden Packaging- Technologien läßt sich am besten im folgenden Diagramm beschreiben, wobei ca. 700 3-Weg-NAND-Schaltkreise pro Chip angenommen werden (Abb. 18).

In diesem Koordinatensystem werden getrennt gemessen:

- die Substratgröße in mm,
- die Modul-/Signalanschlußzahl,
- die Gesamtzahl der Chipanschlüsse, die im Modul verdrahtet werden müssen,
- die abgeführte Verlustleistung,
- die erforderlichen Keramiklagen zur Verdrahtung des Chips,
- die Zahl der Chips auf dem Modul,
- die Zahl der Gesamtschaltkreise, die das Modul verdrahten kann.

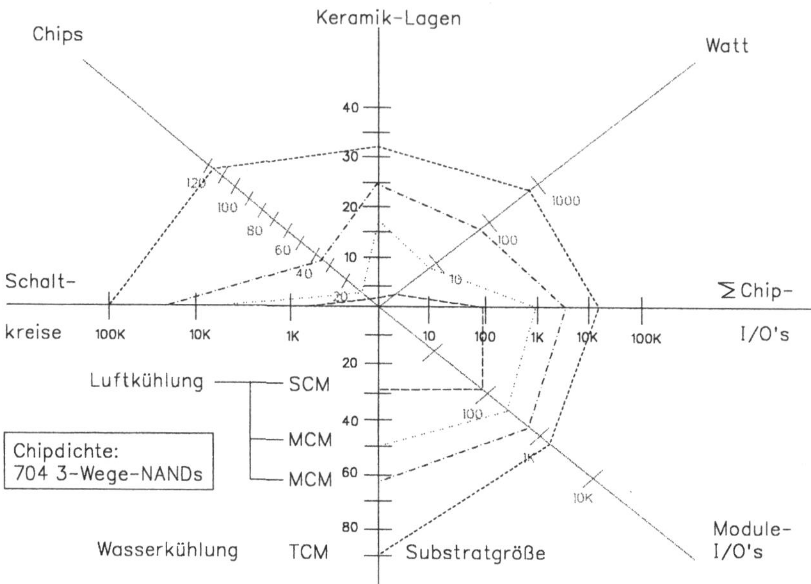

Abb. 18. Verbindungstechnologie für Logikchips

Das sogenannte Einchipmodul ist bezüglich der Substratgröße vergleichsweise unwirtschaftlich, allerdings braucht es nur eine Keramiklage und ist deshalb relativ preiswert.

Bei Mehrchipmoduls hat sich bereits das Verhältnis von Si-Fläche zu Packagingfläche verbessert und die Zahl der Gesamtchipanschlüsse ist um eine Größenordnung angestiegen. Mit Hilfe der sogenannten Mehrschichtkeramik gelingt es, nahezu 10 000 Schaltkreise auf einem Substrat zu verschalten. Mit noch größeren Substraten kann man bei wenig mehr Keramiklagen bis zu 36 Chips und mehrere 10 000 Schaltkreise miteinander verbinden.

Damit ist bei der gewählten Schaltkreistechnologie allerdings auch die Grenze der Luftkühlung bei ca. 70 Watt erreicht.

Eine Spitzenleistung der Packaging-Technologie stellt das wassergekülte "TCM" (Thermal Conduction Module) dar, das alle hier gezeigten Maßgrößen auf bisher in der Großfertigung unerreichte Werte treibt:

- fast 100 000 Schaltkreise bei
- mehr als 100 Chips, die
- mehrere hundert Watt erzeugen,
- ca. 10 000 Chipanschlüsse verschalten und
- 1200 Anschlüsse auf die nächste Ebene weiterleiten
- und dies auf nur 90 mm Substratgröße
- und 33 Lagen Keramik.

Diese Leistungszahlen steigern sich auf der nächsthöheren Packagingebene, dem Board, nochmals um eine Größenordnung.

Besondere Anstrengungen sind notwendig, um bei der Zuverlässigkeit allen Ansprüchen gerecht zu werden. Manches wird durch erstklassige Ingenieurarbeit bei IBM erreicht, andererseits ist gerade der Packagingbereich auf die Fähigkeit der Zulieferindustrie auf dem Ausgangsmaterialsektor angewiesen, sich ähnlich wie die Hersteller von Prozeßchemikalien auf "Electronic Grade" Materialien einzustellen. Dieser Anpassungsprozeß ist auf dem Gebiet der Verbindungstechnologie erst spät in Gang gekommen.

Ein besonders interessantes Gebiet ist die Testbarkeit von hochintegrierten Funktionen.

Auf der Chipebene ist dies aufgrund des günstigen Verhältnisses von Schaltkreiszahl zu Signalanschlüssen, zumindest bei mittleren Integrationsdichten, noch verhältnismäßig einfach. Sobald allerdings viele Chips auf einem Keramikträger zu prüfen sind, steigt dieses Verhältnis schnell auf ca. 50 an. Auf großen Schaltplatinen mit Hunderttausenden von Schaltkreisen muß die Diagnose defekter Schaltkreise durch relativ wenige Anschlüsse erfolgen, und das Verhältnis Schaltkreis/Anschluß steigt auf über 100 an (Abb. 19).

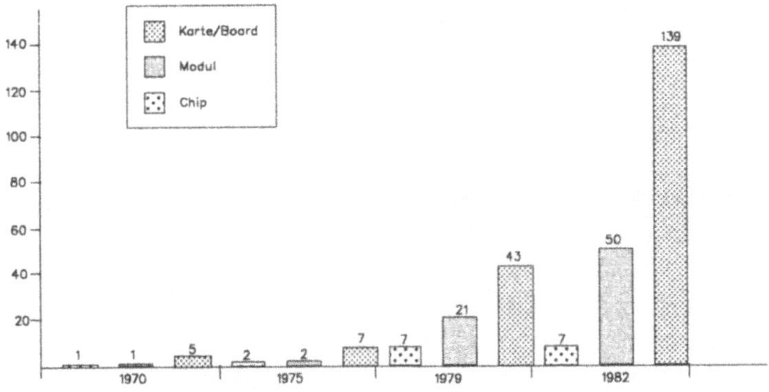

Abb. 19. Schaltkreise pro Signalanschluß

Mit neu konzipierten Algorithmen wurde die Schaltkreisentwicklung inzwischen zu den größten Benutzern der Rechenzentren bei der Erstellung der Testdaten.

4.0 Systemprodukte im Wandel der Halbleitertechnologie

Die Fortschritte in der Halbleitertechnologie spiegeln sich eindrucksvoll im Anstieg der Rechnerleistung und der Hauptspeichergrößen wieder. Innerhalb von 15 Jahren haben sich beide Systemleistungszahlen um das Hundertfache vergrößert (Abb. 20).

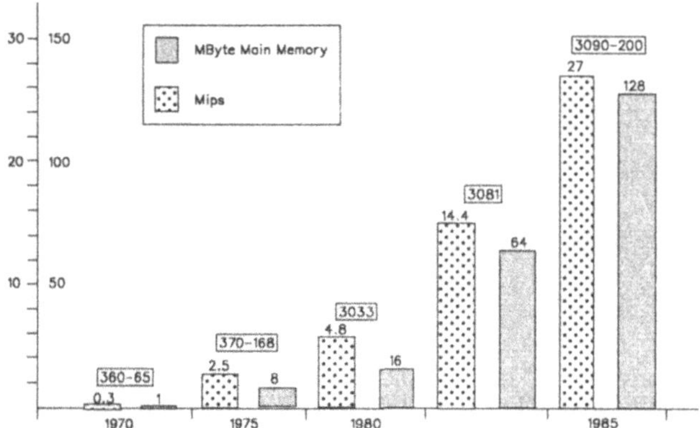

Abb. 20. Rechnerleistung und Hauptspeichergrößen

Um etwa den gleichen Faktor ist aber auch eine typische Rechenzentrumsinstallation gewachsen (Abb. 21).

Die beträchtlichen Kostenreduktionen bei Halbleiterkomponenten haben darüber hinaus die Entwicklung dezentraler Datenverarbeitung ermöglicht. An einer typischen Großkundeninstallation kann man dies an der kumulativen Hauptspeicherkapazität über alle Systeme ablesen (Abb. 22).

Während im Rechenzentrum alle fünf Jahre die Hauptspeichergröße um den Faktor 5 gesteigert wurde, war der Steigerungsfaktor bei den sogenannten Abteilungsrechnern, auch Distributed Data Processing genannt, der Faktor 20.

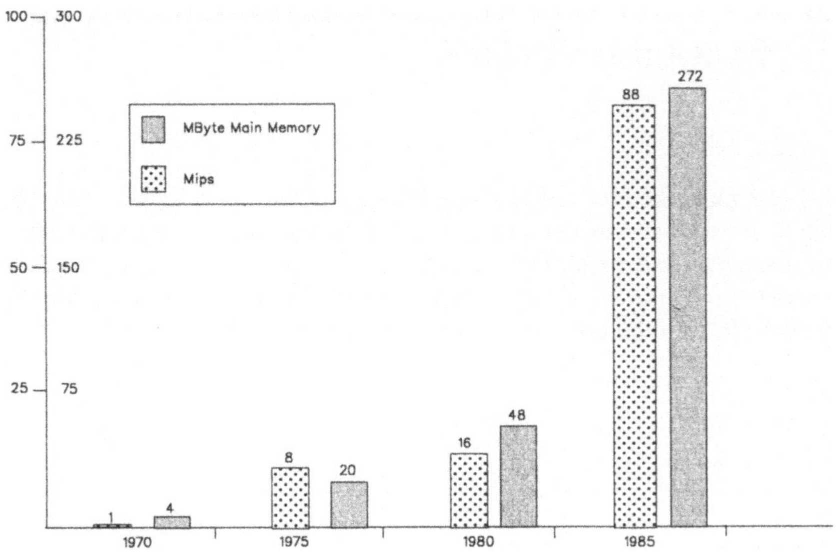

Abb. 21. Rechenzentrumskapazität

Noch größer war der Anstieg der kumulativen Speicherinstallation bei den Arbeitsplatzrechnern, den PCs, die in Zukunft zu den Hauptkonsumenten der Höchstintegrationskomponenten gehören werden.

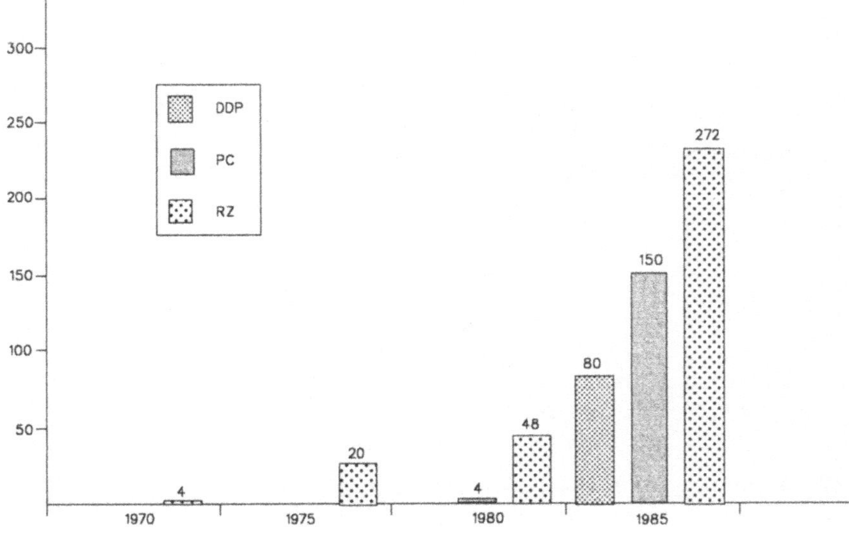

Abb. 22. Installierte Hauptspeicherkapazität in Megabytes

5.0 Beiträge der Komponentenentwicklung zu Systemprodukten

In enger Zusammenarbeit mit der Fertigung in den Werken Sindelfingen und Hannover sowie mehreren Entwicklungs- und Fertigungsstätten in Europa und USA entstand in Böblingen eine große Zahl erstklassiger Komponenten, die in vielen Systemprodukten angewendet wurden. Eine Auswahl ist in folgender Übersicht zusammengefaßt (Abb. 23):

/370 - 115, 125, 138, 148, 168 und Kleinsysteme

Treiberschaltkreis für Speicherprodukte
Leseverstärker für Speicherprodukte
2K Hauptspeicherchip
8K x 11 Pufferspeicher
16K x 11 Hauptspeicherkarten bis 512 KB Hauptspeicher
ROS-Modul
Schneller Puffer
Stromversorgungskomponenten
Halbleiter-Pilotlinie

4331 - 1/2, 4341, 4361, 4381, 308x

64K Hauptspeicherchip
512 x 9 Pufferspeicherchip
2K x 9 Pufferspeicherchip In I^2L
1 MB Hauptspeicherkarte
8 MB Hauptspeicher mit Speicherkontrolle
128 KB Kontrollspeicher
Stromversorgungskomponenten

Beiträge zu Entwicklungen in ausl. IBM Gesellschaften

Schaltkreis-Simulations-Programme
Material- und Fehleranalyse
4000 CKT Gate array

Abb. 23. Beiträge der Komponentenentwicklung zu Systemprodukten

6.0 Ausblick

Die zukünftigen Anstrengungen in der Technologieentwicklung mit weiteren Defektreduktionen in den Prozessen, dem Übergang zu kürzeren Wellenlängen in der Photolithographie, den Fortschritten in der Materialtechnik bei Photolacken und Isolationsmaterialen sowohl bei Halbleitern als auch beim Packaging, ferner Innovationen beim Schaltkreisentwurf und in der Simulationstechnik werden die Dichte- und Geschwindigkeitsgrenzen weiter verschieben (Abb. 24).

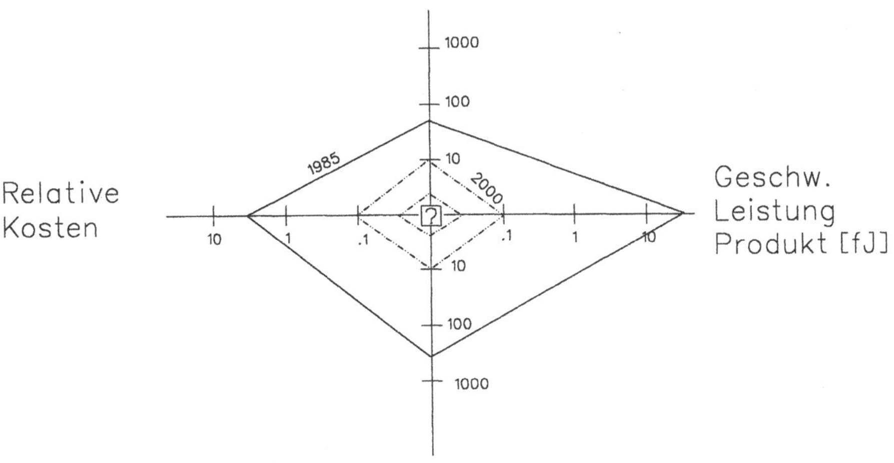

Abb. 24. Grenzen der Si-Technologie

An den wichtigsten Parametern kann man eine Voraussage wagen: Schaltkreisflächen, Schaltzeiten, die Schaltenergie und die relativen Kosten werden in wenigen Jahren noch um eine Größenordnung verbessert werden.

Insgesamt hat die Si-Technologie noch Reserven von zwei Größenordnungen, wobei das Fortschrittstempo auch von ökonomischen Faktoren beeinflußt wird.

Es ist jedoch heute nicht möglich, den Zeitpunkt für das Ende der Si-Technologie vorauszusagen.

Literatur

Ackermann, G.K., Kröll, K.: Threshold voltage of narrow channel field effect transistors. Solid state electronic Vol. 19, S. 77-81, 1976

Baier, E., Clemen, R., Haug, W., Fischer, W., Müller, R., Löhlein, W., Barsuhn, H.: A 256 K NMOS DRAM. IEEE Digest of Technical Papers, S. 274-275, 1984

Baitinger, K.G., Remshardt, R.: A high performance low power 1048-Bit memory in Mosfet Technology and its application. IEEE J. Solid State Circuits SC 11, S. 352-359, 1976

Berger, H., Wiedmann, S.K.: Small Size, Low-Power bipolar memory cell. ISSCC Digest of Technical Papers XIV, S. 18-19, 1971

Berger, H., Wiedmann, S.K.: Merged Transistor Logic - A low cost bipolar concept. ISSCC Digest of Technical Papers 15, S. 90-91, 1972

Berger, H., Wiedmann, S.K.: Super-Integrated Bipolar Memory Shares Functions of Diffused Islands. Electronics 25, S. 83-86, 1972

Berger, H., Wiedmann, S.K.: Advanced Merged Transistor Logic by Using Schottky Junctions. Microelectronics 7, S. 35-42, 1976

Bilger, H., Haug, W.: Low Level NMOS Logic. NTG Fachberichte, S. 167-169

Bleher, H., Folberth, O.H.: Grenzen der Digitalen Hableitertechnik. Nachrichtentechnische Zeitschrift, S. 307-314, 1977

Haug, W., Schnadt, R.: The Twin Cell for a New Dynamic Storage Approach in Three 18 K FET RAM Chips. ESSCIRC Digest of Technical Papers, S. 161-163, 1980

Heuber, K., Klein, W., Wiedmann, S. K.: A 16K Static Mtl I^2L Memory Chip. ISSCC Digest of Technical Papers XXIII, S. 222-223, 1980

Klein, K., Miersch, E., Remshardt, R., Schettler, H., Schulz, U., Zülke, R.: A Study on Bipolar VLSI Gate-Arrays Assuming Four Layers of Metal. ICCC Journal of Solid State Circuits, Vol SC-17, NO.3, 1982

Klein, K., Schulz, U., Zülke, R.: Automatische Platzzuordnung und Verdrahtung von Schaltkreisen auf einem "VLSI Gate Array". NTG Fachberichte, S. 66-99, 1982

Kröll, K.: Parasitic SCR Between a Schottky Diode and an Adjacent Transistor. Solid State Electronics Vol 19, S. 711-714, 1976 ESSDIRC (1975)

Kröll, K.: Geometry Effects on Field Effect Transistors. ESSDIRC, 1973

Kulcke, W.: Lithographische Verfahren. NTG Fachberichte, S. 81-82, 1982

Mcleod, M., Vogel, A., Wagner, O.: A New Method for Improved Delay Characterization of VLSI Logic. Proceedings ESSCIRC 1982, Brussels, Sept. 1982.

Moritz, H.: Optical Single Layer Lift-Off Process. IEEE Trans. O.E.D. 32/3, S. 672-676, 1985

Schmit, B.: Testing of IBM 4300 Multichip Processor Modules. Eurocon Stuttgart, Reprints-North Holland Publishing Co., S. 135-137, 1980

Spiro, H., "Simulation Integrierter Schaltungen durch universelle Rechnerprogramme", Oldenbourg Verlag München Wien 1985

Wiedmann, S. K.: High-Density Static Bipolar Memory. ISSCC Digest of Technical Papers XVI, S. 56-57, 1973

Ein Vierteljahrhundert Magnetplattenspeicher in der IBM Deutschland

Die Entwicklung einer Produkt- und Fertigungstechnologie

Egon O. Winkelmann

Kurzfassung: In der historischen Entwicklung der Plattenspeicher ist das Kriterium der jeweils erzielten Datendichte auf dem Speichermedium ein interessanter Maßstab für den technologischen Fortschritt. Wenn die Datendichte im Zeitraum der letzten 25 Jahre um den Faktor 12 000 erhöht werden konnte, so ist dies das Ergebnis technologischer Innovation auf der einen und fertigungstechnischer Verfahrensentwicklung auf der anderen Seite. Diesen Weg schildert der Vortrag anhand der Produktlinie der IBM Plattenspeicher bis hin zur Dünnfilmtechnik bei den Schreib-/Leseköpfen der heutigen Hochtechnologieprodukte.

Der Produktionsbereich der IBM Deutschland - von Anfang an mit dem Bau dieser Produkte befaßt - hat durch eine ganze Reihe eigener Beiträge die technologische Entwicklung mit beeinflußt. Die Werke haben tiefgreifende Veränderungen erfahren, die auch viele Mitarbeiter betrafen. Das Werk Mainz hat sich zu einem Technologiewerk entwickelt, das Werk Berlin ist heute Lieferquelle der IBM Plattenspeicherprodukte für Europa und die angrenzenden Länder.

1.0 Einleitung

Die Entwicklung der modernen Informationsverarbeitung war von Beginn an abhängig von der Fähigkeit, größere Datenmengen wirtschaftlich zu speichern und kurzfristig der Verarbeitung zur Verfügung zu stellen.

Die heutigen Großanlagen ebenso wie die Kleincomputer sind undenkbar ohne Datenspeicher für ihre Programme und die zu verarbeitenden Informationen der Anwendungsbereiche.

Das Zusammenwachsen von Nachrichten- und Datenverarbeitung zur modernen Informations- und Kommunikationstechnik und die dadurch entstandenen Informationsnetzwerke haben den Bedarf an Speicherkapazität sprunghaft ansteigen lassen. Dadurch wurde die Datenspeicherung in den letzten Jahren noch stärker als bisher in den Mittelpunkt der Technologieforschung und Produktentwicklung gestellt.

In diesem Rahmen hat sich eine Speicherhierarchie entwickelt, die vom Datenarchiv über externe Datenspeicher zu den Prozessoren führt, in denen diese Daten verarbeitet werden sollen. Dabei sind die Archivspeicher langsam aber preiswert, die Hauptspeicher der Prozessoren sehr schnell, aber relativ teuer. Die übergeordnete Speicherverwaltung sorgt für den geordneten Datenfluß zwischen den verschiedenen Hierarchieebenen einschließlich des Prozessors.

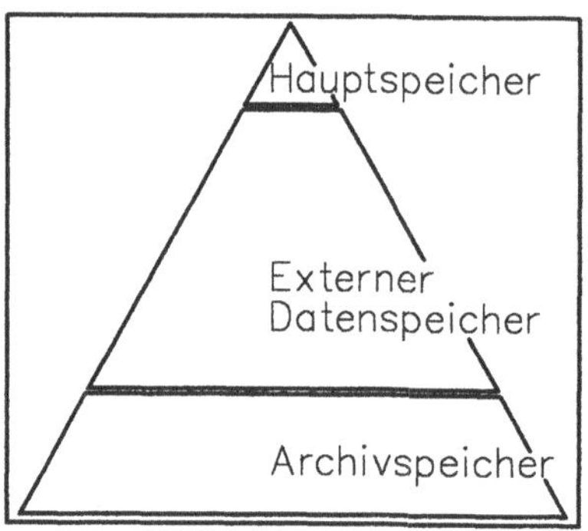

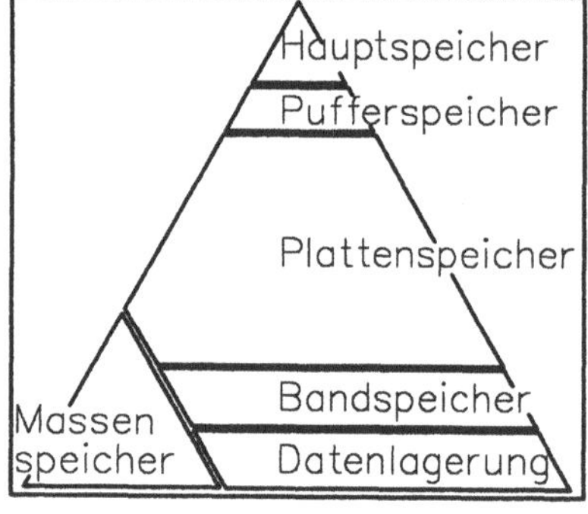

Abb. 1. Speicherhierarchie

In dieser Hierarchie nehmen die externen Datenspeicher eine bevorzugte Stellung ein, an die besondere Anforderungen gestellt werden:

- hohe Kapazität auf kleinstem Raum mit Übertragungszeiten, die der Geschwindigkeit der Rechner angepaßt sind,
- mit zunehmender Integration der Informationsverarbeitung in die Geschäftsabläufe der Benutzer ist Datensicherheit zu einem ausschlaggebenden Kriterium geworden. Die Forderung nach Verfügbarkeit und Zuverlässigkeit hat eine Dimension angenommen, die vor wenigen Jahren noch als unerreichbar galt,
- die Menge der geforderten Daten diktiert niedrigste Speicherkosten pro Bit, d.h. immer geringere Gerätekosten und Ausgaben für Platzbedarf und Energie.

Unter allen Lösungsmöglichkeiten wird der Plattenspeicher diesen Anforderungen am besten gerecht. Er hat daher das Gebiet der externen Arbeitsspeicher in der Speicherhierarchie nahezu voll besetzt, wenn wir von den Pufferspeichern der Steuereinheiten einmal absehen. Aus den anfänglich nur vom Rechner gesteuerten Speichereinheiten haben sich Speichersubsysteme entwickelt, die den peripheren Datenverkehr weitgehend selbständig abwickeln. Das Konzept der Speicherung von Daten auf Magnetplatten ist zur Basis einer Industrie geworden, die heute mit weit mehr als 100 Unternehmen einen Jahresumsatz von über 15 Mrd. Dollar erzielt.

Der Produktionsbereich der IBM Deutschland war von Anfang an dabei. Der Bau von Plattenspeichern begann 1957 im Werk Sindelfingen. 1965 wurde das Werk Mainz gegründet, das diesen Produktionszweig übernahm, und seit 1980 fertigen wir Plattenspeicher im Werk Berlin, während das Werk Mainz nunmehr ausschließlich Schreib-/Leseköpfe, Magnetplatten und Laufwerke herstellt. Im gesamten Zeitraum wurden die Werke unterstützt von der deutschen Produktionsforschung - einer Gruppe von Wissenschaftlern und Ingenieuren -, die das Bindeglied herstellt zwischen Technologieforschung und Produktion und die ihrerseits durch technologische Innovation zum Erfolg dieser Produktlinie beigetragen hat.

Seit Auslieferung des Systems IBM 305 RAMAC im Jahre 1957, vom ersten Plattenspeicher mit wahlfreiem Zugriff, der IBM 350, bis zur Auslieferung des Plattenspeichers IBM 3380 Modell E im August dieses Jahres hat eine faszinierende Entwicklung stattgefunden, deren Höhepunkte wir schlaglichtartig beleuchten wollen.

2.0 Datendichte als Leistungsparameter

2.1 Definition

Die erzielbare Datendichte auf dem Speichermedium - der Magnetplatte - bestimmt bei gegebener Plattenzahl und gegebenem Plattendurchmesser die Kapazität eines Plattenspeichers. Sie wird in Bits/qmm ausgedrückt und ist das Produkt aus Spurendichte = Spuren/mm und linearer Bitdichte = Bits/mm.

2.2 Maßgebende Faktoren für das Erzielen hoher Datendichten

In dem System Schreib-/Leseelement-Magnetschicht gibt es drei Dimensionen von besonderer Bedeutung für die Datendichte:

- die Spaltlänge hat Einfluß auf das Auflösungsvermögen des Elementes für hohe Frequenzen sowie auf die Stärke des magnetischen Streufeldes,
- die Dicke der Magnetschicht beeinflußt den möglichen Magnetisierungsgrad bei gegebener Schreibleistung,
- die Flughöhe des Elementes über der Platte beeinflußt die Ergebnisse im Hinblick auf die Wechselwirkung zwischen Element und Magnetschicht.

Die Praxis über viele Jahre hat gezeigt, daß diese Dimensionen etwa in der gleichen Größenordnung liegen sollen.

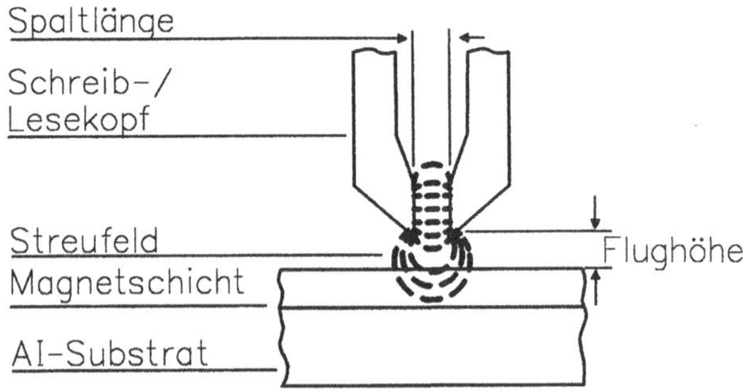

Abb. 2. Leistungsbestimmende Parameter

Wollen wir die Datendichte auf einer gegebenen Fläche maximieren, dann müssen wir Spurendichte und Bitdichte erhöhen.

Das bedeutet:

- auf der Platte ist die Magnetisierbarkeit der Magnetschicht zu erhöhen, wobei Material und Dicke der Magnetschicht für die erzielbare Leistung eine wesentliche Rolle spielen,
- die Polzonengeometrie im Schreib-/Leseelement ist so zu gestalten, daß eine scharfe Bündelung des magnetischen Streufeldes erfolgt. Dabei muß die Spaltlänge des magnetischen Kreises in sehr engen Grenzen gehalten werden,
- der Abstand zwischen Schreib-/Lesekopf und Platte - die Flughöhe des Schreib-/Lesekopfes - muß aus den genannten Gründen angepaßt werden, um die optimale Nutzung der Streufeldenergie zu sichern.

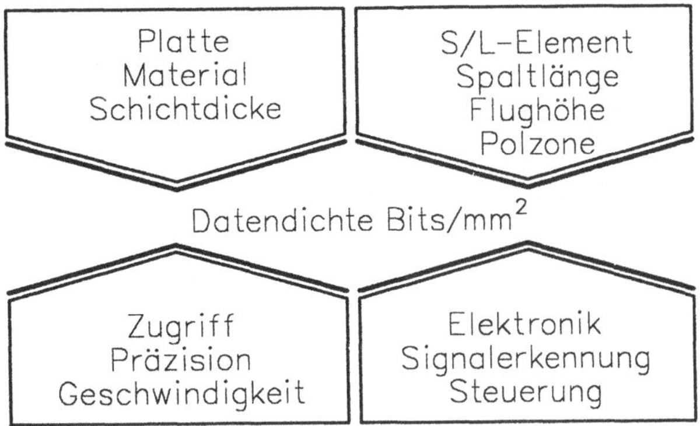

Abb. 3. Datendichte und Einflußfaktoren

Das allein würde uns noch keinen funktionsfähigen Plattenspeicher liefern. Zwei weitere wichtige Faktoren sind:

- der Zugriffsmechanismus, der in der Lage sein muß, den Schreib-/Lesekopf zuverlässig in kürzester Zeit auf die gewünschte Datenspur einzustellen;
- eine sichere und leistungsfähige Verstärkertechnik für die Schreib- und vor allem Lesesignale, wobei das Verhältnis Nutz- zu Störsignal besonders kritisch ist.

Halten wir fest: Die Steigerung der Datendichte ist eine wesentliche Voraussetzung für die Erfüllung der eingangs genannten Anforderungen an externe Arbeitsspeicher

- hohe Kapazität,
- schnelle Datenübertragung,
- geringer Energie- und Platzbedarf,
- niedrige Kosten.

Was ist auf diesem Gebiet in der IBM in den letzten drei Jahrzehnten erreicht worden?
1957 hatte der Speicher IBM 350 eine Datendichte von 3,1 Bits/qmm - der seit kurzem gelieferte Speicher IBM 3380 Modell E verfügt über eine Datendichte von 37 800 Bits/qmm - eine Steigerung also in diesem Zeitraum um den Faktor 12 000 !

Technische Daten	IBM 350 1957	IBM 3380 Modell E 1985
Kapazität MB	5	5000
Laufwerke	1	2
Anzahl Platten	50	2x9
Zugriffszeit ms	600	17
Übertragungs- geschwindigkeit KB/s	8.8	3000
Leistungsparameter		
Flughöhe 10^{-3}mm	31.5	0.3
Spaltlänge 10^{-3}mm	39.4	0.6
Schichtdicke 10^{-3}mm	47.0	0.6
Spurendichte SP/mm	0.8	63.0
Bitdichte Bits/mm	3.9	600.0
Datendichte Bits/mm	3.1	37800.0

Abb. 4. Technische Daten IBM 350 und IBM 3380-E

Der Vergleich der technischen Daten beider Produkte zeigt, daß die IBM 350 bei einem Laufwerk mit 50 Platten von 60 cm Durchmesser eine Kapazität von 5 Millionen alphabetischer oder numerischer Zeichen, also 5 Megabytes, lieferte. Dagegen besitzt die IBM 3380-E mit zwei Laufwerken auf 18 Platten von nur 35 cm Durchmesser eine Kapazität von 5 000 Megabytes. Die mittlere Zugriffszeit beträgt 17 ms bei dem Speicher 3380, im Vergleich zu 600 ms beim ersten Plattenspeicher IBM 350. Diese Kapazität ermöglicht es zum Beispiel, um einen Größenbegriff zu nennen, die Speicherung der Encyclopedia Britannica in 40 verschiedenen Sprachen. Gleichzeitig wurde die Datenübertragungsrate von 8,8 Kilobytes/s auf 3 000 Kilobytes/s (=3 MB/s) gesteigert. Mit dieser Geschwindigkeit könnten wir heute, wenn wir es wollten, fast alle zwei Sekunden einen ganzen Band der genannten Enzyklopädie vom Speicher zu einem Rechner übertragen.

Ein Vergleich der leistungsbestimmenden Parameter beider Maschinen zeigt den enormen technischen Fortschritt:

Reduzierung der Flughöhe um den Faktor 100, Steigerung der Spurendichte um den Faktor 80, der Bitdichte um den Faktor 150 und damit der Datendichte um den bereits erwähnten Faktor 12 000.

Diese Entwicklung wurde maßgeblich nicht nur durch konstruktive Verbesserungen getragen, sondern in verstärktem Maße auch durch neue fertigungstechnische Möglichkeiten.

3.0 Die Magnetplatte

Wir haben bereits festgestellt, daß Magnetplatte und Schreib-/Lesekopf die wichtigsten Elemente für die Erzielung hoher Bitdichten sind (Beschichtung, Polzone, Flughöhe). Äußerlich betrachtet hat die Magnetplatte die geringere Veränderung erfahren. Aber:

- Steigende Bitdichten und immer kürzere Magnetisierungszyklen verlangten eine stetige Weiterentwicklung der Beschichtung bezüglich ihrer magnetischen Parameter. Ein wesentlicher Fortschritt war die Einführung der tangentialen Orientierung der Magnetpartikel. Man erreichte dies, indem die noch nicht ausgehärtete Beschichtung der Platte einem starken Magnetfeld ausgesetzt wurde.
- Die Reduzierung der Flughöhe auf weniger als ein tausendstel Millimeter verlangte große fertigungstechnische Innovationen, um die Oberflächengeometrie den enorm gestiegenen Ansprüchen anzupassen. Hier ist ein im IBM Werk Sindelfingen entwickelter Prozeß zu nennen: Das Diamantdrehen der Aluminiumsubstrate vor der Beschichtung, ein Prozeß, der eine hervorragende Oberflächenqualität liefert und von allen IBM Werken, die Plattenspeicher herstellen, übernommen wurde.
- Als mit Einführung der Winchester-Technologie, auf die im Abschnitt 4.3 näher eingegangen wird, der Schreib-/Lesekopf bei stehender Platte auf der Beschichtung auflag, mußten Mittel und Wege gefunden werden, mechanischen Abrieb zu vermeiden oder zumindest so in Grenzen zu halten, daß über die Lebensdauer der Maschine keine Funktionsstörung entstehen konnte. Neben Veränderungen der Materialzusammensetzung der Beschichtung wurde die Oberfläche der Platte mit einem Gleitfilm versehen, der trotz hoher Fliehkräfte haften muß. Die hierzu erforderliche Rauhigkeit mußte bei den Polierprozessen berücksichtigt werden.
- Nicht zuletzt mußte die Minimierung der Fehlstellen auf einer relativ großen Beschichtungsfläche meßtechnisch kontrollierbar gemacht werden, um so die geforderte Qualität zu garantieren.

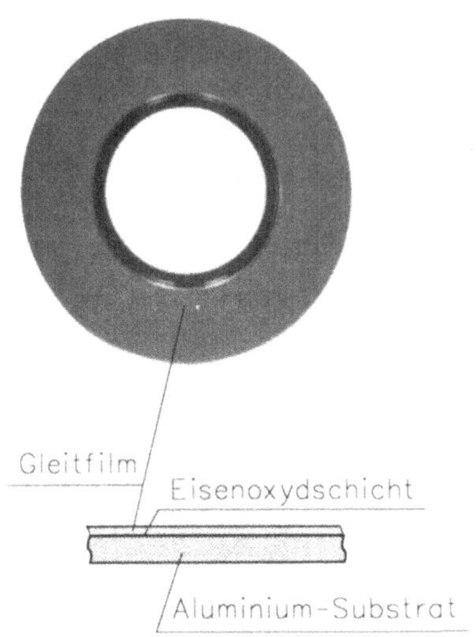

Prozesse zur Herstellung

Diamantdrehen
Beschichten
Aushärten
Polieren
Reinigungsprozesse

Testverfahren

Oberflächengeometrie
Magnetische Eigenschaften

Abb. 5. Magnetplatte

4.0 Der Schreib-/Lesekopf

Gegenüber der Magnetplatte hat der Schreib-/Lesekopf wesentlich umfangreichere konstruktive und technologische Veränderungen erfahren.

4.1 Physikalisches Konzept

Bei fast allen Plattenspeichern mit wahlfreiem Zugriff waren Schreib-/Leseköpfe so konzipiert, daß das Schreib-/Leseelement in einen Träger eingesetzt war, der im Betrieb auf einem Luftkissen in geringem Abstand über der Platte flog. Wir nennen diesen Träger daher auch Flugkörper. Seine Formgebung sowie die Relation Ladekraft zu Auftrieb bestimmen Flughöhe und Flugstabilität.

Mit steigenden Bitdichten mußte das Schreib-/Leseelement immer dichter an die Plattenoberfläche herangebracht werden. Während die Flughöhe der ersten Schreib-/Leseköpfe etwa bei 30 bis 40 tausendstel Millimeter lag, beträgt sie bei der IBM 3380 etwa 0,3 tausendstel Millimeter. Die nachstehende Graphik veranschaulicht diese Entwicklung (Abb. 6).

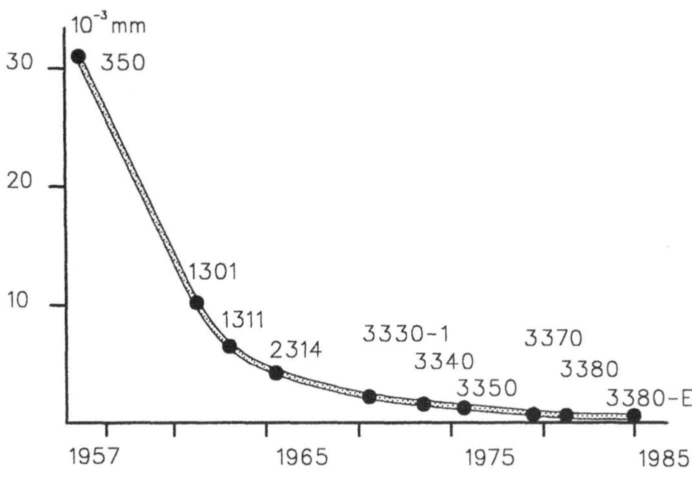

Abb. 6. Entwicklung der Flughöhe

4.2 Schreib-/Leseelemente (1957 - 1972)

Bei den ersten Plattenspeichern waren die Schreib-/Leseelemente aus Mu-Metallblechen aufgebaut und in Metallträger mit Epoxydharz eingeklebt. Mechanische Instabilität im Polzonenbereich, begrenzte magnetische Parameter sowie ein aufwendiger Fertigungsprozeß mit vielen manuellen Schritten setzten der gewünschten Leistungssteigerung bald Grenzen.

1966 wurde die erste Maschine ausgeliefert, deren Schreib-/Leseelement aus gesintertem Ferritmaterial hergestellt war, die IBM 2314. Hohe Permeabilität und geringe Hysterese brachten eine erhebliche Verbesserung des Frequenzganges. Die mechanische Bearbeitbarkeit des Ferritmaterials erlaubte die Präzisierung der Polzonengeometrie, die Datendichte konnte von 80 Bits/qmm bei der IBM 1311 und auf 341 Bits/qmm bei der IBM 2314 gesteigert werden.

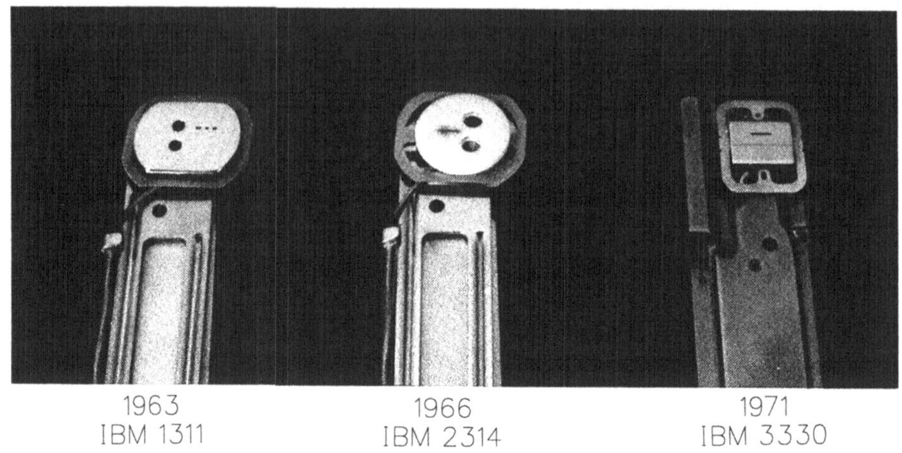

Abb. 7. Schreib-/Leseköpfe bis 1971

Auf dieser neuen technologischen Basis konnten 1971 mit dem nächsten Produkt, der IBM 3330, Spuren und Bitdichte nochmals verdoppelt werden. Die Datendichte erhöhte sich so auf 1 250 Bits/qmm. Zur Stabilisierung des Systems Magnetkern/Flugkörper wurde der Ferritkern in einen Keramikflugkörper eingeglast.

In Zusammenarbeit mit den Schott Glaswerken Mainz wurden spezielle Industriegläser entwickelt, die benötigten feinen Glasstäbe wurden im Werk Mainz erschmolzen und auch an unser Schwesterwerk in San Jose/Californien geliefert.

4.3 Die Winchester-Technologie

1973 kam in dem Plattenspeicher IBM 3340 erstmals eine von der IBM entwickelte Kopftechnologie zum Einsatz, die unter der Bezeichnung "Winchester" eine weite Verbreitung in der Industrie fand und heute noch von vielen Herstellern angewendet wird: Der gesamte Flugkörper ist aus Ferrit, der magnetische Kreis ist integraler Bestandteil des Flugkörpers.

Bei allen bisherigen Produkten kamen die Schreib-/Leseköpfe bei Stillstand des Laufwerkes nicht mit den Plattenoberflächen in Berührung. Ein spezieller Lademechanismus sorgte dafür, daß erst nach Erreichen der Nenndrehzahl die Schreib-/Leseköpfe gegen die Platte bewegt wurden. Im Gleichgewichtszustand zwischen Andruckkraft und aerodynamischem Auftrieb stellte sich die gewünschte Flughöhe ein.

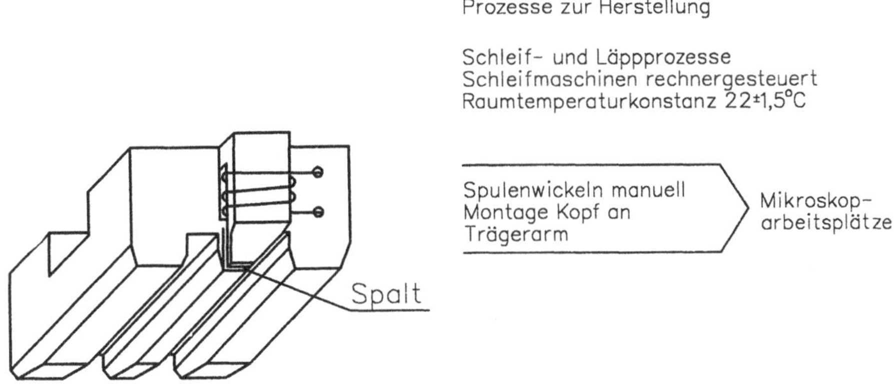

Abb. 8. Winchester-Schreib-/Lesekopf

Der Winchester-Schreib-/Lesekopf "landete" bei Stillstand des Laufwerkes auf der Platte. Bei Wiederanlauf blieb der Kopf kurzfristig mit der Platte in Kontakt, bevor er durch Ausbildung des Luftkissens abhob. Um Reibung und Abrieb in Grenzen zu halten, wurden die Platten mit einem dünnen Gleitfilm versehen, ein aufwendiger Zustellmechanismus konnte entfallen. Die damit verbundene Reduzierung der bewegten Massen führte zu einer Verbesserung der Zugriffszeit, gleichzeitig wurden die funktionalen Unsicherheiten des Einstellvorganges ausgeschaltet.

Die Reduzierung der Flughöhe von bisher 1,25 µm auf 0,45 µm und die Verbesserung des magnetischen Kreises erhöhten die Datendichte von 1 250 Bits/qmm auf 2 620 Bits/qmm, kurze Zeit später in der IBM 3350 auf 4 760 Bits/qmm.

Die Produktionsverfahren für die Schreib-/Leseköpfe erlaubten mehr als bisher eine weitgehend maschinelle Fertigung. Für die Herstellung der komplizierten geometrischen Form des Flugkörpers wurden im IBM Werk Mainz in Zusammenarbeit mit Lieferanten computergesteuerte Schleifmaschinen entwickelt, mit denen Toleranzen im µ-Bereich gehalten werden konnten. Auch unser amerikanisches Schwesterwerk übernahm diese Einrichtungen - ein weiteres Beispiel für die weltweite Zusammenarbeit der IBM Werke.

4.4 Das Dünnfilmelement

In der Zwischenzeit war erkannt worden, daß weitere wesentliche Steigerungen der Datendichte mit der Ferrit-Technologie nicht möglich waren. Daher wurde Anfang der 70er Jahre mit der Entwicklung des Dünnfilmelementes begonnen. Diese Technologie beruht u.a. auf wesentlichen Beiträgen der deutschen Produktionsforschung, einer Gruppe von Wissenschaftlern und Ingenieuren im Produktionsbereich der IBM Deutschland. Hier entstand in den 60er Jahren ein Projekt, das Konstruktion und Herstellbarkeit eines Schreib-/Leseelementes in Dünnfilmtechnik grundsätzlich beschrieb.

Prozesse zur Herstellung	
Photolithographie	naß
Galvanisieren	naß
Aufdampfprozesse	vakuum
Reinigungsprozesse	naß

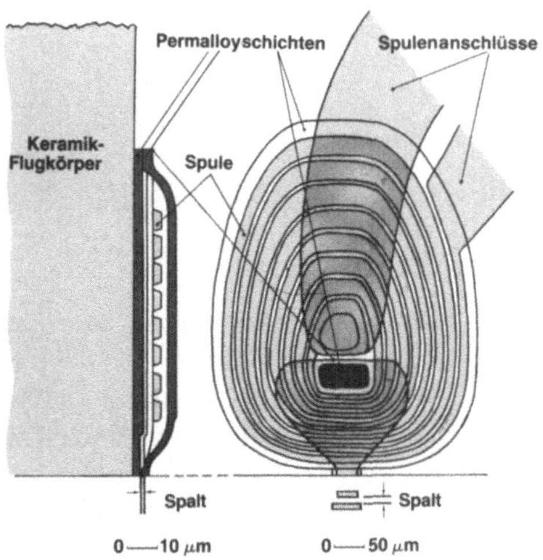

Permalloyschichten
Spulenanschlüsse
Keramik-Flugkörper
Spule
Spalt
Spalt
0—10 μm
0—50 μm

Abb. 9. Aufbau eines Schreib-/Leseelementes in Dünnfilmtechnologie

Auf einem Keramikwafer werden durch photolithographische, Galvanik- und Vakuumprozesse Permalloyschichten in Form dünner Filme aufgebracht. Aus einer galvanisch erzeugten Kupferschicht entstehen durch Ätzen Strukturen und Anschlußfahnen der Spule. Die erforderlichen Isolierschichten werden durch Kathodenzerstäubung aufgebracht und sorgen für die Trennung des elektrischen und des magnetischen Kreises. Die Spaltlänge ist durch die Dicke einer solchen Schicht definiert, die Spaltbreite wird durch die photolithographischen Prozesse bestimmt. In komplizierten Arbeitsfolgen entsteht so auf einem Wafer eine große Zahl von Schreib-/Leseelementen. Die Vorteile einer solchen Anordnung sind: kleinste Spaltlängen, kleine Polabmessungen bei geringen Toleranzen und besseres Frequenzverhalten. Trenn- und Schleifprozesse bringen die Flugkörper in ihre gewünschte geometrische Form. Die Gleitflächen werden in computergesteuerten Läppmaschinen einer Feinbearbeitung unterzogen, bei der man eine Ebenheit von wenigen Nanometern erzielt. In diesem Prozeß erhält auch die Polzone ihre endgültige Form.

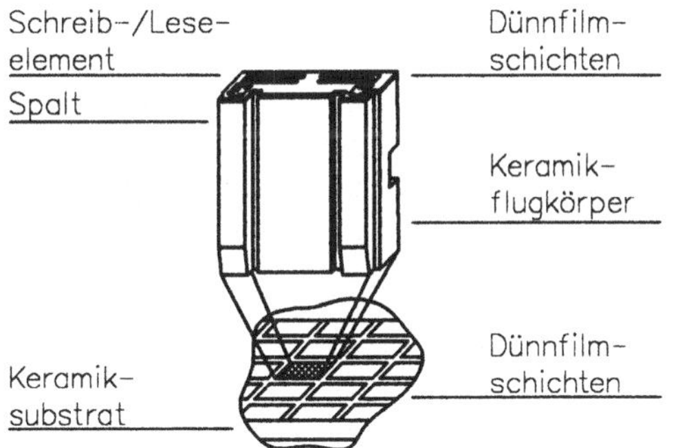

Prozesse zur Herstellung

Schleif- und Läppprozesse
Reinigungsprozesse
Montage unter Mikroskop

Abb. 10. Schreib-/Lesekopf in Dünnfilmtechnologie

Der Dünnfilm-Schreib-/Lesekopf wurde erstmals 1979 mit dem Plattenspeicher IBM 3370 ausgeliefert. Vier Schreib-/Leseköpfe sind auf einem Trägerarm montiert, der auch die elektronischen Bauteile für Selektionsmatrix und die ersten Verstärkerstufen enthält. Je zwei Schreib-/Leseköpfe arbeiten auf einer Plattenoberfläche, die damit in zwei Datenbereiche geteilt wird.

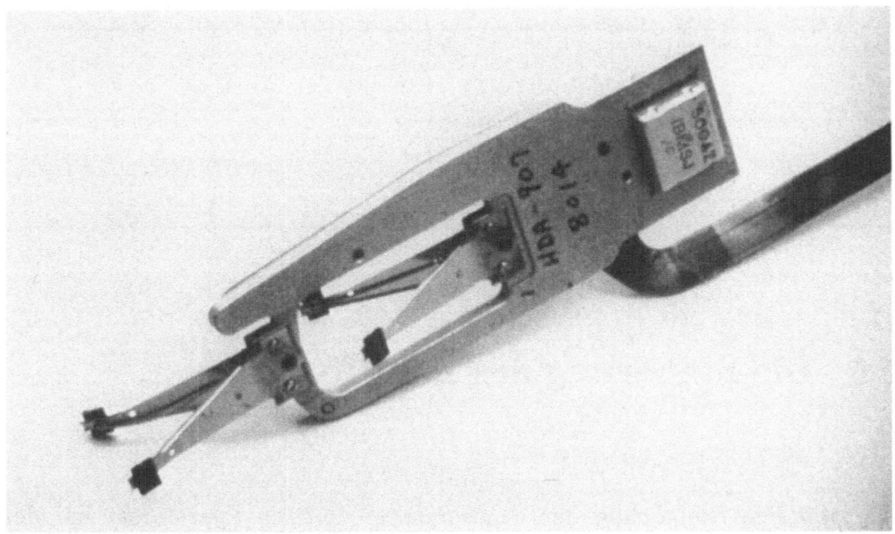

Abb. 11. Schreib-/Lesekopf IBM 3370

Mit Einführung dieser Technologie konnte die Datendichte schlagartig von bisher 4 760 Bits/qmm auf 11 900 Bits/qmm erhöht werden. Pro Laufwerk ergab sich eine Kapazität von 570 Megabytes.

Bei gleichzeitiger Weiterentwicklung von Magnetplatte und Dünnfilmkopf zeigte sich im Plattenspeicher IBM 3380 das außergewöhnliche Potential dieser Technologie in der Steigerung der Datendichte auf zunächst 19 800 Bits/qmm und schließlich im Modell E dieser Maschine auf die bereits eingangs erwähnten 37 800 Bits/qmm.

An dieser Stelle ist ein Vergleich mit einem Element der Halbleitertechnologie bemerkenswert: Das 1-Megabit-Chip hat eine Datendichte von 33 000 Bits/qmm, liegt also noch etwas unter der Datendichte des Magnetplattenspeichermodells IBM 3380.

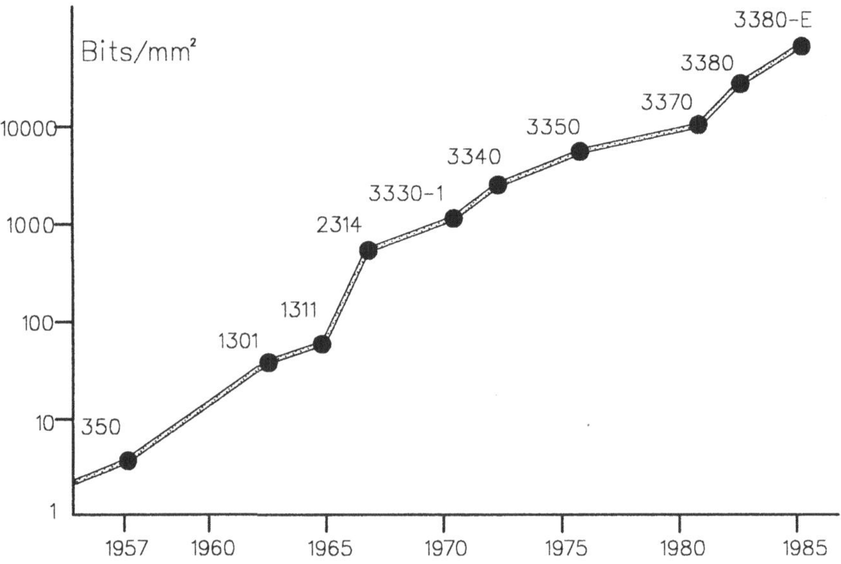

Abb. 12. Datendichte (IBM 350 bis IBM 3380-E)

5.0 Die Steuerung des Zugriffs

Die ständige Steigerung der Spurendichte von 0,8 Spuren/mm bei der IBM 350 auf 63 Spuren/mm bei der IBM 3380-E bei gleichzeitiger Reduzierung der mittleren Zugriffszeit von 600 ms auf 17 ms erforderte eine entsprechende Weiterentwicklung der Zugriffsmechanik.

Der erste Plattenspeicher - die IBM 350 - besaß für 50 Platten in der Grundausrüstung nur zwei Schreib-/Leseköpfe. Die schwere Zugriffsmechanik, über Stahlseile von einem Elektromotor angetrieben, mußte einmal in vertikaler Richtung (Y) die Platte auswählen und zum zweiten in radialer Richtung (X) die Köpfe auf die gewünschte Spur einstellen.

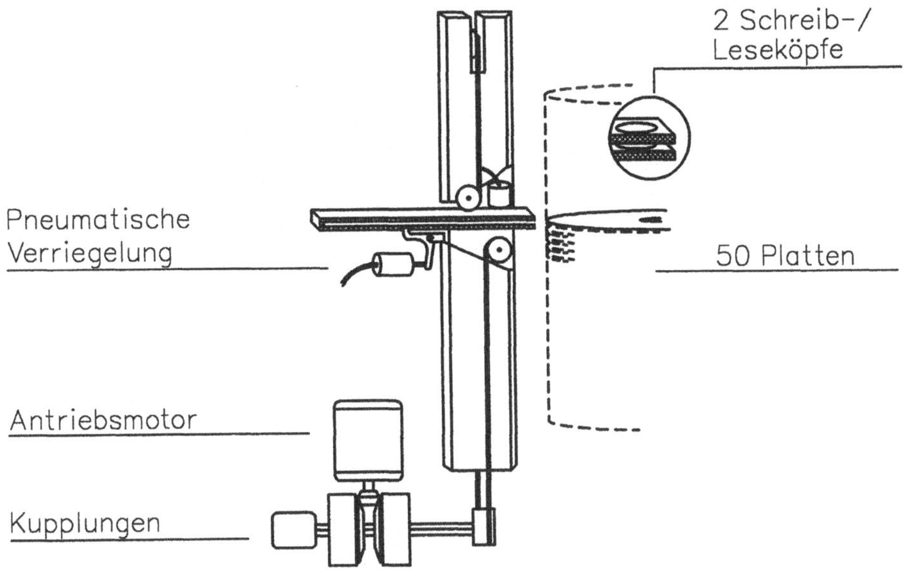

Abb. 13. Zugriff IBM 350

Die mittlere Suchzeit betrug bei dieser Anordnung 600 ms. 1962 wurde mit dem Plattenspeicher IBM 1301 ein ölhydraulischer Antrieb für den Zugriff eingeführt. Für die 50 Platten = 100 Plattenoberflächen wurden 100 Schreib-/Leseköpfe eingebaut, je einer pro Datenoberfläche. Durch Wegfall der Suchbewegung in vertikaler Richtung konnte die Zugriffszeit von 600 ms auf 160 ms gesenkt werden. Durch Verbesserungen bei den nachfolgenden Maschinen wurde eine weitere Reduzierung bis auf 60 ms erreicht.

1971 wurde bei der IBM 3330 der hydraulische Antrieb durch einen elektromagnetischen Stellmotor ersetzt. Die Zugriffszeit konnte damit auf durchschnittlich 30 ms reduziert werden bei gleichzeitiger Verbesserung der Zuverlässigkeit.

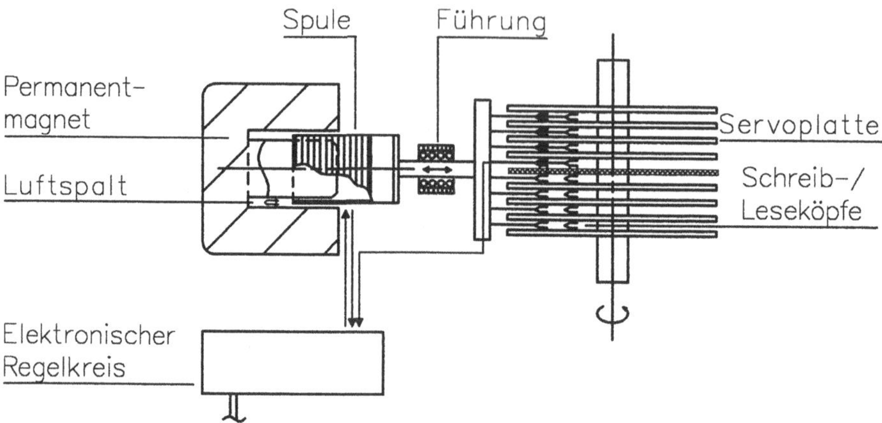

Abb. 14. Schema des elektromagnetischen Stellmotors

Eine Spule bewegt sich im Feld eines Permanentmagneten (elektromagnetisches Stellmotor-Prinzip). Bewegungsrichtung und Geschwindigkeit werden durch einen elektronischen Regelkreis gesteuert. Während im hydraulischen System die Positionierung des Schreib-/Lesekopfes über einer bestimmmten Spur mechanisch erfolgte, dienen nunmehr die auf einer besonderen Plattenoberfläche geschriebenen "Servospuren" als Signalgeber für die elektronische Verriegelung des Zugriffs in der gewünschten Position.

Dieses Prinzip ist ständig verbessert und bis heute beibehalten worden. Stark reduzierte Massen, Leichtgängigkeit und hohe Präzision der Zugriffsmechanik waren wesentliche Voraussetzungen für den Erfolg dieser Antriebskonzeption.

6.0 Die Produkte

6.1 Wechselbare Plattenstapel

Da die Datendichten bei den ersten Plattenspeichern gering waren, wurden möglichst viele Platten mit großer Oberfläche auf einer Spindel montiert, um die gewünschte Kapazität zu erreichen. Mit steigender Datendichte mußte jedoch bald die Höhe des Plattenstapels verringert werden, da sonst die notwendige Präzision bei der Einstellung der Schreib-/Leseköpfe auf die Spur nicht mehr gewährleistet werden konnte.

Trotz höherer Datendichte bedeuteten weniger Platten zunächst einen Kapazitätsverlust. Um diesen wieder auszugleichen, wurde 1963 mit der IBM 1311 der wechselbare Plattenstapel eingeführt, gleichzeitig der Durchmesser der Platte auf 35 cm verringert (Handhabung).

Im gleichen Jahr begann die IBM Deutschland im Werk Sindelfingen die Prozeßlinien für Magnetplatten und Schreib-/Leseköpfe aufzubauen. Ab 1966 wurden diese Technologien Schritt für Schritt in das IBM Werk Mainz verlagert.

6.2 Steigerung der Laufwerkskapazität

Das System der wechselbaren Plattenstapel wurde bei den nachfolgenden Produkten beibehalten (IBM 2311, IBM 2314, IBM 3330). Mit Einführung der Winchester-Technologie wurden sogar die Schreib-/Leseköpfe mit in den Plattenstapel integriert (Datenmodul IBM 3348). Erst als 1976 die IBM 3350 pro Laufwerk eine Kapazität von 317,5 Megabytes bereitstellte, konnte zur Festplatte zurückgekehrt werden. Damit wurde auch die Zuverlässigkeit der Maschine erheblich gesteigert. Bei allen Vorteilen einer transportablen Datenbank hatte sich nämlich gezeigt, daß die mit dem Plattenwechsel verbundene manuelle Intervention oft auch Ursache für Störungen war. Die IBM 3350 wurde zu einem Qualitätsbegriff, der Bedarf an Speicherkapazität stieg ständig und allein vom IBM Werk Mainz wurden über 20 000 Einheiten dieses Produktes ausgeliefert.

Die Lösung des Kapazitätsproblems kam, wie schon angeführt, mit der Einführung der Dünnfilmtechnologie bei den Schreib-/Leseköpfen. Die erhebliche Steigerung der Datendichte ermöglichte bereits bei der IBM 3370 - einem Speicher für mittlere Systeme - eine Kapazität pro Laufwerk von 570 Megabytes. Beim Plattenspeicher IBM 3380, der seit 1982 geliefert wird, erreichte man dann 1 250 Megabytes, einen Wert, der 1985 nochmals auf 2 520 Megabytes verbessert werden konnte. Mit zwei Laufwerken hat die IBM 3380 Modell E eine Speicherkapazität von 5 Gigabytes. Bei entsprechender Konfiguration steht damit ein externer Online-Speicher zur Verfügung, der selbst für die sehr speicherintensiven Anwendungen der Großsysteme heute genügend Reserven bereitstellt. Ausgehend von der eingangs beschriebenen Gegenüberstellung des ersten Plattenspeichers IBM 350 mit der heutigen IBM 3380-E, haben wir damit die Entwicklung der Speichertechnologie von 1957 bis heute durchlaufen.

Kapazität pro Laufwerk
1957 bis 1985

IBM-Plattenspeicher-Type	350	1301	1311	2311	2314	3330 01	3350	3370	3380	3380 E
Erstauslieferung	1957	1962	1963	1964	1967	1971	1976	1979	1982	1985
Spurendichte Sp/mm	0.8	2.0	2.0	3.9	3.9	7.6	18.8	25	33	63
Bitdichte B/mm	3.9	20.5	40.4	43.3	87	159	253	477	600	600
Datendichte B/mm	3.1	40.3	80	169	340	1200	4800	11900	19800	37800
Übertragungsrate MB/s	0.008	0.007	0.007	0.151	0.312	0.806	1.2	1.86	3.0	3.0
Zugriffszeit ms	600	165	150	75	60	30	25	20	16	17
Kapazität pro Laufwerk MB	5	50	2.7	7.5	29.2	100	317	570	1260	2.520
Technologie S/I-Element	Mu-Metall				Ferrit			Dünnfilm		

Abb. 15. Technische Daten der IBM Plattenspeicher

6.3 Auswirkungen auf die Werke

Die beschriebene Technologie und ihre Entwicklung hatten natürlich auch wesentliche Auswirkungen auf die Produktionswerke.

Im Werk Berlin, jahrelang als Montagewerk für Schreibmaschinen bekannt, hat sich der Wandel zu einer Fertigungsstätte für Hochtechnologieprodukte vollzogen. Seit 1980 liefert das Werk Berlin Plattenspeicher an die IBM Gesellschaften in Europa und in den angrenzenden Gebieten.

Bedarfsentwicklung und technologische Veränderungen bei den Plattenspeichern haben bewirkt, daß sich das Werk Mainz von einem Montagewerk zu einem Technologiewerk entwickelt hat, das heute ausschließlich Magnetplatten, Schreib-/Leseköpfe und Laufwerke herstellt. Jährliche Investitionen von ca. 100 Mio DM in beiden Werken sind ein finanzielles Kriterium für die Dynamik dieser Technologie und ihrer Fertigungsprozesse.

Reinsträume und eine Vielzahl von aufwendigen Reinigungsprozessen sind wesentliche Voraussetzungen zur Sicherung der hohen Qualität unserer Produkte. Lange Durchlaufzeiten erfordern eine aussagefähige statistische Prozeßüberwachung, um Trends weg vom Soll rechtzeitig zu erkennen. Die Fertigung der Laufwerke muß mit größter Sorgfalt erfolgen; auch hier ist Qualität oberstes Gebot. Hochentwickelte Prüfverfahren und Qualitätssicherungssysteme, kontinuierlich fehlerfreie Leistungen unserer Lieferanten, die Einführung des Nullfehlerkonzeptes in allen Bereichen, nicht nur in der Fertigung, sondern in ganzen Geschäftsprozessen, eine völlig neue Einstellung zur Qualität als persönliches Leistungskriterium für alle helfen uns, das Ziel, höchste Zuverlässigkeit unserer Produkte für den Anwender, zu erreichen.

Wenn z.B. auf einer Speicherplatte mit optischer Zeichenerkennung, wie sie heute in modernen High-Fidelity-Musikanlagen verwendet werden, einige Speicher-Bits verloren gehen, so stört das den Musikgenuß auch bei einem Klavierkonzert mit hohem Anspruch kaum. Ein Bitverlust im Datenspeicher, möglicherweise noch bei einer Bank oder anderen kritischen Anwendungen, ist eine gefährliche Informationsverfälschung, die nicht vorkommen darf. Zuverlässigkeit entscheidet über die Auswahl der Speichertechnologie, Fertigungsqualität über den wirtschaftlichen Erfolg am Plattenspeichermarkt.

7.0 Ausblick

Durch den technologischen Fortschritt konnten die Plattenspeicher bisher den steigenden Kapazitätsbedarf der Informationssysteme in den letzten drei Jahrzehnten voll befriedigen. Wie sieht aber die Zukunft aus, welche Entwicklungen zeichnen sich ab?

Das Zeitalter der Informationsverarbeitung hat eben erst begonnen. Die Wachstumsrate des Speicherbedarfs wird anhalten, gleichzeitig werden die Kosten pro Megabyte weiter reduziert werden müssen. Für die Speichertechnik bedeutet dies Steigerung der Datendichte bei fallenden Herstellungskosten.

Für die externen Datenspeicher ist zunächst festzuhalten, daß die Plattenspeichertechnologie nach wie vor über erhebliche Potentiale für Leistungssteigerung verfügt. Das Beispiel der Dünnfilmtechnik bei den Schreib-/Leseköpfen belegt deutlich, was durch technologische Innovation - bei Beibehaltung des Grundkonzeptes - erreicht werden kann. Wie bei früheren Technologien, so wird auch hier die Weiterentwicklung neue Dimensionen erschließen. Ebenso bestehen für die Magnetplatte technologische Möglichkeiten, die in vollem Umfang bisher nicht realisiert sind.

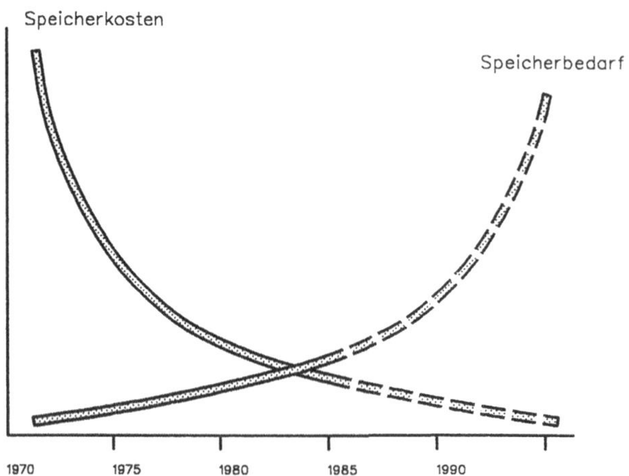

Abb. 16. Speicherbedarf - Speicherkosten

Daneben wird in den Forschungslaboratorien der IBM ständig an der Entwicklung neuer Technologien gearbeitet. Ob und wann eine grundsätzlich neue Technologie für die Datenspeicher zum Zuge kommt, wird davon abhängen, ob es gelingt, den Plattenspeicher im Hinblick auf die Sicherheit der Datenspeicherung und im Hinblick auf das Preis-/Leistungsverhältnis zu übertreffen.

Es ist daher sehr wahrscheinlich, daß auch in absehbarer Zukunft die drei Speichermedien: Halbleiter für Haupt- und Pufferspeicher, Magnetplatten für externe Datenspeicher, Magnetbänder für Archivspeicher die Speicherhierarchie beherrschen werden.

8.0 Schluß

Ein Vierteljahrhundert Plattenspeichertechnologie hat im Produktionsbereich der IBM Deutschland vielgestaltige Umwälzungen mit sich gebracht. Neue Wege haben sich aufgetan, neue Herausforderungen, um das unmöglich Erscheinende möglich zu machen. Wenn wir heute auf erfolgreiche 25 Jahre in dieser Technologie zurückblicken können, dann verdanken wir dies vor allem den Menschen, die an vielen Stellen so intensiv an diesem Erfolg gearbeitet haben. Wir sind zuversichtlich, mit ihnen auch die Herausforderungen der Zukunft zu meistern.

Literatur

Burton, P. E.,: "A Dictionary of Mini-Computing and Micro-Computing", Garland STPM Press N.Y., ISBN 0-8240-7263-4

Hoagland, A. S.,: "Digital Magnetic Recording", J. Wiley & Sons, New York, L. Congr. 63-22207, 1963

Jorgensen, F.,: "The Complete Handbook of Magnetic Recording", TAB Book Inc., ISBN 0-8306-1059-6

Mulvany, R. B.,: "Engineering Design of a Disk Storage Facility with Data Modules", IBM J. Res. Develop 18, S. 489-505, 1974

Smith, J. T.,: "Introduction to Magnetic Recording", IBM Technical Report, TR 44.0149

White, R. M.,: "Introduction to Magnetic Recording", IEEE (1985), ISBN 0-87942-184-3

Bohl, M.,: "Introduction to IBM Direct Access Storage Devices", Science Research Associates (SRA) Inc. Chicago, ISBN 0-574-21140-3

IBM Journal of Research and Development - Anniversary Issue, S. 661-723, IBM Corporation, ISSN 18-8646, 1981

IEEE Transaction on Magnetics, San Francisco, ISSN 0018-9464, 1981

IEEE Transaction on Magnetics, Ferrara, 1983

Patente

Church, M. A., "Integrated Magnetic Rec. Head Assembly", U.S. Pat. 4, 504, 880, 1985

Proebster, W. E., "Magnetic Thin Transducer" U.S. Pat. 3, 271, 751, 1966

Scranton, R. A., "Low Mass Actuator System", U.S. Pat. 4, 396, 966, 1983

Shen, "Rigid Magn. Rec. Media", U.S. Pat. 4, 536, 451, 1985

Solyst, E. R., "Multichannel Recording Head", U.S. Pat. 3, 579, 214, 1971

Produktentwicklung elektromechanischer Geräte im Entwicklungslaboratorium Böblingen der IBM Deutschland

Roland Beyer

Kurzfassung: Nach einem Rückblick auf die ersten elektromechanischen Entwicklungsaktivitäten in der IBM Deutschland GmbH konzentriert der Verfasser seine Ausführungen auf die Entwicklung von Datendruckern. Eine Übersicht aller Druckerentwicklungen der Böblinger IBM Laboratorien sowie eine Darstellung der wesentlichen Druckertechnologien dient der Einführung in dieses Gebiet. Danach werden die Schwerpunkte der Entwicklungsaktivitäten aufgezeigt und diskutiert. Beispiele erläutern die einzelnen Schwerpunkte und verdeutlichen die Beiträge der Druckerentwicklung zu der Gesamtleistung der Böblinger IBM Laboratorien. Ein Ausblick skizziert mögliche Entwicklungstrends der Zukunft.

1.0 Einleitung

Die Produktentwicklung elektromechanischer Geräte gehört zu den heutigen Aufgabenbereichen der Böblinger IBM Laboratorien. Doch schon lange vor der eigentlichen Gründung des Labors, bereits ein Jahr nach der Firmengründung im Jahre 1911, gab es entsprechende Entwicklungsaktivitäten in der damaligen Hollerith-Gesellschaft, wie ein erstes Patent aus diesem Jahr belegt.

Die Entwicklungsaufgaben bestanden in den Anfangsjahren in der Anpassung und Verbesserung von amerikanischen Maschinen für den deutschen Markt. 1934 begann die Entwicklung eigener Produkte, die 1936 mit der D11 Tabelliermaschine ihren ersten Höhepunkt fand. Diese

Maschine war eine bedeutende Verbesserung der amerikanischen Tabelliermaschine und die erste "programmkontrollierte" Maschine in Europa.

Eine wesentliche Ausweitung der Entwicklungsaktivitäten begann in den 50er Jahren mit der Konstruktion eines Kleinkartensystems. Es war der Vorläufer des später sehr erfolgreichen IBM Systems /3.

1964 wurde dem Bereich der mechanischen Entwicklung die Aufgabe übertragen, Ein- und Ausgabegeräte zum Anschluß an die im eigenen Hause entwickelten Rechnersysteme zu konstruieren.

Die Aufgabenstellung konzentrierte sich sehr bald auf die Entwicklung von Datendruckern, die auch Verwendung in verschiedenen anderen IBM Systemen fanden.

In meinen Ausführungen möchte ich die letzten zwei Jahrzehnte und aus diesem Zeitraum die Datendrucker diskutieren.

Abbildung 1 gibt einen Überblick über die wichtigsten Prinzipien industrieller Drucker und die Einordnung der Böblinger Entwicklungsaktivitäten.

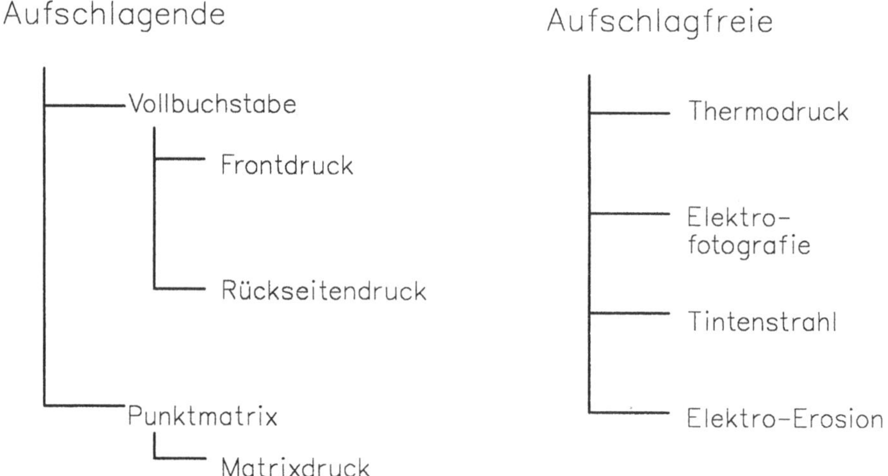

Abb. 1. Methoden des Datendruckens

Prinzipiell unterscheidet man danach in "aufschlagende" und "aufschlagfreie" Methoden, welche mit unterschiedlichen Verfahren bzw. Technologien verwirklicht werden.

Aufschlagdrucker arbeiten nahezu ausschließlich nach dem Elektromagnetprinzip und unterscheiden sich in der Art der Zeichendarstellung.

- *Vollbuchstabendruck* mit Aufschlag von vorn auf das Papier wie z.B. in Schreibmaschinen, Typenraddruckern und auch einem Produkt aus unserem Labor, dem IBM 2203 Drucker.

- *Vollbuchstabendruck* mit rückseitigem Aufschlag auf das Papier wie nahezu alle Zeilendrucker und eine ganze Reihe Böblinger Produkte: 5203, 3203, 3262, 4245.
- *Punktmatrix* mit Aufschlag von vorn auf das Papier wie in fast allen gebräuchlichen Matrixdruckern und wiederum einigen Böblinger Produkten: 3620, 3621, 4720.

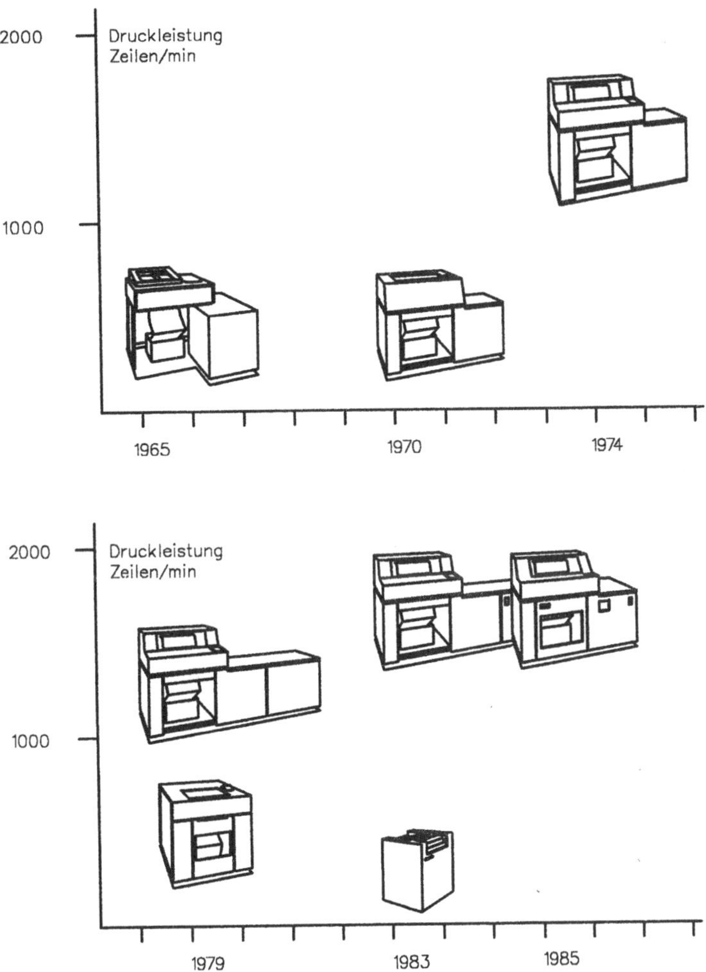

Abb. 2. Druckerentwicklungen der Böblinger IBM Laboratorien

Aufschlagfreie Drucker benutzen im wesentlichen vier unterschiedliche Technologien:

- Die *Thermodrucktechnologie.* Sie wird in kleinen preiswerten Tisch- und Taschenrechnern angewendet.
- Die *Elektrofotografie.* Dazu gehören auch die sogenannten Laserdrucker. Dies ist wohl die am weitesten verbreitete aufschlagfreie Technologie. Sie findet Anwendung in sehr schnellen Druckern mit Leistungen bis zu 15 000 Zeilen/min.
- Die *Tintenstrahltechnologie* erfreut sich vieler weltweiter Entwicklungsaktivitäten. Sie wird in Schreibmaschinen und seriellen Datendruckern angewendet. Das Böblinger Labor hat in den 50er und später in den 70er Jahren auch auf diesem Gebiet gearbeitet.
- Die *Elektroerosionstechnologie* findet heute vielfach Verwendung in preiswerten Tisch- und Taschenrechnern und in einer Weiterentwicklung mit wesentlich höherer Auflösung in einem industriellen Großprodukt aus unserem Labor, dem IBM 4250 Drucker.

Abbildung 2 zeigt eine Übersicht aller Druckerprodukte, die seit 1964 in unserem Böblinger Laboratorium entwickelt und ab 1965 an unsere Kunden ausgeliefert wurden.

Bis heute sind dies sechs verschiedene Maschinentypen mit 15 unterschiedlichen Modellen, von denen insgesamt 120 000 Maschinen weltweit in zehn Fabrikationsstätten produziert wurden.

Beginnend mit einer Druckerleistung von 350 Zeilen/min im Jahr 1965, entwickelte der Bereich der Druckerentwicklung seither Produkte der Aufschlagtechnologie bis hin zu 2 000 Zeilen/min. Darüber hinaus konnte eine neue, aufschlagfreie Technologie mit beträchtlichem Wachstumspotential erforscht und entwickelt werden.

Die jüngste Vergangenheit der Produktentwicklung elektromechanischer Geräte der Böblinger IBM Laboratorien ist durch folgende Arbeitsschwerpunkte gekennzeichnet:

- Optimierung und Weiterentwicklung erfolgreicher Technologien,
- Entwicklung und Anwendung neuer elektrischer und elektronischer Bauelemente und Technologien in mechanischen Produkten,
- Verbesserung der Produktzuverlässigkeit und der Wartungsfreundlichkeit,
- Entwicklung neuer Technologien.

Sie sollen im folgenden kurz diskutiert werden.

2.0 Schwerpunkte der Produktentwicklung

2.1 Optimierung und Weiterentwicklung bewährter Technologien

Bei der Weiterentwicklung bewährter Technologien wurde die Arbeitsmagnettechnologie verwendet und in zwei Konzepten für mehrere sehr erfolgreiche Druckerfamilien benutzt.

Die zum Drucken benötigte Energie wird hier durch Elektromagnete erzeugt und anschließend in mechanische Bewegung umgewandelt.

Die beiden verwendeten Konzepte unterscheiden sich im wesentlichen durch die Anzahl der benötigten aktiven Elemente, nämlich:

- das 1-Element-System mit kombiniertem Magnetanker und Druckhammer und daher sehr günstigen Herstellungskosten, aber einer Druckleistungslimitierung, die bei etwa 800 - 1 000 Zeilen/min liegt (Abb. 3)
- und dem 3-Element-System mit einer Trennung von Magnetanker und Druckhammer sowie einem zusätzlichen Verbindungsglied, dem Stössel (Abb. 4). Der Vorteil liegt hier bei der möglichen hohen Druckleistung bis zu etwa 4 000 Zeilen/min, allerdings zu höheren Herstellungskosten.

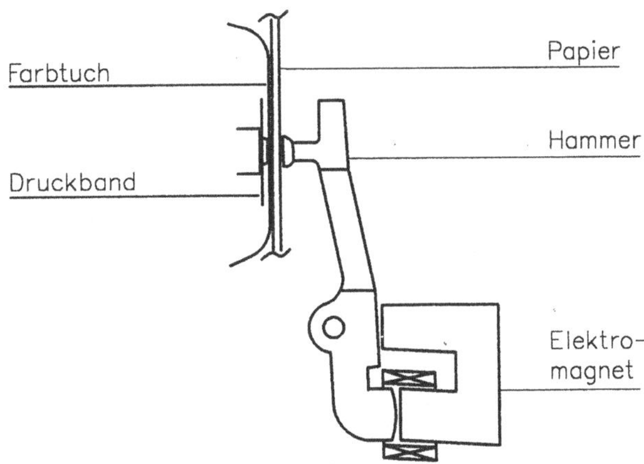

Abb. 3. 1-Element-Drucksystem

Für die Druckerfamilie IBM 3262 verwendeten wir das 1-Element-System und bei den Druckern IBM 3203 und 4245 das 3-Element-System.

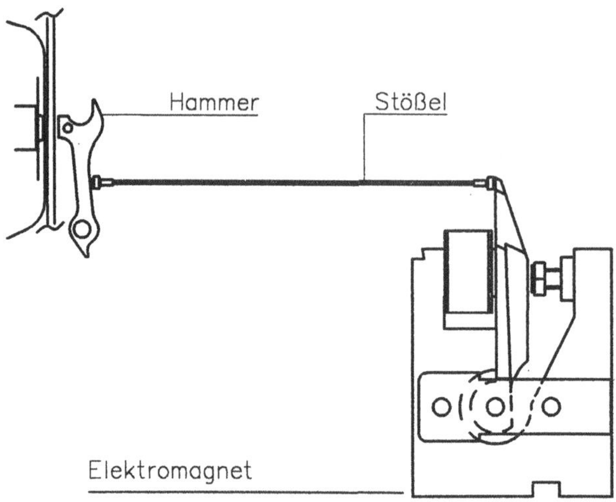

Abb. 4. 3-Element-Drucksystem

Zum letzteren einige technische Ausführungen: Die Technologie und das 3-Element-System wurden Anfang der 70er Jahre aufgenommen und daraus zwei neue Typen mit insgesamt acht Modellen entwickelt.

Unter Beibehaltung des Druckprinzips haben wir Technologie und Konstruktion vollständig überarbeitet und wesentliche Fortschritte erzielt:

- vereinfachter Aufbau mit beträchtlich verkleinertem Platzbedarf bei gleichzeitiger Integration der vorher externen Steuereinheit in den Drucker;
- entscheidende Senkung der Herstellungskosten und des Wartungsaufwandes;
- die Leistung wurde fast verdoppelt, sie stieg von 1100 Zeilen/min auf 2000 Zeilen/min (Abb. 5).

Erzielt wurden diese Verbesserungen unter anderem durch konsequente Anwendung moderner Technologien und Bauteile wie z.B. der Verwendung von:

- Schrittmotoren statt Hydraulik für den Papiertransport;
- transistorgesteuerter Gleichstrommotor anstelle eines Synchronmotors für den Druckbandantrieb;
- hochintegrierte Halbleiterbauelemente anstelle der 1960er Technologie mit diskreten Bauteilen;
- Mikroprozessoren anstelle festverdrahteter Logik, mit Anpassungsfähigkeit an Belastungsänderungen und

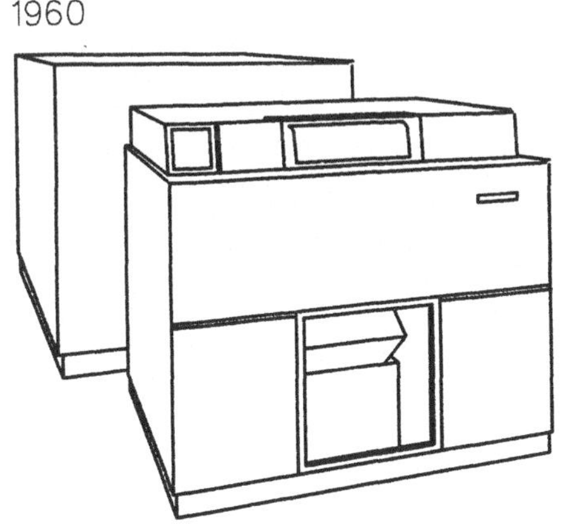

Abb. 5. Produkte der IBM 1403 Technologie

- Druckband anstatt Druckkette (s. Abb. 6 und 7). Die Druckkette besteht aus einzelnen, maschinell hergestellten Gliedern, die jeweils 3 Druckzeichen tragen und in einer Präzisionsführung mit Ölschmierung umlaufen. Im Gegensatz dazu wird das Druckband mit Hilfe eines Ätzverfahrens hergestellt und benutzt eine sehr einfache Führung. Diese Herstellungsmethode kam in unserer Firma zum erstenmal im IBM 5211 Drucker zur Anwendung und ist der spanabhebend gefertigten Druckkette kostenmäßig weit überlegen. Die Abstimmung von Material, Herstellungsverfahren und Anwendung markiert den erfolgreichen Abschluß eines mehrjährigen Entwicklungsprozesses.

Besonders erwähnenswert ist auch die Unterstützung der Konstrukteure durch moderne Analyseverfahren die mittels rechnerunterstützter Simulation und Auswertung von Meßwerten viele Erkenntnisse und Verbesserungen erst ermöglichten.

Beispielsweise variieren Druckhammerflugzeiten ohne Kompensation um mindestens 70 µsek, was bei einer Druckbandgeschwindigkeit von etwa 10 m/s einen Schriftversatz von 0,7 mm hervorrufen würde. Annehmbar ist jedoch nur eine Streuung von 10 µsec, die man durch den Einsatz von mikroprozessorgesteuerten Kompensationsalgorithmen erreicht. Dabei werden bis zu fünf Parameter berücksichtigt.

Abbildung 8 zeigt die Flugzeiten des Druckhammers vom Beginn des Magnetimpulses bis zum Aufschlag des Druckhammers auf das Papier und zwar in der Abszisse für alle Druckpositionen von 1 bis 132. Dazu in der Ordinate in µ-Sekunden die Flugzeiten als Durchschnittswerte, Maxima, Minima und die Stadardabweichung. Der Nullpunkt ist hier

Abb. 6. IBM Druckkette

Abb. 7. IBM Druckband

unterdrückt. Die Meßwerte werden mit einem Rockwell-Gerät AIM 65 aufgezeichnet und mit einem IBM PC ausgewertet und grafisch darstellt.

Darstellbar ist auch die Flugzeitstreuung einer Druckposition mit allen wesentlichen Parametern. Änderungen der Werte aufgrund von Schwankungen in der Versorgungsspannung, Temperatur und Impulslänge sowie Beeinflussungen durch magnetisches Übersprechen oder

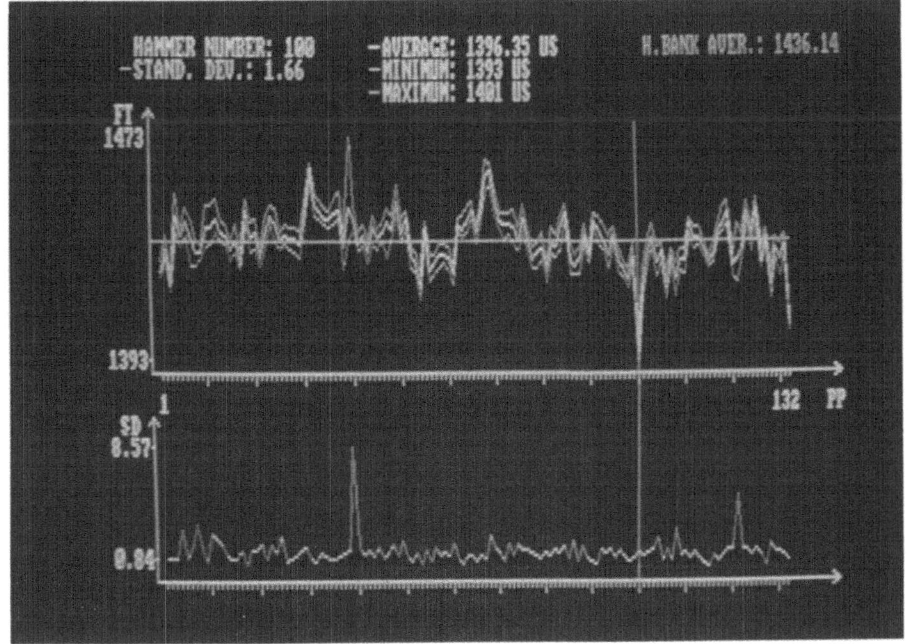

Abb. 8. Meßwerte von Druckhammerflugzeiten

mechanische Schwingungen lassen sich sofort ermitteln, und entsprechende Algorithmen für eine dynamische Kompensation können so optimiert werden.

Auch für die Gleichlaufanalyse des Druckbandantriebs (Abb. 9) entwickelten wir ein spezielles Analyseverfahren. Es bestimmt mit Hilfe der Fouriertransformation Störungen nach Amplitude und Frequenz. Hierbei werden die Abstände der Druckbuchstaben auf dem Druckband gemessen und über mehrere Umläufe des Druckbandes aufgezeichnet und Abweichungen vom Sollwert sowie die Frequenzen aus diesen Zeitwerten ermittelt. Die Amplitude und die Lage im Frequenzspektrum während des Druckens lassen auf mögliche korrigierbare Störungen schließen.

Mit Hilfe solcher Werkzeuge erzielten wir sowohl beträchtliche Verkürzungen der Entwicklungszeit als auch entscheidende Produktverbesserungen.

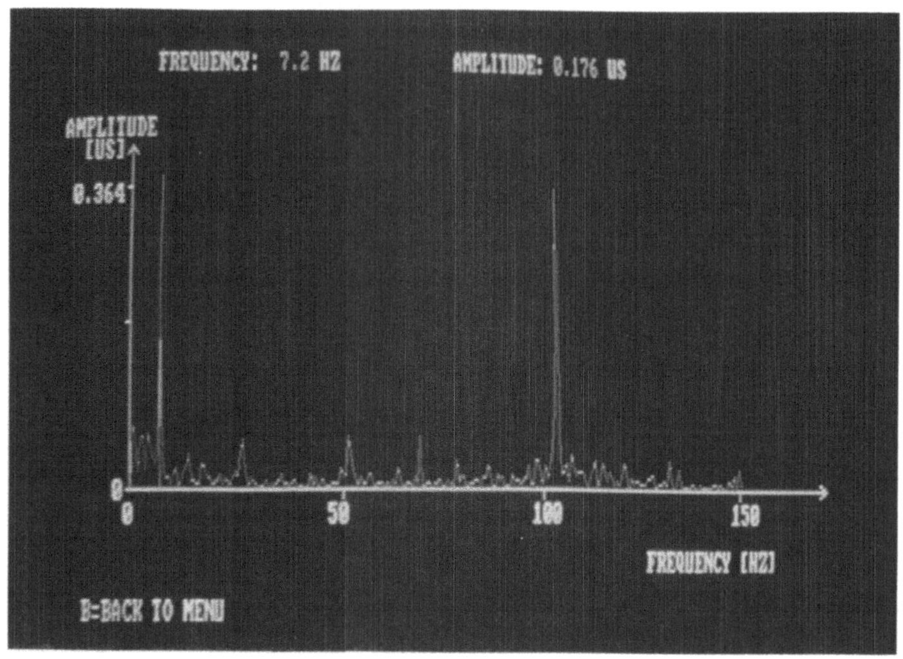

Abb. 9. Gleichlaufanalyse eines Druckbandantriebes

2.2 Entwicklung und Anwendung neuer elektrischer/elektronischer Bauelemente und Technologien

Die beschriebenen Fortschritte auf dem Gebiet der Datendrucker waren ganz wesentlich durch die konsequente Anwendung der modernen Elektronik und Elektrotechnik beeinflußt.

Sie beginnen bei der Umstellung der Stromversorgung von Transformatoren auf transistorgesteuerte Wandler mit verbesserter Regelung bei gleichzeitiger entscheidender Verbesserung des Wirkungsgrades und damit verbundener Senkung des Kühlaufwandes, des Platzbedarfs und der Kosten.

Für die Steuerung und Kontrolle des Druckers selbst haben wir moderne, hochintegrierte Halbleitertechnologien verwendet oder entwickelt, wie z.B. ein Spezialmodul zur Druckmagnetkontrolle, das gemeinsam mit dem IBM Laboratorium in Essonnes/Frankreich entwickelt wurde und 1979 das erste seiner Art in dieser FET-Technologie in der IBM war.

Ein weiterer wesentlicher Fortschritt konnte mit der Entwicklung einer vollständigen Mikroprogrammsteuerung für den IBM 4245 Drucker erzielt werden.

Kernstück jeder Steuerung ist die Druckhammerlogik, die mit Mikrosekundengenauigkeit die entsprechende Druckposition zum Anschlag bringt. Dabei wird die Position des Druckzeichens auf dem Druckband elektronisch im Rechner abgebildet und gegen die zu druckende Zeile verglichen. Sind Druckband und Zeile an einer Druckposition gleich, so wird für diese Position der Druckbefehl ausgelöst.

Früher wurde dieses Konzept wegen der erforderlichen hohen Druckgenauigkeit in allen Zeilendruckern in gleicher Weise, d.h. in festverdrahteter Logik, ausgeführt. Ein Konzept, das zwar effektiv aber auch teuer und inflexibel ist.

Die mikroprogrammierte Steuerung, die in Böblingen von der Druckerentwicklung konzipiert und verwirklicht wurde, vermeidet diese Nachteile und kann darüber hinaus als eine "universelle Steuereinheit für komplexe Abläufe mit großer Flexibilität" angesehen werden.

Prinzipiell wird bei dieser Druckersteuerung vor dem eigentlichen Druckvorgang der Druckbefehl durch einen Mikroprozessor in einzelne Zeitelemente mit zugehöriger Adresse zerlegt und berechnet (Abb. 10).

Nach einem Sortiervorgang wird diese Information in einen FIFO-Speicher (First In, First Out) geladen. Die von dem Druckband übermittelten synchronisierten Zeitimpulse werden nun mit diesen Zeitelementen verglichen und lösen bei Übereinstimmung den entsprechenden Befehl aus. Die Umsetzung des Prinzips ist in der Praxis um einiges komplexer und erfordert etwa 35 000 Bytes Mikrocode sowie einige Mikroprozessoren für die unterschiedlichen Aufgaben. Die hier skizzierten Elemente wurden als eine vollständige "Echtzeit" Steuerung mit etwa 10 000 Schaltkreisen auf einem Chip bzw. in einem Modul untergebracht und mit unserem Schwesterlaboratorium in Essonnes (Frankreich) in "CFET"-Technologie realisiert (Abb. 11).

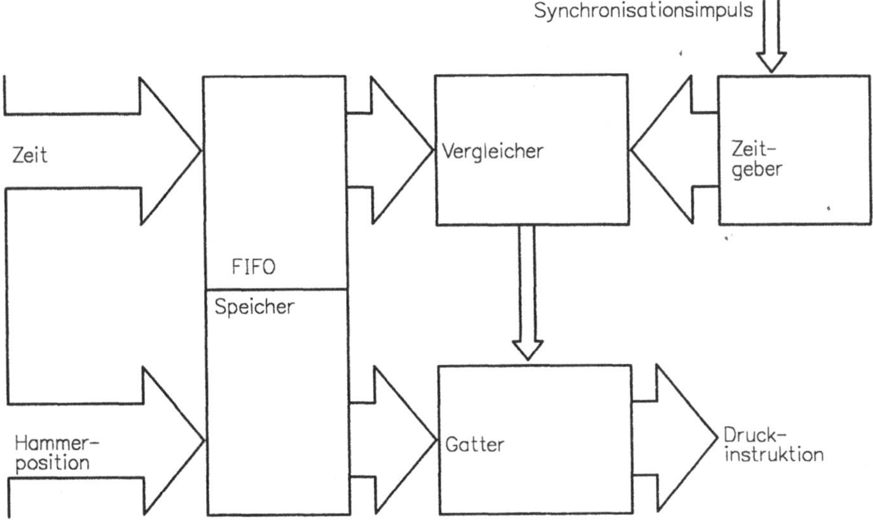

Abb. 10. Prinzip einer mikroprogrammierten Steuerung

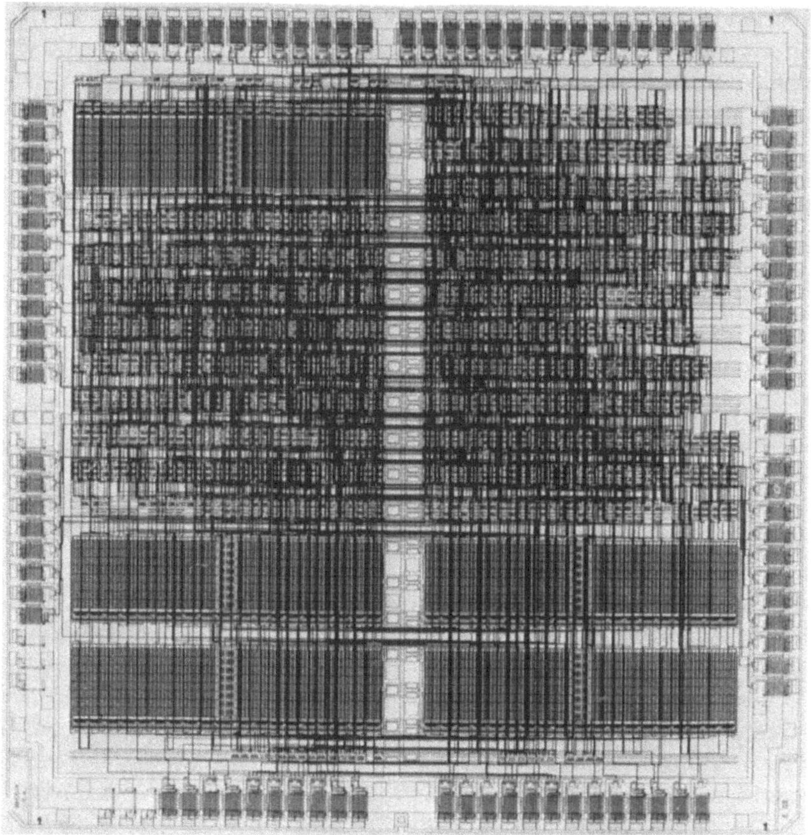

Abb. 11. Darstellung der oberen Schaltkreis- und Verdrahtungsebene des CFET-Chips

Mit dieser neuartigen Steuerung werden in den 4245 Druckern heute fünf verschiedene Druckbandgeschwindigkeiten, zwei unterschiedliche Papiervorschubgeschwindigkeiten und zwei Druckbandteilungen betrieben. Der technologische Übergang von Geräten auf der Basis mechanischer Präzision zu solchen mit mikroprogrammgesteuerter Regeltechnik war vollzogen. Die Möglichkeiten dieser Steuerung sind bei weitem noch nicht ausgeschöpft.

Denkbar sind Fortschritte wie zum Beispiel:

- auf dem Druckband unterschiedliche Teilungen je nach Zeichenbreite, um damit ein Druckbild ähnlich dem Buchdruck zu erzielen, auch wenn die abgebildeten Zeichen selbst nicht Buchdruckqualität erreichen können;
- unterschiedliche Druckenergie abhängig vom zu druckenden Zeichen;
- vollautomatische Kontrolle und Korrektur der Flugzeit aller Druckhämmer und vieles mehr.

Die im Vergleich zur Kopiertechnologie sehr zuverlässige, berechenbare und kostengünstige Mechanik kann sich mit der Ausnutzung dieser Möglichkeiten durchaus weitere Anwendungen erschließen.

2.3 Verbesserung der Produktzuverlässigkeit und der Wartungsfreundlichkeit

Der Einsatz von Datenverarbeitungsanlagen erfordert eine hohe Zuverlässigkeit des gesamten Systems, da jeder Ausfall beträchtliche Betriebsstörungen beim Benutzer verursachen kann.

Wir haben dieser Herausforderung größte Aufmerksamkeit gewidmet und seit vielen Jahren neue Geräte, stets mit verbesserter Zuverlässigkeit und verringertem Wartungsaufwand, auf den Markt gebracht.

Dem Bereich der Elektromechanik kommt dabei eine besondere Bedeutung zu. Hier stellen Verschleiß und Verschmutzung immer noch wesentliche Störgrößen dar. Fortschritte auf dem Gebiet der Elektronik können nicht ohne weiteres nachvollzogen werden. Trotzdem ist es gelungen, auch hier spürbare Fortschritte zu erzielen, wie Abb. 12 zeigt.

Seit 1970 sind die Ausfälle pro Maschine und pro Zeiteinheit auf ca. 15% des ursprünglichen Wertes reduziert worden, bezogen auf eine normierte monatliche Druckleistung.

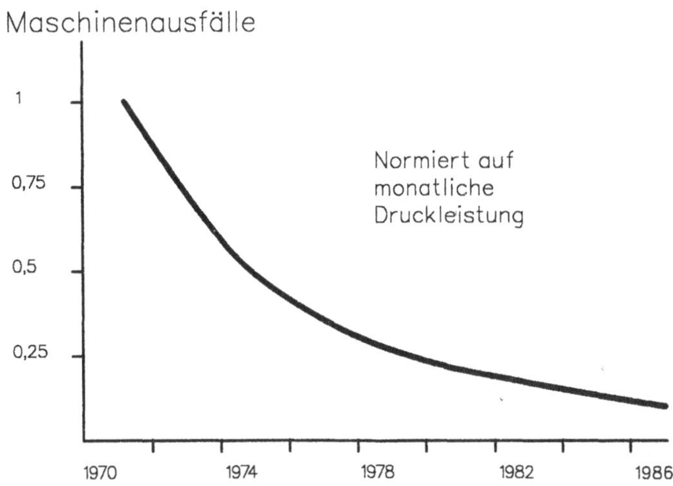

Abb. 12. Verbesserung der Zuverlässigkeit

Hauptkomponenten dieser Fortschritte waren:

- ein neues, verbessertes Wartungskonzept mit rechnerunterstützter Analyse;

- Verminderung der Maschinenausfälle und vorbeugende Wartung durch automatische, kontinuierliche Reinigung der Druckkette bzw. des Druckbandes;
- Einsatz besserer, zuverlässigerer Antriebselemente wie Schrittmotoren gegenüber Hydraulik;
- Benutzung neuester elektronischer Technologien für Arbeitselemente und Logik einschließlich mikroprozessorgesteuerten Antrieben mit adaptivem Verhalten;
- Integration von Drucker und Kontrolleinheit bei konsequenter Anwendung aller Möglichkeiten des Rechners, wie z.B. das Abspeichern von Fehlern oder spezielle Analyseprogramme.

2.4 Entwicklung neuer Technologien

Neben der reinen Produktentwicklung werden in der Böblinger Druckerentwicklung auch die Erprobung und Analyse neuer technischer Möglichkeiten vorangetrieben.

Dazu gehören unter anderem auch die eingangs erwähnten Aktivitäten auf dem Gebiet des Tintenstrahldruckers sowie Magnetostriktionsversuche und vieles andere mehr.

Zwei neue, selbstentwickelte Technologien konnten wir in unseren Produkten einsetzen.

Das ist zunächst ein Drucker in "aufschlagender Technologie". Er verwendet ein Druckwerk, das nach dem "Ruhemagnet"- Prinzip arbeitet (Abb. 13).

Hierbei werden alle Druckhämmer, die zugleich auch den Magnetanker bilden, in der Ausgangslage durch eine Haltespule angezogen. Mittels einer mechanischen, nockengesteuerten Rückstellschwinge werden alle Magnete einschließlich der Druckhämmer in ihre Arbeitsposition gebracht. Dabei wird in den Blattfedern der Druckhammerlagerung die Druckenergie gespeichert. Zum Drucken erzeugt eine zusätzliche Spule an der entsprechenden Druckposition einen gegensätzlichen Magnetfluß, so daß der Anker und Hammer ausgelöst wird. Nach erfolgtem Druck wird durch den oberhalb der Druckhämmer angebrachten Dämpfer die restliche Bewegungsenergie absorbiert.

Neben dieser in den Jahren 1963/64 neuartigen Technologie wurden ebenfalls einige neue Herstellungsmethoden angewendet und mit großem Erfolg auch in unserem Werk in Sindelfingen eingeführt. Von dort aus nahmen sie ihren Weg in unsere Schwesterfabriken in USA und Frankreich.

Dazu gehören:

- das Elektronenstrahlverschweißen der Blattfedern mit dem Druckhammer und dem Sockel,

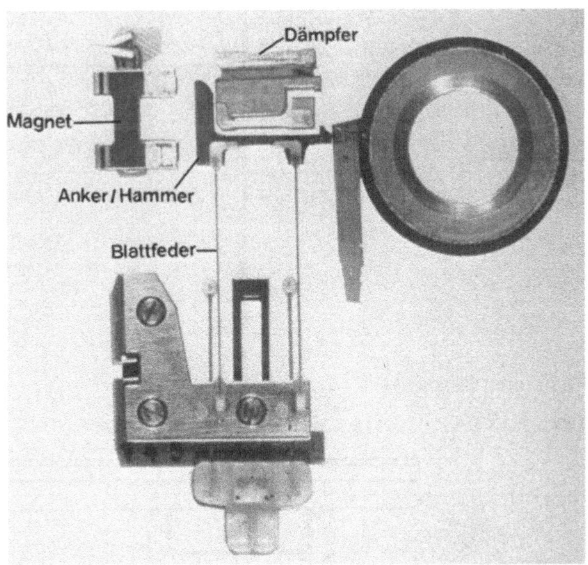

Abb. 13. Druckmechanismus des IBM 2203 Druckers

- die Einbettung der Federn in den Kunststoff Delrin zur Reduktion von Biegespannungskonzentrationen,
- Sockel und Hämmer sind mittels Schabeschnitt hergestellt. Dieser erzeugt saubere, rechtwinklige Schnitte und macht keine weitere Bearbeitung notwendig.

Mit diesem neuartigen Druckprinzip wurde 1965 eine Steigerung der Druckleistung von 240 Zeilen/min um 50% erreicht und dem ersten Rechnersystem aus unserem Böblinger Laboratorium, der IBM /360-20, ein leistungsfähiger und preisgünstiger Schnelldrucker zur Verfügung gestellt.

Eine Neuentwicklung der letzten Jahre ist der Elektroerosionsdrucker vom Typ IBM 4250. Dieses Ausgabegerät verwendet eine "aufschlagfreie" Technologie und ist ein Rasterpunktdrucker mit sehr hoher Auflösung.

Zur Ausgabe wird ein Medium benutzt, das im Prinzip seit vielen Jahren in Metallpapierkondensatoren Verwendung findet. Dabei bildet Papier das Basismaterial, auf das zunächst eine schwarze Kontrastschicht aufgebracht wird. Diese wird mit einer sehr dünnen Aluminiumschicht abgedeckt.

In enger industrieller Zusammenarbeit mit einem Hersteller gelang es, dieses Medium in Deutschland zu entwickeln und optimal auf die Anforderungen des Druckers abzustimmen.

Bei der eigentlichen Druckerentwicklung ging es darum, ein "Druckverfahren" zu entwickeln, das in der Lage ist, sogenannte "nicht codierte Informationen" mit sehr hoher Auflösung zu verarbeiten. Der IBM 4250 Drucker verwendet dafür die Technologie der Elektroerosion (Abb. 14), d.h. mittels eines kontrollierten Stromes wird die auf dem Papier aufge-

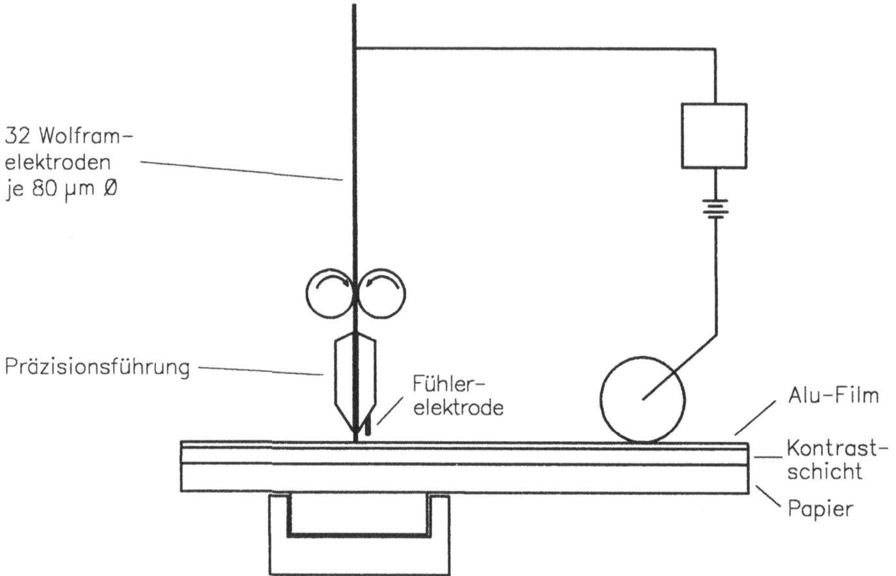

Abb. 14. Funktionsprinzip IBM 4250

brachte Aluminiumschicht punktförmig verdampft bzw. erodiert. Damit wird die darunterliegende Kontrastschicht sichtbar, wobei die Anordnung der so erzeugten Punkte die lesbare Information darstellt.

Der Druckkopf ist mit 32 Elektroden bestückt. Er bewegt sich beim Schreiben seitlich mit konstanter Geschwindigkeit und mit sehr geringem Druck über die Aluminiumoberfläche des Papiers, was neben dem Schreibvorgang zu einer leichten Abnutzung der Elektroden führt. Eine Abfühlelektrode prüft fortlaufend die Länge der Elektroden und sorgt für deren automatische Nachführung.

Ein Rechner übermittelt die zu druckenden Informationen an den Drucker. Dazu werden spezielle Anwendungsprogramme verwendet, welche ebenfalls in Böblingen mit Unterstützung des Bereichs der Programmierung entwickelt wurden. Unseren Kunden steht eine umfangreiche Schriftenbibliothek mit insgesamt 30 Schriftarten und etwa 400 000 unterschiedlichen Schriftzeichen zur Verfügung einschließlich eines Zeichensatzes mit mathematischen Symbolen. Der IBM 4250 Drucker wurde für den Einsatz im Druckgewerbe entwickelt und dient zur Erstellung von reprokamerafertigen Druckvorlagen für den späteren Offsetdruck. Dabei werden Text, Graphiken und Halbtonbilder verarbeitet. Die heute noch übliche Klebetechnik kann entfallen.

Mit dieser Technologie wird eine sehr kostengünstige, interaktive und umweltfreundliche Alternative zur heute üblichen Photosatztechnologie angeboten. Im Vergleich zum traditionellen Prozeß der Herstellung von Offset-Druckplatten können mit diesem Gerät einige wesentliche Schritte eingespart werden. Außerdem besitzt die Technologie ein erhebliches

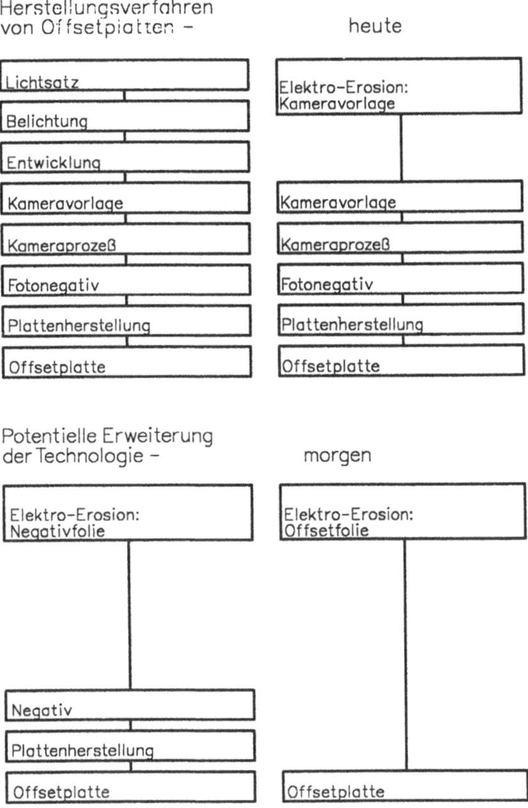

Abb. 15. Herstellung von Offset-Platten

Potential für Weiterentwicklungen, wie z.B. die direkte Erzeugung des Negativs und sogar der Druckplatte selbst (Abb. 15).

Die weltweite Fachvereinigung des Druckgewerbes, Graphic Arts Technical Foundation, hat 1984 der IBM für die Entwicklung dieser neuartigen Technologie den "Intertech-Preis" verliehen, eine Auszeichnung für bahnbrechende Produktentwicklungen und Verfahren auf dem Gebiet des Druckgewerbes.

3.0 Ausblick

Der Informationsbedarf steigt weiter an. Das gilt für den kommerziellen und wissenschaftlichen Bereich ebenso wie für Behörden und Private. Vieles wird dabei über Datensichtgeräte erarbeitet und bearbeitet.

Jedoch wird die Datenausgabe in gedruckter Form sicher ebenfalls zunehmen.

Hier wird es auch in Zukunft für Drucker zahlreiche und vielfältige Anwendungen geben. Dazu gehören Mehrfachkopien, optische Belegverarbeitung bei Banken, Behörden und im Zahlungsverkehr ebenso wie Balkenkodierung beim Handel und im Postverkehr.

Abzusehen ist eine Zunahme von "Mischanwendungen" wie Integration von Text, Graphiken und bildlichen Darstellungen in schwarzweiß und in Farbe.

Alles dieses wird weiterhin Druckern vielfältigster Leistungsmerkmale gute Marktchancen bieten: aufschlagenden und aufschlagfreien Druckern und Kopierern.

Mit Sicherheit kann davon ausgegangen werden, daß die Ansprüche an Druckqualität, Produktzuverlässigkeit und Preiswürdigkeit immer höheren Anforderungen genügen müssen.

Vergleicht man die Zukunftsaussichten der beiden heutigen Haupttechnologien, so kommt man zu folgender Überlegung:

Aufschlagfreie Drucker sind schnell. Sie sind aber auch komplex, relativ teuer und im Vergleich zu aufschlagenden Druckern weniger zuverlässig. Sie werden sich in der Preis-/Leistungskurve schnell positiv verändern.

Aufschlagende Drucker sind nicht so schnell. Aber sie sind kostengünstiger und zuverlässiger. Unter anderem, bedingt durch konsequenten Einsatz moderner Elektronik, gibt es immer noch eine deutliche Verbesserung des Preis-/Leistungsverhältnisses von einer Produktgeneration zur anderen.

Dies bedeutet: Auch hier sind weitere Fortschritte zu erwarten.

Die Druckerentwicklung der IBM und damit auch die der Böblinger Laboratorien arbeitet an Entwicklungen auf beiden technologischen Gebieten.

In der jüngeren Vergangenheit haben wir es verstanden, durch geschicktes Kombinieren von *technisch Machbarem, technisch Sinnvollem und wirtschaftlich Zweckmäßigem* erfolgreiche Produkte zu entwickeln. Das Ziel ist auch in Zukunft, unseren Kunden technisch und wirtschaftlich hervorragende Produkte zur Verfügung zu stellen.

Mein besonderer Dank gilt:

Herrn G. Bührmann aus Stuttgart. Er hat die Böblinger Druckerentwicklung 18 Jahre lang in leitender Funktion entscheidend geprägt. Am Manuskript dieses Vortrages hat er ebenfalls intensiv mitgearbeitet.

Fräulein U. Lutz für die Verwandlung handschriftlicher Notizen und kryptischer Korrekturen in einen ordentlichen Text.

Allen Mitarbeiterinnen und Mitarbeitern der Böblinger Druckerentwicklung. Mit ihrer erfolgreichen Arbeit haben sie in vielen Jahren die

Grundlage gelegt für einen blühenden Geschäftszweig der IBM Deutschland, der hier nur kurz skizziert werden konnte.

Hinweis:
Alle graphischen Darstellungen in diesem Referat wurden mit Hilfe von CADAM ®* (Computer Graphics Augmented Design and Manufacturing System) und IPG (Interactive Presentation Graphics) erstellt. IPG ermöglicht die Mischung von Grafiken und Text und benutzt in unserer Anwendung eine IBM 4250 zur Erstellung von reproduktionsreifen (camera-ready) Vorlagen. IPG bietet zudem die Möglichkeit, Dias direkt aus dem Rechner zu erstellen. Ein Spezialprogramm erweitert die IPG-Daten einschließlich der Farbinformation und überträgt diese mit einer Auflösung von 2 500 Punkten/mm^2 auf einen Diafilm. Nach dessen Entwicklung stehen die Dias sofort zur Verfügung.

Literatur

Beauclair De, W.,: 'Rechnen mit Maschinen' Buchausgabe Spruth, W.G./Bahr, J., 'Printing Technologies' Computer and Graphics, Vol. 7/Nr.I/1983

Blume, P.,: 'Grundlagen des Druckvorganges bei mechanischen Schnelldruckern' Feinwerktechnik + Micronic, Heft 4/1972

Dietz, J., Reichl, H.,: 'Leistungsgrenzen mechanischer Schnelldrucker' Feinwektechnik + Messtechnik, Heft 1/1976

Glossmann, M.,: 'Medium Speed Printers are on the way up - but the "ideal" is not here yet' Electronic Design, 10/25/1975

Greenblott, B.J.,: 'A Development Study of a Print Mechanism of the IBM 1403 Chain Printer' Computing Devices AIEE, Nr. CP-62-381, 2/1962

Heider, U.,: 'Anmeldungen zur Auslegung Elektromagnetischer Drucksysteme' Feinwerktechnik + Messtechnik, Heft 2/1980

Hendriks, F.,: 'Bounce and Chaotic Motion in Impact Print Hammers' IBM Journal of Research and Development, 3/1983, Heft 3

Hosken, J .C.,: 'Survey of Mechanical Printers' Joint AIEE-IRE-ACM Computer Conference, 3/1953

Loibl, D.,: 'Anschlagstärke von Schnelldruckern' Veröffentlichung I/1981, des Bundesverbandes Druck e.V.

Nickel, T.Y., Kania ,F.J.,: 'Printer Technology in IBM' IBM Journal of Research and Development, 9/1981

Turini, G.,: 'Funktion und Technologie der Typenkette für einen Schnelldrucker' Feinwerktechnik + Messtechnik, Heft 1/1976

Wieselmann, I.L.,: 'Trends in Compunter Printer Technology' Computer Design, I/1979

* CADAM is a registerd trademark of CADAM Inc.

Produktion im Wandel

Gert H. Müller

Kurzfassung: Die Produkte der Informationstechnologie und mit ihnen auch die Produktionsmethoden, -verfahren und -mittel haben in den letzten Jahrzehnten dramatische Veränderungen erfahren. Nicht zuletzt sind diese Veränderungen durch den konsequenten Einsatz der Datenverarbeitung ausgelöst und ermöglicht worden.

Dieser Beitrag zeigt in seinem ersten Teil die Stellung der Produktion innerhalb der IBM Organisation und die Veränderungen im Produktionsbereich der IBM Deutschland seit dessen Bestehen. Im zweiten Teil wird am Beispiel eines spezifischen Produktes (IBM 4361 / MLC-Mehrschichtkeramik) die Notwendigkeit der computerunterstützten Produktion dargestellt. Der dritte und letzte Teil gibt einen Ausblick in die Informationsverarbeitung der Produktion im Zeitalter der computerintegrierten Fertigung.

1.0 Zielsetzung

Die Fertigung der IBM wird entscheidend bestimmt durch weltweit einheitliche Produkte, durch konsequente Nutzung der Datenverarbeitung für Entwicklung, Produktion, Qualitätssicherung und Logistik sowie durch die enge Zusammenarbeit mit einer Vielzahl externer Partner.

Bestellt nun der Kunde ein auf seine spezifischen Problemstellungen zugeschnittenes System von Hardware und Software, erwartet er neben den bei Abschluß des Vertrages vereinbarten Konditionen ein Produkt, das seinen hohen Qualitätserwartungen entspricht: Das System muß mit geringem Aufwand installierbar sein, und es muß sich durch große Zuverlässigkeit im Betrieb auszeichnen. Außerdem setzt der Kunde eine zuverlässige und schnelle Wartung seiner Anlagen voraus sowie die Möglichkeit der Modifikation aufgrund von technischen Verbesserungen oder Zusatzwünschen, um Qualität und Flexibilität zu erhöhen.

Aus diesen Forderungen unserer Kunden lassen sich die Ziele unserer Produktion ableiten: Sicherung der Qualität, Minimierung der Herstellungskosten, Einhaltung der Termine und Sicherstellung der Versorgung mit Wartungsteilen.

2.0 Die regionale Arbeitsteilung der Produktion

Während Entwicklung und Forschung der IBM eine weltweite Arbeitsteilung praktizieren, um durch internationale Zusammenarbeit und Aufgabenteilung die Entwicklungskapazitäten optimal zu nutzen, und während der Vertrieb, die Verwaltung und die Wartung unserer Anlagen rein national organisiert sind, löst die Produktion ihre Aufgaben im regionalen Verbund.

Was verstehen wir unter dieser regionalen Arbeitsteilung? Aufgrund der geographischen Gegebenheiten haben wir unsere Fertigungsorganisation und damit die Zuständigkeit und Verantwortung für die Versorgung unserer Kunden in drei Regionen gegliedert:

Der *amerikanische* Markt wird durch 18 Werke in den USA beliefert: Kanada, Mittel- und Südamerika und der Ferne Osten decken den eigenen Bedarf weitgehend durch 8 Fabriken in Kanada, Mexiko, Brasilien, Argentinien und Japan. Die IBM Europa mit Sitz in Paris koordiniert die Versorgung aller Kunden in Europa, dem Nahen Osten und in Afrika (Abb. 1).

Zum *europäischen* Produktionsverbund mit derzeit 31 000 Beschäftigten gehören 15 Werke in England, Frankreich, Holland, Italien, Schweden, Spanien und Deutschland (Abb. 2).

Zum *deutschen* Produktionsbereich gehören vier Werke in Sindelfingen, Mainz, Hannover und Berlin mit insgesamt 11 000 Beschäftigten.

Das europäische Produktionsvolumen ist unter den 15 Werken so aufgeteilt, daß jedes Endprodukt und jede Technologie jeweils nur an einer Stelle gefertigt wird. Die einzelnen Fabriken liefern ihre Erzeugnisse entweder an das jeweilige weiterverarbeitende Schwesterwerk oder als Endprodukte an die verschiedenen nationalen IBM Gesellschaften.

Die regionale Arbeitsteilung wurde in Europa Mitte der 50er Jahre eingeführt, denn erst nach der Schaffung des gemeinsamen europäischen

Abb. 1. Regionale Zuständigkeit

Marktes war es wirtschaftlich, Teile, Baugruppen und Maschinen zwischen den einzelnen Ländern auszutauschen. Von diesem Zeitpunkt an überwogen die Vorteile der Produktkonzentration an einer Stelle die Nachteile des Versandes über die Ländergrenzen hinweg. Vor der Gründung der Europäischen Wirtschaftsgemeinschaft fertigte jedes größere Land das gesamte Produktspektrum für seinen eigenen Bedarf mit dem Nachteil kleinerer Stückzahlen, mehrfacher Investitionen und damit hoher Herstellungskosten.

Heute fertigen wir in Europa etwa 95 % aller Produkte, die wir unseren Kunden anbieten. Das sind rund 370 verschiedene Maschinentypen in rund 2 300 Modellvarianten, wobei der Kunde zwischen ca. 14 000 verschiedenen Zusatzeinrichtungen wählen kann.

3.0 Die Verteilung der Produktionsaufgaben auf die einzelnen Werke

Bei der Verteilung der Produktionsaufgaben auf die einzelnen Werke werden in erster Linie die verfügbaren Ressourcen berücksichtigt. Da

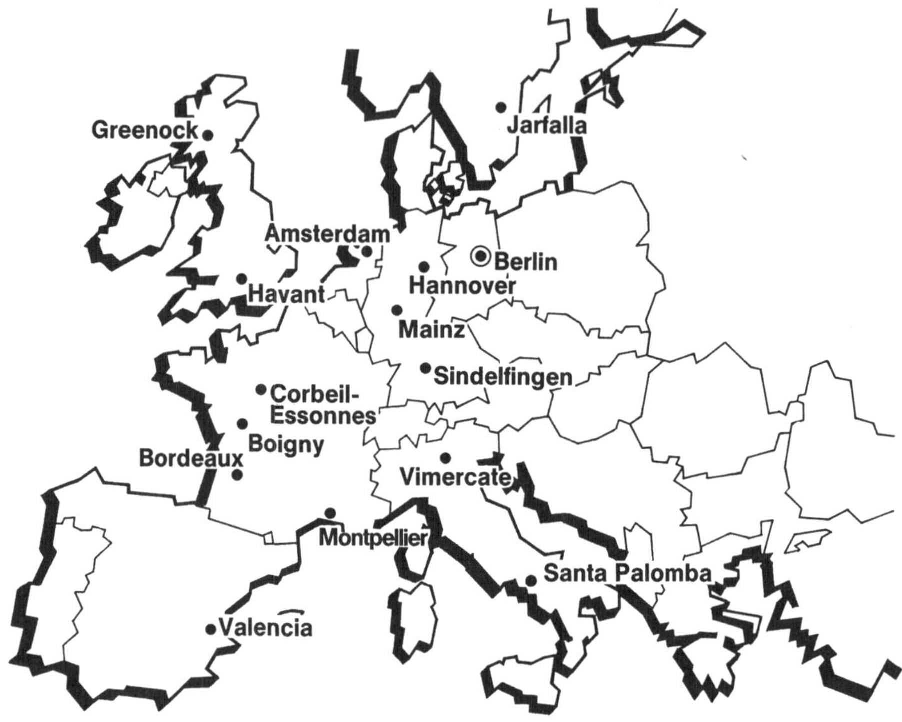

Abb. 2. IBM Europa - 15 Werke

unser Unternehmen die Vollbeschäftigung aller Mitarbeiter praktiziert, das heißt, auch in Zeiten rückläufiger Konjunktur keine Mitarbeiter entläßt, hat die Auslastung vorhandener Arbeitskräfte absolute Priorität.

Erst wenn die Vollbeschäftigung aller Werke sichergestellt ist, kommt das zweite Kriterium zum Tragen: der Anteil der lokalen Wertschöpfung am lokalen Umsatz. Unser Unternehmen bemüht sich seit Einführung der regionalen Arbeitsteilung, seinen Beitrag zu einer ausgeglichenen Handelsbilanz zu leisten, indem es in den Ländern mit eigener Produktion unter Einbeziehung der von heimischen Lieferanten bezogenen Waren und Dienstleistungen ein ausgewogenes Verhältnis von Importen und Exporten sicherstellt. Wenn also alle Werke gleichermaßen gut beschäftigt sind und für neue Produkte oder Prozesse zusätzliche Mitarbeiter eingestellt werden müssen, erhält das Land den Zuschlag, das eine zu geringe lokale Wertschöpfung gemessen am eigenen Umsatz hat.

Wenn beide vorher geschilderten Voraussetzungen für mehrere Fabriken oder Länder zutreffen, werden neue Produkte nach den voraussichtlich günstigsten Herstellungskosten vergeben. Hier ist Deutschland im europäischen Verbund durch seine hohen Lohn- und Sozialkosten sowie seine niedrige Arbeitszeit besonders aufgerufen, durch eine verbesserte Produktivität einen Wettbewerbsnachteil auszugleichen.

Der Vollständigkeit halber sollte noch ein drittes Kriterium erwähnt werden, das gleichermaßen signifikant ist für die Art und Weise, wie unser Unternehmen weltweit operiert: die Werksgröße. Im Gegensatz zu vielen anderen Unternehmungen mit gleicher oder ähnlicher Fertigungsstruktur sind wir der Meinung, daß die optimale Größe eines Werkes im Hinblick auf Überschaubarkeit und Betreuung der einzelnen Mitarbeiter zwischen 3 000 und 5 000 Beschäftigten liegt. Wird diese Werksgröße erreicht oder längerfristig überschritten, so wird eine neue Fabrik an einer anderen Stelle gegründet.

Jedes Werk ist voll verantwortlich für den Einsatz seiner Mittel; es erstellt zweimal im Jahr einen detaillierten Bedarfsplan für das laufende und die darauffolgenden Jahre. Monatlich werden die erzielten Ergebnisse mit den Planwerten verglichen.

Die gefertigten Produkte werden zu den Herstellungskosten plus einheitlich festgelegter Verwaltungs- und Gewinnzuschläge an die IBM Abnehmer verrechnet. Das sind die Schwesterwerke oder bei Enderzeugnissen die jeweiligen nationalen Vertriebsgesellschaften.

Nach diesem Exkurs in die Organisation der IBM Fabriken möchte ich jetzt die geschichtliche Entwicklung der Produktion in Deutschland skizzieren.

4.0 Die Entwicklung der Produktion in Deutschland

Die Geschichte der Produktion beginnt bereits acht Jahre nach der Gründung der IBM Deutschland. 1918 wurde in Villingen im Schwarzwald mit der Herstellung von Lochkarten und Ersatzteilen für Lochkartenmaschinen begonnen. Später kamen Locher und Prüfer, Zeiterfassungsgeräte und Waagen hinzu. Diese Fertigung wurde 1927 nach Sindelfingen verlegt. Sindelfingen ist damit das zweitälteste Werk der IBM weltweit (Abb. 3).

Die Entwicklung des Marktes führte schon sehr bald zu Erweiterungen der Produktionskapazitäten und zur Errichtung weiterer Produktionsstätten. 1934 wurde das Werk in Berlin gegründet (Abb. 4) und eine Arbeitsteilung mit Sindelfingen eingeführt: Die schwäbische Fabrik fertigte vornehmlich Einzelteile, die in Berlin zu Lochkartenmaschinen montiert wurden: Locher und Prüfer, Sortiermaschinen, Tabelliermaschinen, Kartenstanzer, Rechenlocher usw.

Der Druck von Lochkarten war damals ein weiteres wichtiges Betätigungsfeld. In Berlin (1934), Sindelfingen (1936) und nach dem 2. Weltkrieg in Essen entstanden eigene Druckereien.

Kriegsbedingt wurde 1943 die Berliner Fertigung ebenfalls nach Süddeutschland verlagert. Sie fand in Hechingen vorübergehend Unterkunft, bis sie 1950 nach Böblingen in die ehemalige Flugzeugfabrik Klemm umziehen konnte (Abb. 5).

Das stark zerstörte Berliner Werk wurde parallel dazu wieder aufgebaut und teilte sich die Arbeit mit Sindelfingen und Böblingen.

Die räumlich eingeschränkten Erweiterungsmöglichkeiten in Sindelfingen zusammen mit der starken Wachstumsphase in den 60er Jahren führten 1965 zum Beschluß, ein Montagewerk in Mainz zu bauen und die Fertigung aller Endprodukte aus Sindelfingen zu verlagern (Abb. 6). Sindelfingen konzentrierte sich von da an auf die Herstellung anspruchsvoller Technologieprodukte: Schalt- und Grundkarten und Halbleiterbauelemente. Berlin wurde zum Schreibmaschinenwerk der IBM Deutschland.

1970 wurde unser Werk in Hannover gegründet, zuerst in Mietgebäuden in Rethen, und ab 1979 in eigenen Gebäuden in Bemerode (Abb. 7).

Durch den wachsenden Bedarf an Schreibmaschinen und die Aufnahme der Fertigung von Kopierern wurden die Raumverhältnisse im Berliner Werk zu eng. Das mehrstöckige Gebäude erlaubte keinen optimalen Materialfluß und damit keine wettbewerbsfähigen Kosten. Deshalb wurde ein neues Werk in Marienfelde gebaut und 1974 bezogen (Abb. 8).

Mitte der 70er Jahre wurde es wiederum zu eng in Sindelfingen. Das vorhandene Gelände an der Tübinger Allee, zwischen Autobahn, Eisenbahn und Wohngebieten gelegen, erlaubte keine Erweiterung (Abb. 9). Deshalb wurde ein neues Gelände wenige Kilometer entfernt gesucht und am Rande Böblingens gefunden.

1977 entstand die Betriebsstätte Hulb des Werkes Sindelfingen für die Fertigung der Halbleiterbauelemente und der Mehrschichtkeramik (Abb. 10).

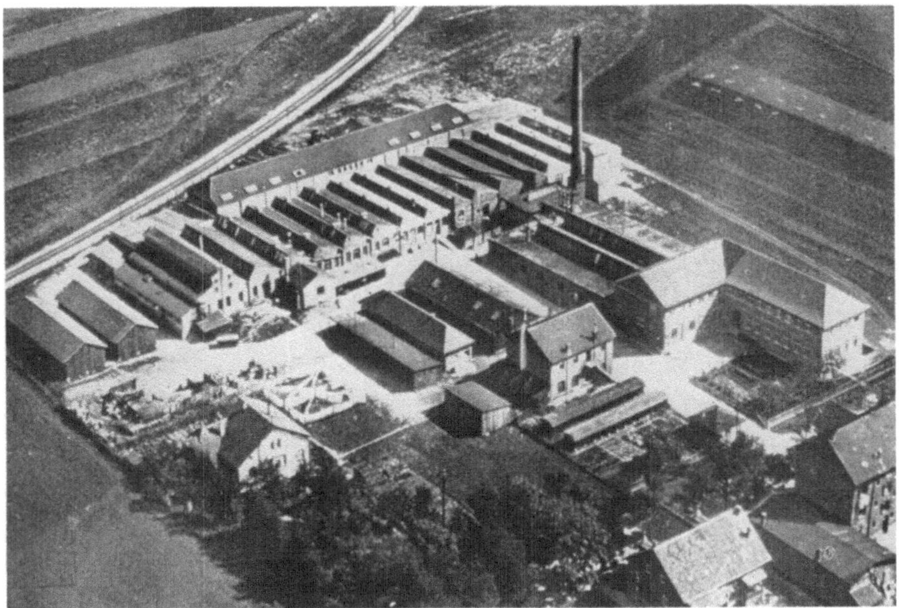

Abb. 3. Werk Sindelfingen 1927

Abb. 4. Lichterfelde 1934

Abb. 5. Böblingen 1950

Abb. 6. Werk Mainz, gegründet 1965, 3387 Mitarbeiter, Produkte: Schreib-/Leseköpfe, Magnetplatten und Plattenlaufwerke

Abb. 7. Werk Hannover, gegründet 1970, 1165 Mitarbeiter, Produkte: Netzgeräte, Moduln, Speicherkarten, Montage von Mehrschichtleiterplatten

Abb. 8. Werk Berlin, Neubau 1974, 1113 Mitarbeiter, Produkte: Plattenspeicher, Schreib-/Leseköpfe

Abb. 9. Werk Sindelfingen - Tübinger Allee, gegründet 1927, 2960 Mitarbeiter, Produkte: Schalt- und Grundkarten

Abb. 10. Werk Sindelfingen - Hulb, Neubau 1977, 2040 Mitarbeiter, Produkte: Halbleiterbauelemente, Substrate in Mehrschichtkeramik

Diese historische Entwicklung soll nochmals aus einer anderen Perspektive, nämlich aus dem Wandel der Produkte und der Produktionsverfahren, betrachtet werden.

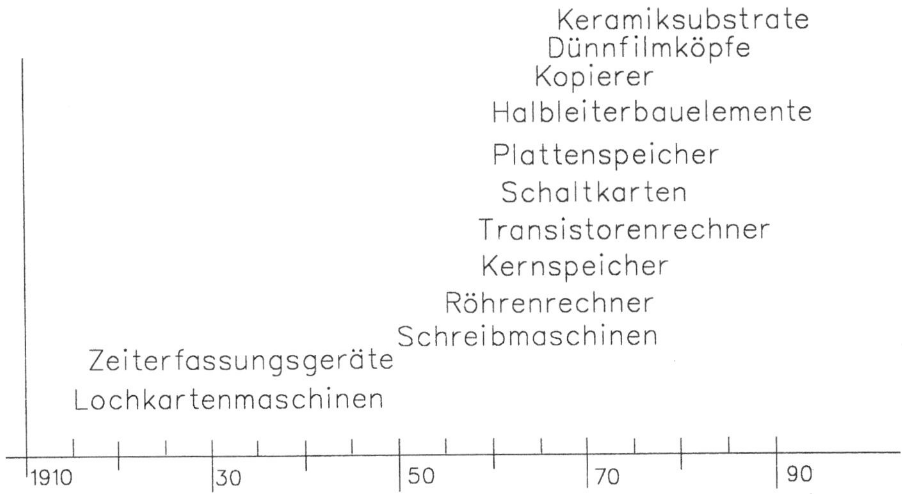

Abb. 11. Produktentwicklung

Am Anfang wurden nur Einzelteile gefertigt und Maschinen montiert - eine weitgehend mechanische bzw. elektromechanische Fertigung. Im Laufe der Jahre wurde die Produktpalette erweitert und zum Teil drastisch verändert. Diese Veränderung begann in den 50er Jahren mit dem Bau elektronischer Röhrenrechner und Transistorenrechner.

Die Fertigung von Schaltkarten und Magnetplatten leitete dann - Anfang der 60er Jahre - den Übergang von der Teilefertigung und Montage zur prozeßorientierten Fertigung ein. Dieser Übergang wurde in der zweiten Hälfte der 60er Jahre durch die Aufnahme der Halbleiterfertigung und in den 70er Jahren mit der Fertigung von Dünnfilmköpfen für Magnetplattenspeichereinheiten und von Mehrschichtkeramikträgern für Chips vorläufig abgeschlossen (Abb. 11).

Heute sind die deutschen Werke auf Höchsttechnologie ausgerichtete Produktionsstätten, deren Erzeugnisse in allen wesentlichen IBM Produkten eingesetzt werden.

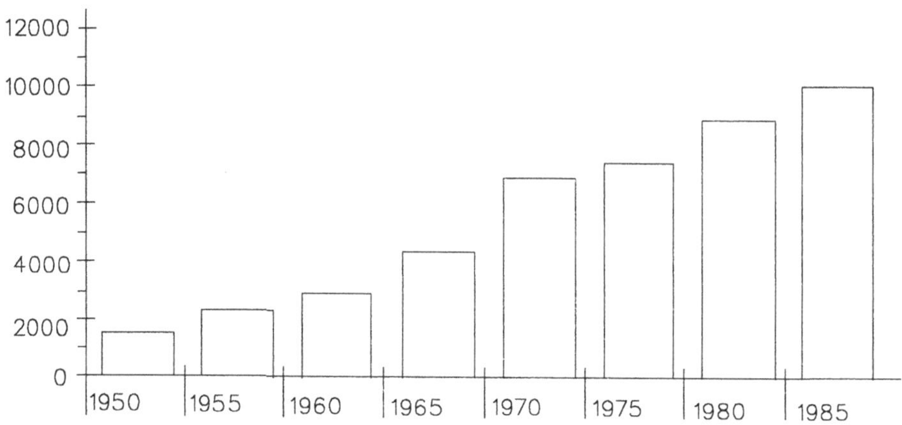

Abb. 12. Personalentwicklung

Schon Mitte der 30er Jahre waren fast 1 000 Mitarbeiter der DEHOMAG in der Produktion beschäftigt. Seit 1950 hat sich diese Zahl von 1 500 auf 11 000 erhöht (Abb. 12).

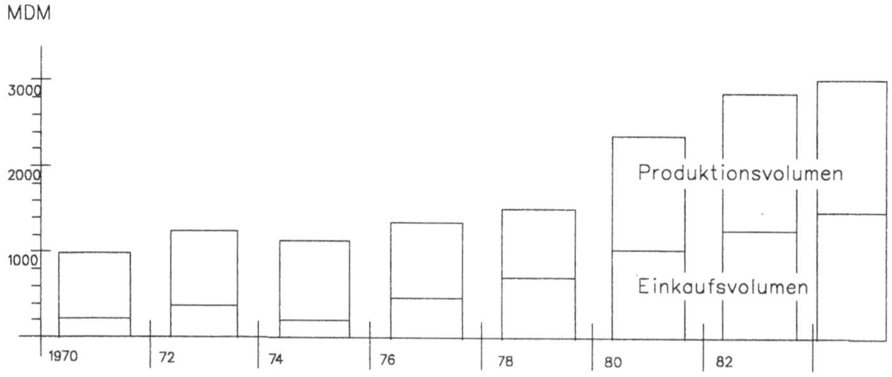

Abb. 13. Produktions- und Einkaufsvolumen

Das *Produktionsvolumen* (1984 = 3.5 Milliarden DM) hat sich seit 1970 verdreifacht. Das *Einkaufsvolumen* (1984 = 1.7 Milliarden DM) dagegen wuchs im gleichen Zeitraum um den Faktor 4 (Abb. 13).

Noch dramatischer stellt sich die Entwicklung des Produktionsvolumens in technischen Größen dar. Zum Beispiel wurde das Bitvolumen der Halbleiterproduktion des Werkes Sindelfingen von 30 Millionen Bits im Jahre 1970 auf 500 Milliarden Bits im Jahre 1984 gesteigert. Die Produktivität dieser Technologie hat sich in diesem Zeitraum um den Faktor 4 500 erhöht - von 64 Bit/Chip auf 288 kBit/Chip. Seit einigen Monaten läuft bereits die Vorfertigung des Megabit-Chips.

Diese stürmische Entwicklung wurde durch hohe Investitionen in die Aus- und Weiterbildung der Mitarbeiter, in Gebäude, Reinsträume und Versorgungssysteme, in Prozeßanlagen, Meß- und Testgeräte und nicht zuletzt in Informationssysteme ermöglicht.

Abb. 14. Frühere Fertigung gegenüber modernem Halbleitertechnologiearbeitsplatz

Dies alles führte zu einer deutlichen Erhöhung der Kosten für den Arbeitsplatz, zu einer Verschiebung der variablen zu fixen Kosten, die besonders dann spürbar werden, wenn die installierten Kapazitäten nicht voll ausgelastet werden können. In den letzten 15 Jahren stiegen die Aufwendungen für einen Arbeitsplatz in den Technologiewerken um den Faktor 3 auf über 500 000 DM. Daher muß angestrebt werden, diese Investitionen möglichst intensiv, d.h. 24 Stunden am Tag an sieben Tagen in der Woche, zu nutzen (Abb. 14).

Da dies aufgrund bestehender Gesetze nicht ohne weiteres möglich ist, muß weiter automatisiert werden, müssen alle Möglichkeiten, die die heutige und künftige Informationstechnik bieten, konsequent genutzt werden. Auf dieses Thema, auf die "Fabrik der Zukunft", werde ich am Ende meines Vortrags näher eingehen.

5.0 Schwerpunkte des Wandels in der Produktion

Dieser Wandel zeigt sich besonders deutlich bei den Veränderungen in den Produktionstechnologien, bei der Aus- und Weiterbildung unserer Mitarbeiter sowie in der Zusammenarbeit mit Industrie, Lehre und Forschung.

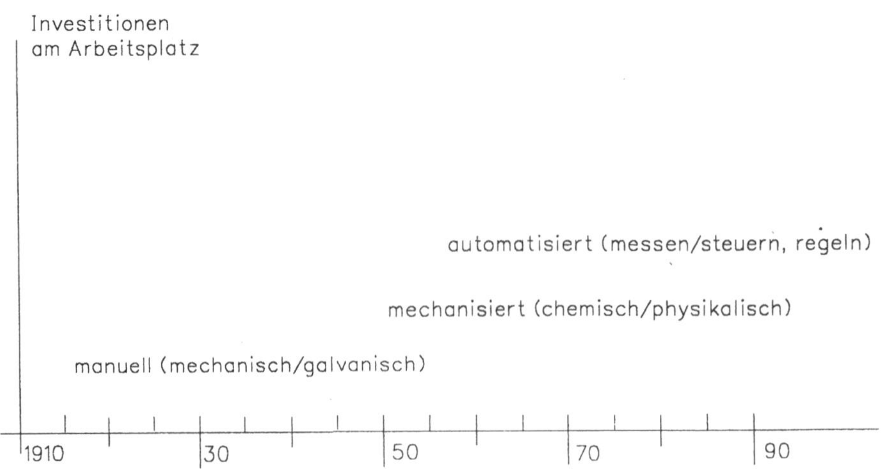

Abb. 15. Produktionstechnologien

5.1 Produktionstechnologien

Der Übergang von einer weitgehend manuellen Teilefertigung und der Montage elektromechanischer Geräte zur automatisch gesteuerten und überwachten Fertigung von Höchsttechnologien stellt eine tiefgreifende Wandlung der industriellen Produktion dar. Ausgehend von einer handwerklich geprägten Herstellung von Maschinenteilen und Maschinen, veränderte sie sich in wenigen Jahren zu einer wissenschaftlich begründeten, prozeßorientierten Fertigung (Abb. 15).

Dies bedingte eine dramatische Erhöhung der Komplexität in mehreren, für die Produktion neuen Technologien. Neben der starken Zunahme der Produktvielfalt, die sich in der Anzahl der Teilenummern pro Produkt, in der Menge der Produktspezifikationen sowie der Steuer- und Testdaten darstellt, hat sich die Komplexität auch in anderen Bereichen drastisch erhöht:

- Die *Prozeßsysteme* beinhalten eine große Anzahl verketteter Schritte, wobei einzelne Prozesse wie Laminieren, Sintern, viele chemische und physikalische Prozesse mit Elektronen-, Ionen- und Laserstrahlanwendungen erst im letzten Jahrzehnt in die Produktion eingeführt wurden.
- Organische Materialien, Silizium und Keramik sind die Basis der heute verwendeten *Materialsysteme* (Abb. 16).
- Und nicht zuletzt sind die *Informationssysteme* für die weltweite Bereitstellung, Verarbeitung und Veränderung der technischen und logistischen Produktionsinformationen zu nennen.

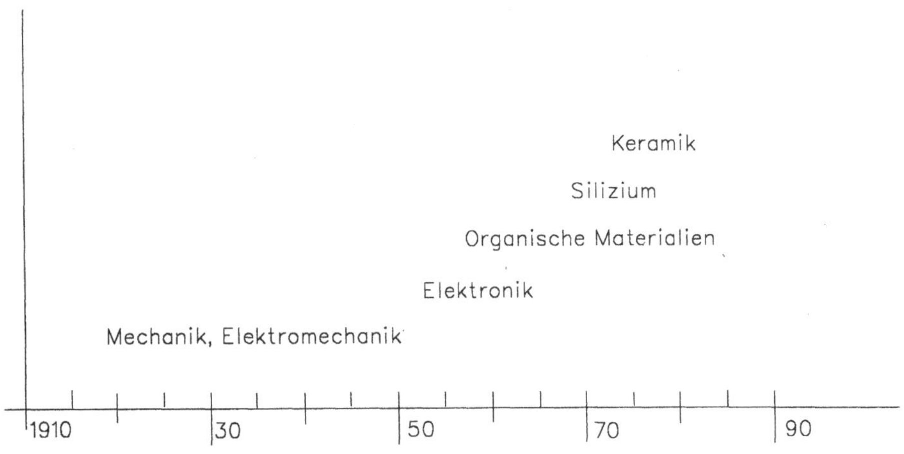

Abb. 16. Materialsysteme

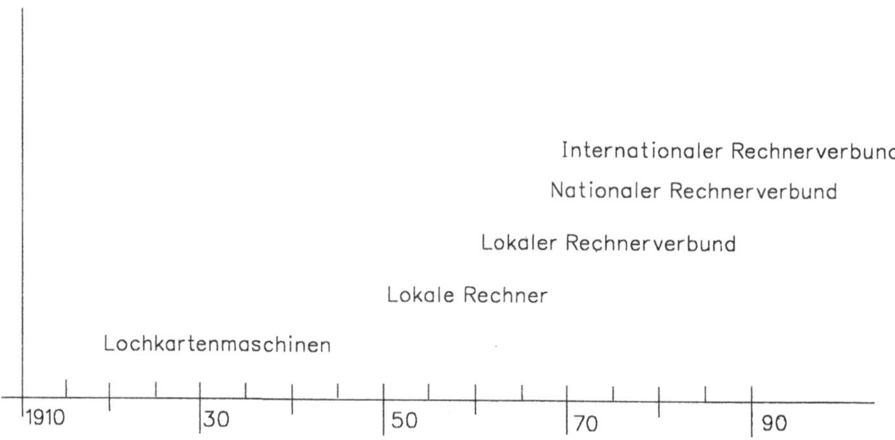

Abb. 17. Informationssysteme

Eine besondere Rolle spielt bei diesem Wandel die Informationstechnologie. Produkt- und Prozeßkomplexität konnten mit der geforderten hohen Qualität und Zuverlässigkeit und zu vertretbaren Kosten nur bewältigt werden, weil die eigenen Produkte für die Informationsverarbeitung konsequent eingesetzt wurden. Immer leistungsfähigere Rechnersysteme und später auch internationale Rechnernetze wurden schon sehr früh zur Unterstützung der Produktionsplanung, Produktionssteuerung und Produktionsüberwachung eingesetzt (Abb. 17).

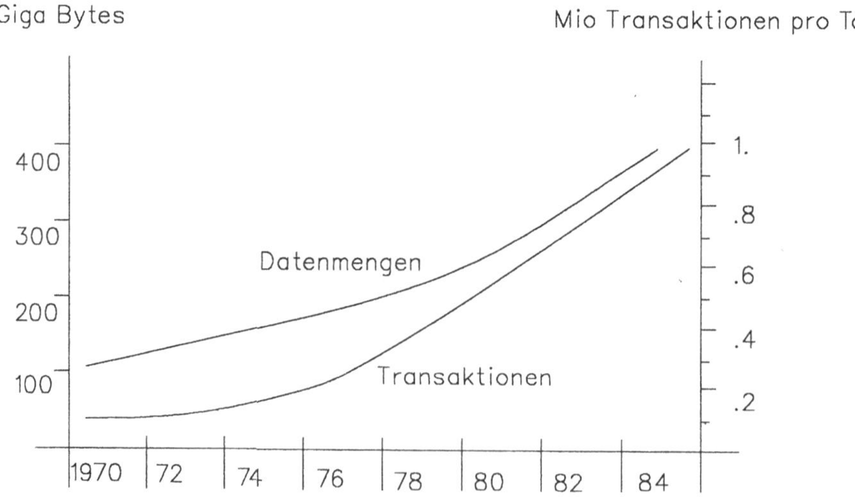

Abb. 18. Datenvolumen

Ein Beispiel ist die Entwicklung der Datenmengen und Datennutzung in der Produktion der IBM Deutschland. Die "online" in der Produktion zur Verfügung gestellten Datenmengen erhöhten sich auf 400 Giga Bytes (Abb. 18). Dies entspricht 100 Millionen Schreibmaschinenseiten oder einer Bibliothek mit 150 000 Bänden mit je 500 Seiten. Im Jahre 1984 wurde in der Produktion auf diese Daten ca. 900 000 mal am Tag zugegriffen.

Diese Fertigungskomplexität kann nur beherrscht werden durch wissenschaftliche und ingenieurmäßige Forschung und Entwicklung auf allen Gebieten der Produktionstechnologie. Systematische Strukturierung und Organisation der Fertigung sind auch in Zukunft wichtige Arbeitsgebiete für die weitere Verbesserung unserer Produktionssysteme.

In Deutschland arbeitet seit 25 Jahren eine spezielle Gruppe von Wissenschaftlern und Ingenieuren, die sich mit großem Erfolg mit der Erforschung und Entwicklung neuer Produktionsmethoden, -verfahren und -geräte beschäftigt.

5.2 Mitarbeiterausbildung und Mitarbeiterweiterbildung

Die starken Veränderungen der Fertigungstechnologien hatten entsprechende Auswirkungen bei den Mitarbeitern. Sie begründeten die Notwendigkeit einer verstärkten Aus- und Weiterbildung. Aus Facharbeitern und Ingenieuren der Feinmechanik und der Elektrotechnik wurden durch mehrfache intensive Umschulung Spezialisten für Röhren- und Transistorelektronik und später Prozeßtechniker für Halbleiter-, Magnetspeicher- und Trägertechnologien. Die Anzahl der direkt am Produktionsprozeß beteiligten Mitarbeiter nimmt immer noch ab, weil manuelle Tätigkeiten immer stärker von Maschinen übernommen werden. Diese Automatisierung führt gleichzeitig zu einer starken Zunahme der indirekten Tätigkeiten, wie Disposition, Steuerung, Überwachung und Wartung der Prozesse und Prozeßanlagen.

Weitere Aufgaben entstehen durch die Koordinierung der Vielzahl von unterschiedlichen Verrichtungen, die notwendig sind, um die heutigen komplexen Prozesse in die Produktion einzuführen, sie zu betreiben und sie zu optimieren. Letzteres ist in der heutigen Fertigung besonders wichtig, um die Produktqualität und Produktivität ständig zu verbessern.

Dem jeweiligen Bedarf angepaßte Aus- und Weiterbildungsprogramme bereiten die Mitarbeiter auf ihre neuen Aufgaben vor. Hierbei handelt es sich im wesentlichen um interne Schulungen, die sowohl von eigenen als auch von externen Lehrkräften durchgeführt werden. Die Programme umfassen die Ausbildung der Mitarbeiter bei der Einführung neuer Produktionsverfahren und -methoden, Umschulungen beim Wegfall von Arbeitsplätzen, die Ausbildung der Führungskräfte sowie die fachliche Weiterbildung unserer Mitarbeiter.

Besonders die fachliche Weiterbildung gewinnt eine immer größere Bedeutung, um bei dem schnellen Wechsel der Produktionstechnologien die notwendige Akzeptanz dieses Wandels und die Bereitschaft sicherzustellen, mit neuen Technologien, Prozessen und Methoden zu arbeiten.

Neue Verfahren und Methoden kommen inzwischen auch im administrativen Bereich zum Einsatz. Zur Zeit wird die Ausbildung am Personal Computer und an Bürokommunikationssystemen verstärkt.

Insgesamt wurden im Produktionsbereich der IBM Deutschland im Jahre 1984 83 500 Arbeitstage für die Ausbildung aufgewendet, das sind rund 7.5 Tage pro Mitarbeiter und Jahr. Eine Investition, die sich nach allen Erfahrungen lohnt.

Lassen Sie mich noch einige weitere historische Fakten erwähnen, die für unsere Mitarbeiter von Bedeutung sind.

Vor 50 Jahren, d.h. im Jahre 1935, haben wir in unseren Werken Sindelfingen und Berlin die ersten Lehrwerkstätten eingerichtet. Heute werden an acht weiteren Orten in der Bundesrepublik junge Menschen ausgebildet, darunter auch in Mainz und Hannover.

Bereits 1937 wurde in unserem Unternehmen das Verbesserungsvorschlagsprogramm eingeführt. Im letzten Jahr beteiligten sich 7 000 Mitarbeiter mit fast 18 000 Vorschlägen. Davon konnten rund ein Drittel angenommen und durchgeführt werden.

Schon 1950 wurde im Hinblick auf Qualität und Arbeitsklima die Akkordarbeit in unserem Unternehmen abgeschafft.

1958 erfolgte die innerbetriebliche Gleichstellung der Arbeiter mit den Angestellten.

Die vielfältigen übrigen Personal- und Sozialprogramme tragen zu einer außerordentlich niedrigen Fehlzeit- und Fluktuationsrate bei.

5.3 Zusammenarbeit mit Industrie, Lehre und Forschung und Verbänden

Die IBM produziert in ihren eigenen Werken nur solche Teile oder Gruppen, die entweder von strategischer Bedeutung sind oder nicht auf dem Weltmarkt angeboten werden. Alle übrigen Teile und Gruppen, alle Rohmaterialien sowie die meisten Fertigungseinrichtungen werden von Lieferanten eingekauft.

Neben dem technischen Wissen, das auf diesem Weg weitergegeben wird, bedeutet das, daß ein wesentlicher Teil der Wertschöpfung der Werke Beiträge unserer Lieferanten sind. Das sichert zusätzlich Arbeitsplätze im eigenen Land und leistet einen entsprechenden Beitrag für die nationale Volkswirtschaft.

Jeder einzelne Lieferant darf in seiner Niederlassung, mit der wir in Geschäftsbeziehung stehen, nur bis zu 25 % seines Gesamtumsatzes von uns ausgelastet werden. Wir wollen damit verhindern, daß er in ein zu enges Abhängigkeitsverhältnis zu unserem Unternehmen kommt, daß er in Schwierigkeiten gerät, wenn unsere Aufträge wegen konjunktureller

Schwankungen oder aus Gründen des technologischen Fortschritts geändert werden müssen.

An dieser Stelle bedanken wir uns ganz herzlich bei unseren Lieferanten. Ohne ihren Beitrag hätten wir die Leistungen der vergangenen 75 Jahre nicht erzielt. Mit ihnen zusammen werden wir die Aufgaben der Zukunft genauso erfolgreich bewältigen.

Ein ähnlich enger Kontakt, ein reger Wissenstransfer besteht seit vielen Jahren durch unsere enge Zusammenarbeit mit Lehre und Forschung. 110 Mitarbeiter der IBM Deutschland üben neben ihrer Arbeit in Labor, Produktion, Vertrieb und Verwaltung eine Lehrtätigkeit an Universitäten und Fachhochschulen aus. 36 ehemalige Mitarbeiter haben seit 1968 einen Lehrstuhl an einer deutschen Hochschule übernommen. Zur Zeit werden aus allen Unternehmensbereichen insgesamt 40 Gemeinschaftsprojekte mit Forschungs- und Hochschulinstituten durchgeführt. Diplomarbeiten, Fachsemester und Ferienarbeit für Studierende an Universitäten und Fachhochschulen tragen ebenfalls zu diesem Wissensaustausch bei.

1984 haben wir die Hochschulen und wissenschaftlichen Institute mit Geld- und Sachspenden im Wert von 28 Mio. DM unterstützt.

An dieser Stelle möchten wir auch unsere enge Zusammenarbeit mit technischen Verbänden und Institutionen erwähnen. Gerade die Entwicklung von Regeln und Normen auf nationaler und internationaler Ebene hat für unsere Industrie eine stetig wachsende Bedeutung.

Hier sind besonders die Arbeiten auf den Gebieten Telekommunikation, z.B. bei der Definition der Schnittstellen, der industriellen Automation, der Produktsicherheit sowie der Ergonomie hervorzuheben. Ingenieure und Fachleute vieler Bereiche unseres Unternehmens sind an diesen Arbeiten aktiv beteiligt und bringen ihr Fachwissen in nationale und internationale Programme ein.

6.0 Informationsverarbeitung in der Produktion

6.1 Voraussetzungen

Am Anfang dieses Beitrages stand die regionale Arbeitsteilung der Produktion. Die Darstellung wäre unvollständig ohne die Erwähnung der dafür nötigen Voraussetzungen - Voraussetzungen, die nicht vor kurzem erst entstanden sind, sondern in vielen Jahren intensiver Arbeit von Mitarbeitern der IBM in der ganzen Welt entworfen und verwirklicht wurden. Dazu hat die IBM Deutschland einen wesentlichen Beitrag geleistet.

Die erste Voraussetzung für eine konsequente und erfolgreiche regionale Arbeitsteilung ist die Standardisierung aller Teile und Baugruppen, der Arbeitsabläufe und Produktionsverfahren, der meisten automatisierten Fertigungseinrichtungen und fast aller in Betriebswirtschaft und Technik benützten Datenverarbeitungsanwendungen. Da jedes Teil, jede Gruppe und jedes Endprodukt nach einheitlichen Kriterien entwickelt, gefertigt und geprüft wird, sind alle Teile, Gruppen und Maschinen weltweit gleich und austauschbar, wenn man einmal von den unterschiedlichen Spezifikationen der Kundenaufträge und den verschiedenen Sprach- und Stromabhängigkeiten absieht.

Die Aufgabe, die einzelnen Produkte und Prozesse und die dazugehörenden Fertigungs- und Prüfeinrichtungen zu entwickeln und zu bauen, wird zentral koordiniert und überwacht und dezentral durchgeführt. Zentren, in denen das Wissen für bestimmte Fachgebiete oder Aufgaben konzentriert ist, sind über die ganze Welt verteilt.

Die erarbeiteten Ergebnisse werden untereinander ausgetauscht. So wird Doppelarbeit vermieden und sichergestellt, daß ein möglichst großer Nutzen und ein gleichmäßig hoher Wissensstand erzielt wird.

Eine weitere Voraussetzung ist die zentrale Abwicklung von Datenverarbeitungsverfahren und der Austausch von Informationen über ein gemeinsames Datenfernverarbeitungsnetz, das alle Labors und Fabriken miteinander verbindet.

Weil die Fertigungsorganisation der IBM die Verantwortung für die Belieferung unserer Kunden regional gegliedert hat, sind, von Ausnahmen abgesehen, jeweils drei Werke in der Welt für das gleiche Produkt zuständig. Zwischen diesen Werken findet ein reger Austausch von Informationen statt, der eine gleichwertige und gleichberechtigte Verteilung des Wissens und der Kompetenzen sicherstellt. Dadurch sind die Schwesterwerke in der Lage, sich gegenseitig in Ausnahmesituationen zu helfen, bei Qualitätseinbrüchen wie bei Katastrophen, bei Unterbeschäftigung ebenso wie bei Überlastungen.

Und nicht zuletzt hilft ein gesunder Wettbewerb zwischen den Partnerfabriken durch einen ständigen Vergleich der eingesetzten Mittel, der Qualitäts- und Kostenziele, Fehlinvestitionen zu vermeiden und dadurch Arbeitsplätze und Steueraufkommen im eigenen Land zu sichern.

Abb. 19. Rechnersystem IBM 4361

6.2 Produktbeispiel

An einem Produktbeispiel, dem im Labor der IBM Deutschland entwickelten Rechnersystem IBM 4361 (Abb. 19), und der dabei verwendeten Mehrschichtkeramikträger, soll die Bedeutung der Informationstechnologie für die Entwicklung und die Fertigung eines komplexen Produktes erläutert werden.

6.2.1 Produktentwicklung

Für das Rechnersystem IBM 4361 wurden sämtliche Entwicklungsarbeiten aller beteiligten Laboratorien zentral von Böblingen aus koordiniert.

Um ein neues System entwickeln zu können, wird auf die Basistechnologien der jeweils verantwortlichen Laboratorien zurückgegriffen, z.B. auf die Mehrschichtkeramik aus East Fishkill, N.Y., USA. Über Telekommunikationsnetze werden deren Daten aus den entsprechenden Datenbanken abgerufen und die auf die neue Anwendung bezogenen Informationen zurückgesendet.

In verschiedenen vorangehenden Beiträgen wurde schon beschrieben, wie mit Hilfe der modernen Datenverarbeitung komplexe neue Produkte im Zusammenspiel mehrerer Laboratorien entwickelt, getestet und dann in digitaler Form an die beteiligten Werke freigegeben werden. Der folgende Abschnitt versucht deshalb, die rechnerunterstützte Fertigung mit Hilfe dieser Steuerdaten zu beschreiben.

6.2.2 Produktfertigung

Die Freigabe des Gesamtsystems löst die Übertragung aller für die Fertigung notwendigen technischen Daten von den Laboratorien zu den beteiligten Werken aus. In den einzelnen Werken müssen aus diesen produktspezifischen Informationen der Laboratorien und den jeweiligen Daten der Basistechnologien die eigentlichen Steuerdaten für die Produktion erstellt werden. Diese steuern dann ohne manuellen Eingriff die entsprechenden Prozeßanlagen und Testgeräte.

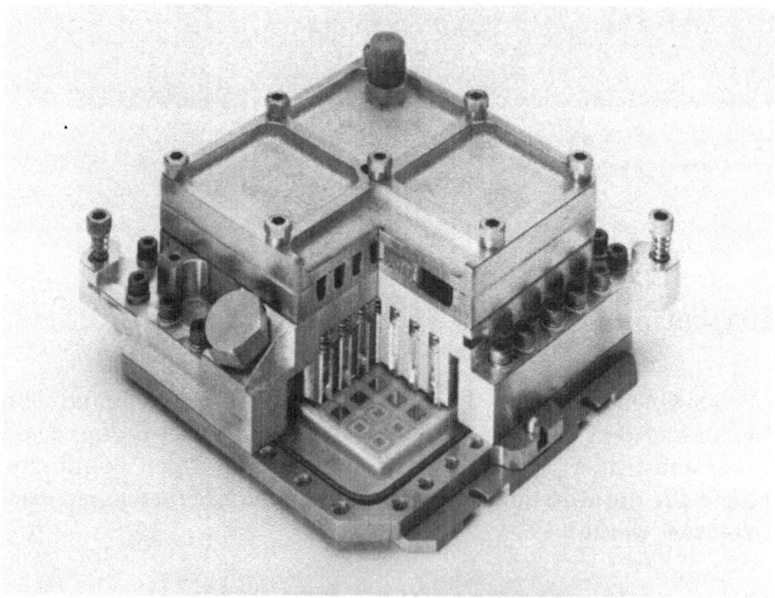

Abb. 20. TCM (Thermal Conduction Module)

Der Einsatz dieser Steuerdaten wird an einigen Prozeßschritten der Produktion des Mehrschichtkeramikträgers erläutert (Abb. 20). Dieses Produkt ist ein bedeutender Beitrag zum Fortschritt der Computertechnologie. Einen wesentlichen Anteil an der fertigungstechnischen Entwicklung hat dabei die deutsche Produktion geleistet.

Der Mehrschichtkeramikträger besteht aus bis zu 36 Rohkeramiklagen (Abb. 21). Diese Keramiklagen werden durch das Einstanzen von Lochungen, die später die einzelnen Lagen vertikal miteinander verbinden, und durch das Aufbringen von Leiterzügen im Siebdruckverfahren, die die horizontalen elektrischen Verbindungen darstellen, personalisiert, d.h. ihre individuelle elektrische Funktion wird hergestellt.

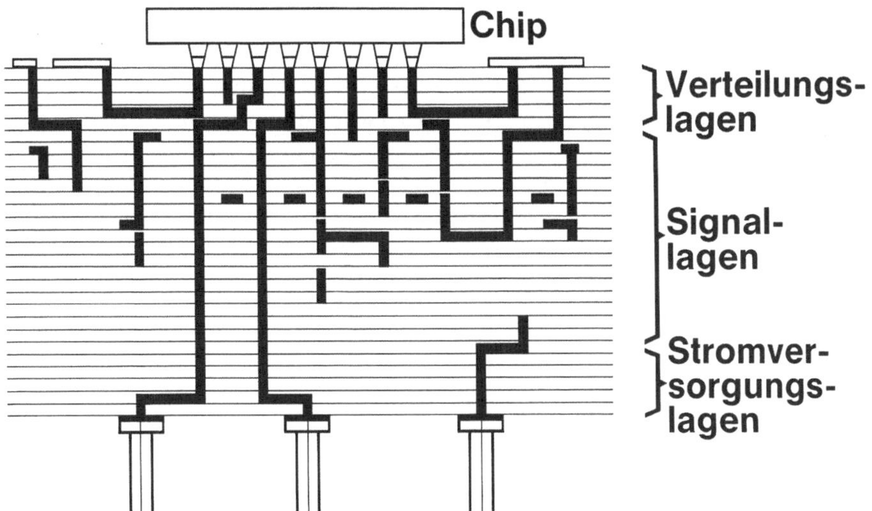

Abb. 21. Mehrschichtkeramiksubstrat

Das Stanzen der Lochungen für die Lagenverbindungen erfolgt mit hoher Geschwindigkeit und Präzision in einer für diesen Zweck konstruierten numerisch gesteuerten Sondermaschine. Die bis zu 40 000 Lochungen pro Keramiklage werden in ca. einer Minute gestanzt, was 10 bis 12 Doppelstanzhüben in einer Sekunde entspricht. Der Test einer Lage der gedruckten Mehrschichtkeramik wird, ebenfalls NC-gesteuert, von einer Laserstrahl-Prüfstation durchgeführt.

Derartige Maschinen benötigen umfangreiche Steuerprogramme, die bedarfsgerecht für die entsprechende Teilenummer von den Rechnersystemen bereitgestellt werden.

6.3 Informationsfluß

Außer den technischen Steuerdaten werden auch die logistischen Steuerdaten (Produktionsvolumen und Termine) über die Informationsnetze an die verschiedenen Produktionsstätten übertragen. Sie entstehen aus den Auftragsdaten der nationalen Vertriebsfunktionen, die regional konsolidiert und dann an die verschiedenen Werke übertragen werden. Aus diesen Bestelldaten wird in den einzelnen Produktionsstätten das Fertigungsprogramm erstellt, über das der zeitliche und mengenmäßige Ablauf der Produktion gesteuert wird.

Die Prozeßüberwachung zur Qualitätssicherung erfolgt ebenfalls mit Hilfe der Informationstechnologie. Meß- und Testdaten sowie logistische Daten werden automatisch oder manuell erfaßt und ausgewertet. Die Ergebnisse werden entweder im Regelkreis direkt rückgekoppelt oder als Steuerinformationen für nachfolgende Prozesse benutzt. Im letzteren Fall werden diese Informationen auch an andere Werke oder an Lieferanten übertragen.

Neben der direkten Beeinflussung der Produktqualität durch Vorwärts- und Rückwärtskoppelung der Überwachungsinformation werden diese Daten auch für die vorbeugende Instandhaltung der Prozeßanlagen, Geräte und Werkzeuge verwendet. Auch diese Nutzung liefert einen wesentlichen Beitrag zur Produktivitätsverbesserung in der Fertigung.

7.0 Entwicklungsrichtungen

7.1 Gesellschaftliche und technologische Trends

Die wesentliche Herausforderung für die Fertigungsindustrie in der Zukunft ist die Erhaltung bzw. Verbesserung der Wettbewerbsfähigkeit. Durch die weltweite Verfügbarkeit von technischem Wissen, von Kapital und von Investitions- und Konsumgütern jeder Art ist der Wettbewerb ebenfalls weltweit geworden. Die schnelle Veränderung des Marktes und nicht zuletzt die Veränderungen im gesellschaftlichen Umfeld führen dazu, daß die traditionellen Mittel zur Verbesserung der Wettbewerbsfähigkeit in der Produktion nur noch in geringem Maße wirksam sind.

Andererseits erlaubt der technologische Fortschritt, besonders auf dem Gebiet der computerunterstützten Informationsverarbeitung, die flexible Gestaltung der Fertigung. Flexibel im Sinne der schnellen Anpassung an die Veränderungen des Marktes und des Betreibens der Fertigungseinrichtungen ohne direkte menschliche Bedienung, was eine zeitlich längere und damit kostengünstigere Nutzung der Investitionen erlaubt. Dieses Ziel ist nur durch entsprechende Strukturierung und Automatisierung aller Produktionsprozesse zu erreichen. Hier sind die am Materialfluß wie auch am Informationsfluß beteiligten Prozesse gleichermaßen angesprochen.

Dafür ist nicht nur der Einsatz von finanziellen Mitteln erforderlich, sondern es sind auch wesentliche ablauforganisatorische Maßnahmen im gesamten Unternehmen notwendig, um die gewünschte Flexibilität in der Fertigung zu erreichen. Sie müssen sich auf den Informationsfluß, auf die Informationsinhalte und auf die Zugriffsberechtigung zur Nutzung und zur Veränderung der Informationen beziehen. Es sind besonders diese notwendigen organisatorischen Veränderungen, die eine evolutionäre Einführung der neuen Technologien erforderlich machen.

In unserem Unternehmen wurden über viele Jahre hinaus Erfahrungen über die technischen Möglichkeiten der computerunterstützten Informationsverarbeitung in einer komplexen Fertigung gesammelt. Für die Einführung und Nutzung derartiger Systeme sind jedoch die Erfahrungen über die Akzeptanz durch die Mitarbeiter genauso wichtig wie die technischen Erfahrungen.

Ausreichende Informationen über die Systeme, frühzeitige Einbeziehung der Mitarbeiter in die Planung, ein gutes Systemverständnis für die gesamte Aufgabe und für den Zusammenhang mit den Unternehmenszielen sind notwendig, um die volle Akzeptanz derartiger übergreifender Lösungen zu erreichen. Unsere Mitarbeiter müssen verstärkt multifunktional denken und arbeiten. Eine erhöhte Investition in die Aus- und Weiterbildung aller Beschäftigten ist deshalb ebenso erforderlich wie die Anpassung der Fertigungseinrichtungen an neue Technologien. Die bisher weitgehend noch funktional gegliederten Berichtswege müssen sich dieser Richtung anpassen, um unnötige Schnittstellen zu vermeiden.

7.2 Integration des Informationsflusses

Das Ziel, das durch die computerunterstützte Informationsverarbeitung erreicht werden soll, ist eine erhöhte Effektivität und damit eine verbesserte Wettbewerbsfähigkeit der Fertigungsindustrie. Dieses Ziel kann durch die computerunterstützte Integration aller Unternehmensfunktionen und einiger Lieferanten- und Kundenfunktionen über die gemeinsame Nutzung von Datenbanken erreicht werden.

Die gemeinsame Nutzung der gespeicherten Information muß daher alle die Phasen der Produkt- und Prozeßinnovation im Unternehmen einschließen. Datenbanken enthalten alle für die Erfüllung der Unternehmensziele relevanten Informationen. Diese Informationen müssen im gesamten Unternehmen verfügbar sein und entsprechend den Aufgaben der jeweiligen Funktion jederzeit zu Planungs- und Entscheidungsprozessen herangezogen werden können. Zur Informationsverarbeitung werden sowohl generelle Methoden und Verfahren als auch spezielle Anwendungsprogramme für bestimmte Aufgaben zur Verfügung gestellt. Zur Prozeßsteuerung und Überwachung werden Informationsnetzwerke verwendet, über die die Informationsversorgung der automatischen Fertigungsprozesse und der mit der Entscheidungsfindung beauftragten Mitarbeiter erfolgt.

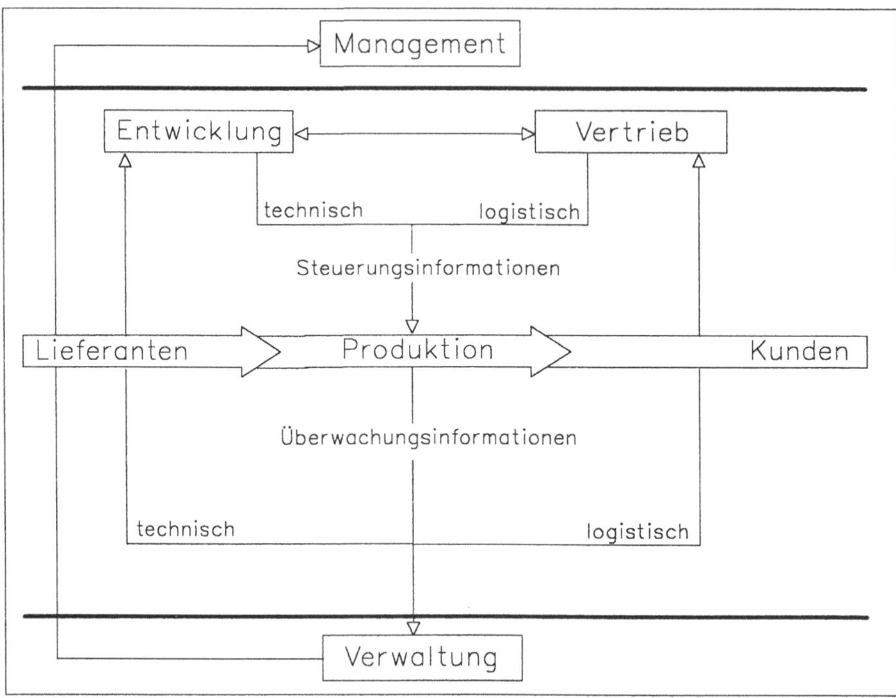

Abb. 22. Computerintegrierte Fertigung (CIM)

7.3 Computerintegrierte Fertigung (CIM)

Seit vielen Jahren werden Informationsverarbeitungssysteme mit großem Erfolg in der Fertigungsindustrie verwendet (Abb. 22). Sie sind Bestandteile eines zukünftigen integrierten Informationssystems. Auch in der IBM sind diese Teilsysteme in der heutigen Form noch "Inseln der automatischen Informationsverarbeitung".

Der nächste Schritt muß die Integration der verschiedenen Teilsysteme in den einzelnen Funktionen für die zeitgerechte Bereitstellung der Steuerungsinformationen, die Erfassung aller relevanten Überwachungsinformationen und die bedarfsgerechte Bereitstellung der daraus gewonnenen Daten zur Entscheidungsfindung sein. Diese Stufe der informationstechnischen Durchdringung des Unternehmens und der Produktion wird "Computer Integrated Manufacturing" (CIM) genannt.

Eine derartige Integration kann nur in einer "offenen" Systemumgebung durchgeführt werden, um zukünftige Änderungen und Erweiterungen des Gesamtsystems zu ermöglichen.

Neben vielen anderen Forschungs- und Entwicklungsprojekten in aller Welt hat inzwischen die Kommission der Europäischen Gemeinschaft im Rahmen der ESPRIT-Projekte ein CIM-Architektur-Projekt begonnen, in dem die IBM Deutschland in einem Konsortium mit 17 Industrie-, Software- und Forschungsorganisationen mitarbeitet. Dieses Projekt hat als Ziel die Definition von Funktionsbausteinen, Schnittstellenbeschreibungen und Spezifikationen von Verfahren und Methoden, die die Benutzung von Informationsverarbeitungssystemen unterstützen.

Eine derartige Architektur soll es kleinen, mittleren und großen Fertigungsunternehmen ermöglichen, das für sie notwendige Informationssystem zu definieren, zu erwerben, zu installieren, zu betreiben und bei Bedarf zu verändern und zu erweitern. Sie soll den Anwendern als genereller Rahmen für die Integration der Informationsverarbeitung in ihrem Unternehmen dienen. Den Anbietern der Informationstechnologie dient diese Architektur zur Definition ihrer eigenen Produkte und Marktstrategien.

8.0 Schlußbetrachtung

Die Fertigungsindustrie und damit auch die Produktion der IBM Deutschland hat neue Herausforderungen zu bewältigen.

Die hohe Innovationsrate und die daraus resultierende Produktvielfalt machen eine drastische Reduzierung der Durchlaufzeiten und eine wesentlich gesteigerte Nutzung der vorhandenen Investitionen notwendig, um die Kosten durch gebundenes Kapital in Grenzen zu halten. Produktqualität und Zuverlässigkeit sind für uns alle wichtige Faktoren, die die Marktposition entscheidend verbessern können. Die Veränderungen in der Arbeitswelt sind eine zusätzliche Herausforderung an die Produktion.

Um in diesem Umfeld bestehen zu können, ist eine flexible Unternehmensorganisation notwendig, die bei Veränderungen schnell reagieren kann. Ein gut organisierter, integrierter Informationsfluß ist eine wichtige Voraussetzung, um die notwendigen Entscheidungen qualitativ und quantitativ zu unterstützen.

75 Jahre IBM Deutschland stehen für 75 Jahre Entwicklung, Produktion und Vertrieb von Produkten zur automatischen Informationsverarbeitung, bedeuten aber auch 75 Jahre Nutzung der Datenverarbeitung im eigenen Unternehmen.

Eine Nutzung, die von Lochkartenmaschinen zu Informationssystemen führte; zu Systemen, durch die weltweit verteilte Informationen mit den verschiedensten Methoden automatisch oder interaktiv ausgewählt, verarbeitet und dargestellt werden können.

Eine Informationsverarbeitung, die es uns ermöglicht, volkswirtschaftlich die Position im internationalen Wettbewerb zu behaupten und zu verbessern, die es uns ermöglicht, unsere Arbeitsplätze zu erhalten und neue zu schaffen, die es uns erlaubt, gefährliche, monotone, körperlich anstrengende Tätigkeiten durch Maschinen ausführen zu lassen und die uns mehr Zeit für kreative, anspruchsvollere Tätigkeiten gibt, die uns mehr individuelle Freiheit und Freizeit schenkt.

Ob wir diesen Fortschritt zur Förderung wesentlicher Lebensinhalte einsetzen und nützen können, hängt nicht zuletzt davon ab, welche Ideen und welchen Gestaltungswillen jene Menschen haben, die mit der Informationstechnologie umgehen. Die Zukunft einer "Produktion im Wandel" wird durch uns selbst gestaltet!

Literatur

Engelke, H., Grotrian, J., Schmackpfeffer, A., Schwarz, W., Scheuing, C., Solf, B.: "Integrated Manufacturing Modeling System", IBM J. Res. Develop., Vol. 29, No. 4, July 1985

Technologie und Weiterbildung Bedarf und Angebot

Gerhard Bauer

Kurzfassung: Der erste Teil befaßt sich am Beispiel der Anwendung der Informationstechnik am Arbeitsplatz mit den Herausforderungen, die der technologische Wandel für die Qualifikation und Qualifizierung von Mitarbeitern mit sich bringt, und umreißt einige wichtige Aspekte künftiger betrieblicher Bildungsarbeit.

Es wird betont, daß Qualifizierung ein berufslebenslanger Prozeß ist. Dessen Hauptziel ist es, den arbeitenden Menschen immer wieder so auszustatten, daß er, auf der Grundlage von Tradition und Wertordnung, Veränderungen aktiv mittragen und verantwortlich gestalten kann und mit dem immer größer werdenden Wissensumfang, dem schnelleren Wissensverlust und vor allem mit Komplexität und Interdependenz umzugehen lernt.

Soll dieses Ziel erreicht werden, muß das Management künftig noch mehr als bisher ein den Veränderungen adäquates Weiterbildungsangebot planen und verwirklichen und die eigene kontinuierliche Weiterbildung pflegen.

Der zweite Teil des Aufsatzes zeigt Tradition, Antriebskräfte, Grundzüge und Schwerpunkte der Bildungsarbeit in der IBM Deutschland.

1.0 Berufliche Weiterbildung für die Anwendung der Informationstechnik

1.1 Bildungsanforderungen

Informationstechnologie ist eine Schlüsseltechnologie. Sie durchdringt in zunehmender Tiefe und Breite zahlreiche Produkte, Produktionsprozesse, Dienstleistungen, Berufe und Tätigkeiten.

Künftige Entwicklungen der Informationstechnik werden sich im wesentlichen auf vier Anwendungsgebieten vollziehen. Es sind dies die Gebiete der informatorischen Steuerungen, der Simulationen, des Wissenszugriffs und der Wissensverarbeitung und schließlich der zwischenmenschlichen Kommunikation. Die Informationstechnik wird sich also zu einem umfassenden Werkzeug für menschliche Informationstätigkeit entwickeln. Damit löst sie einen differenzierten und permanenten Bedarf an Weiterbildung aus.

Über das Ausmaß dieser Weiterbildung hat die Gesellschaft für Informatik bis 1990 folgende Prognose gestellt:

Ungefähr 5% der arbeitenden Menschen werden eine professionelle Informatikausbildung haben müssen. Weitere 15% benötigen eine zusätzliche Weiterbildung in einem Spezialgebiet der Informationstechnik, und mindestens 50% kommen ohne eine zusätzliche Weiterbildung für die Anwendung der Informationstechnik in ihrer Weiterbildung nicht aus.

Die Informationstechnik schafft nur sehr wenig neue Berufe (z.B. den Beruf des Informatikers), sondern eher neue Tätigkeiten, wie beispielsweise die Tätigkeit "Endbenutzerberater", "Informationsberater" oder "CAD-Ingenieur". In den allermeisten Fällen verändert sie jedoch bestehende Tätigkeiten in der Art, wie diese ausgeübt werden: eben mit Hilfe dieses neuen Werkzeugs Informationstechnik.

Am Beispiel der Tätigkeitsstruktur eines Bürosachbearbeiters mag dies kurz erläutert werden:

Diese Tätigkeit besteht heute zu mindestens 60% aus Service- und Routinearbeiten, während für die kreativen und kommunikativen Aufgaben höchstens 40% der Arbeitszeit zur Verfügung stehen. Eine moderne vernetzte Büroarbeitsstation wird jedoch zukünftig dem Bürosachbearbeiter u.a. dabei helfen, Texte und Graphiken zu erstellen. Informationen zu suchen und zu verarbeiten sowie schneller und wirksamer mit entfernten Menschen und Organisationen zu kommunizieren. Sie wird andererseits seinen Zeitaufwand für Service- und Routinearbeiten verringern. Dadurch wird der Spielraum für kreative und dispositive Aufgaben nicht unerheblich zunehmen.

Hier wird deutlich, in welcher Richtung die Anwender oder Endbenutzer moderner Informationstechnik auf breiter Basis qualifiziert werden müssen, um die Chancen dieser neuen Technik optimal nutzen zu können.

Auf einer ersten "Lernebene" geht es dabei um die Handhabung der Geräte. Es geht also darum, Geräte zu bedienen, Datenbanken abzurufen, Dialogverkehr zu führen, Benutzerprogramme anzuwenden usw.. Insgesamt geht es um das Lernziel "Technik handhaben können".

Auf einer zweiten Lernebene geht es um die produktive Nutzung dieser Technik. Es geht also beispielsweise darum, Probleme logisch zu strukturieren, Nutzungsalternativen zu kennen, die Möglichkeiten dieser Technik auszureizen und um ihre Grenzen zu wissen. Das Lernziel dieser Ebene ist "Effektive und effiziente Anwendung".

Auf einer dritten Lernebene geht es schließlich um "Systemverständnis" in einem umfassenden Sinn. Es geht also z.B. darum, in einem

Tätigkeitsverbund arbeiten zu können, der enger ist als bisher, und dabei Zusammenhänge überschauen zu lernen. Es geht darüber hinaus um die Fähigkeit und Bereitschaft zur Zusammenarbeit. Das Lernziel dieser Ebene ist letztlich "Übernahme von Verantwortung".

Wenn man diese Lernebenen und die damit verbundenen Lernziele bezüglich des Anforderungsprofils an künftige Mitarbeiter reflektiert, kommt man zu folgenden Überlegungen:

Wir müssen Mitarbeiter heranbilden, die logisch und abstrakt denken können, Zusammenhänge zu überschauen vermögen, neue Informationen bewerten und einordnen können. Kurz: Wir verlangen von ihnen die Fähigkeit, mit Informationen sinnvoll und produktiv umgehen zu können.

Informationstechnik als Werkzeug ("Denkzeug") am Arbeitsplatz wird darüber hinaus die menschlichen Möglichkeiten in der Arbeit und beim Umgang mit Informationen beträchtlich erweitern. Der Computer als Denkhilfe wird intelligenzverstärkend wirken. Der Zugang zu Informationen wird verbessert. Raum/zeitliche Flexibilität wird zusätzliche neue Freiheitsgrade schaffen. Dies alles wird bestimmte Fähigkeiten in höherem Maß als bisher erfordern, um mit der gestiegenen Kompetenz umgehen zu können: Kommunikations- und Kooperationsfähigkeit, Urteils- und Entscheidungsfähigkeit und vor allem - wie gesagt - die Fähigkeit zu verantwortlichem Handeln.

In einer Welt mit laufenden technischen, wirtschaftlichen und gesellschaftlichen Veränderungen geht es letztlich aber vor allem auch darum, diese Veränderungen persönlich zu verarbeiten und aktiv mitgestalten zu lernen. Dies wird unter anderem die Fähigkeit erfordern, neue Situationen mit alten Erfahrungen und Kenntnissen zu bewältigen, d.h. Problemlösungsfähigkeit und Transferfähigkeit.

All dies bedeutet, daß künftig berufliche Weiterbildung auch Persönlichkeitsbildung darstellt.

1.2 Voraussetzungen künftiger betrieblicher Bildungsarbeit

Weiterbildung kann in Zukunft nur dann erfolgreich geleistet werden, wenn in den Unternehmen die entsprechenden Voraussetzungen vorhanden sind bzw. geschaffen werden.

Zu diesen Vorraussetzungen gehört eine Firmenkultur und eine personalpolitische Konzeption, die innovatives Lernen fördert. Im Rahmen dieser Konzeption muß die bewußte Pflege der Arbeitsmotivation der Mitarbeiter, ihre Weiterbildungsmotivation und eine systematische Qualifizierung mit im Mittelpunkt stehen.

Der Bildungsplanungsprozeß im Unternehmen muß Teil des Managementsystems werden. Das heißt, daß die strategische Planung ebenso selbstverständlich Bildungsplanung umfassen muß, wie sie bisher Produktplanung oder finanzielle Planung umfaßt hat, und daß die Planung konsequent umzusetzen ist.

Wichtigste Vorraussetzung künftiger betrieblicher Bildungsarbeit ist eine entsprechende Führungsauffassung des Managements und die damit notwendig verbundene Einsicht, daß die Qualifikation der Mitarbeiter und ihre berufliche Vitalität der wichtigste Leistungsfaktor für die zukünftige Entwicklung des Unternehmens ist.

In diesem Zusammenhang sieht sich das Management folgenden Herausforderungen gegenüber:

- Wer Förderer technologischen Wandels sein will, muß Förderer für Bildung im technologischen Wandel sein.
- Wer Föderer von Bildung sein will, muß selbst zu lebenslangem Lernen bereit sein. Und er muß seine Erfahrung und sein Wissen systematisch weitergeben. Der "Top-Manager" muß auch der "Top-Instruktor" sein.
- Wer schließlich kontinuierlich Lernleistung und Lernwillen von anderen verlangt, muß gleichzeitig die Perspektiven und den Sinn für diese Leistung liefern.

Im Zusammenhang mit der letzten Forderung wird es vordringlich darum gehen, die Arbeit so zu gestalten, daß sie mehr als den Charakter von Existenzsicherung hat. Nur so ist die kreative und innovative Leistung, die wir für die Zukunft benötigen, zu erzeugen. Es wird also für das Managementteam vordringlich um die Gestaltung von Arbeit und Zusammenarbeit gehen und um ein Führungsverhalten, das die Identität der Mitarbeiter und ihre Identifikation mit dem Arbeitsprozeß unterstützt und fördert. Letztere stellen die eigentlichen unabdingbaren Antriebskräfte für Weiterbildung beim Mitarbeiter dar.

1.3 Strategische Ansatzpunkte betrieblicher Bildungsarbeit

1.3.1 Weiterbildung des Managements

Die Weiterbildung des Managements selbst ist einer der strategischen Ansatzpunkte künftiger betrieblicher Bildungsarbeit. An diese Weiterbildung werden vielfältige Anforderunge gestellt werden müssen. Hier sollen einige wenige Aspekte hervorgehoben werden:

- Unsere Führungskräfte müssen Personalführung unter den Bedingungen lernen, die die neue Informationstechnik schaffen wird. Das heißt, sie müssen lernen, sogenannte "Wissensarbeiter" zu führen. Die Fähigkeiten dieser Mitarbeiter müssen durch eine Arbeitsorganisation gefördert werden, die sie in richtigem Maße fordert und ihnen einen Selbstbestimmungsraum einräumt, der ihrer Kompetenz und der Sachaufgabe gerecht wird. Ebenso wichtig ist die Aufgabe ihrer ständigen beruflichen Weiterentwicklung.

- In diesem Zusammenhang wird von unseren Führungskräften auch die Einsicht und die sich daraus ergebende Handlungsorientierung verlangt, daß künftig Arbeitsort und Lernort nicht mehr so eindeutig zu trennen sein werden wie in der Vergangenheit. Das heißt mit anderen Worten, daß der Lernort noch mehr als bisher über Simulationen und anwendungsorientierte Fallstudien zum Arbeitsort wird, daß jedoch andererseits der Arbeitsort gleichzeitig auch Lernort sein wird. Man wird in Zukunft oft nicht mehr unterscheiden können, ob ein Mitarbeiter "arbeitet" oder "lernt".
- Ein weiteres wichtiges Gebiet der Weiterbildung des Managements wird es sein, Einführungsstrategien zur organisatorisch und menschlich richtigen Einführung von neuen Techniken zu lernen und zu lehren. Hier geht es um eine ganze Reihe wichtiger Aufgaben, angefangen von der Berücksichtung des Entfaltungs- und Gestaltungsinteresses der Mitarbeiter, ihres Interesses an der Beteiligung an Entscheidungen, ihres Informationsbedürfnisses usw.

1.3.2 Weiterbildung der Fachkräfte

Neben der Grundausbildung, der allgemeinen Mitarbeiterweiterbildung, der tätigkeitsbezogenen fachlichen Weiterbildung und der Umschulung wird die vorrausschauende Weiterbildung der Fachkräfte in der Zukunft einen stärkeren Raum einnehmen müssen als bisher. Hier wird es vor allen Dingen darum gehen, fachübergreifendes und fachergänzendes Basiswissen und vor allen Dingen "Schlüsselqualifikationen" zu vermitteln. Weiterhin wird es für bestimmte Fachkräfte darum gehen, den Anschluß an modernes Hochschulwissen wieder herzustellen bzw. zu erhalten. Die Schulfunktionen selbst müssen auf diesen letzteren Gebieten noch viele neue Überlegungen anstellen und neue Initiativen ergreifen.

Dieser Gedanke führt schließlich zu der Frage des Einsatzes der Informationstechnik in der Weiterbildung.

1.3.3 Einsatz der Informationstechnik in der betrieblichen Weiterbildung - Lernerbörse

Selbstverständlich wird betriebliche Weiterbildung, wenn sie anforderungsgerecht, schnell und qualifiziert in der Zukunft arbeiten will, den Einsatz der Informationstechnik bei der Weiterbildung der Erwachsenen vorantreiben und weiter ausgestalten müssen.

Neue Informationstechniken werden daher als Medien der Bildung wachsende Bedeutung gewinnen. Allein oder in Kombination mit herkömmlichen Medien eröffnen sie eine ganze Reihe neuer Möglichkeiten. Eine ausführliche Darstellung dieser Möglichkeiten findet sich u.a. im Bericht der Kommission "Weiterbildung", der im Jahre 1984 im Auftrag der Landesregierung von Baden-Württemberg erstellt worden ist, im Kapitel "Berufliche Weiterbildung: Investition in die Zukunft" unter dem Abschnitt "Lernen mit Medien und Computer".

Zum Schluß soll ein Punkt angesprochen werden, der für die Funktionen betrieblicher Weiterbildung in der Zukunft von nicht zu unterschätzender Wichtigkeit sein wird. Er gehört zu ihrer eigenen zukünftigen Rolle im Unternehmen.

Es werden Wege zu suchen und zu finden sein, auf denen die Weiterbildungsfunktionen zu "Lern- bzw. Lehrkatalysatoren" werden. Das bedeutet, daß sich ihre Aufgabe nicht darin erschöpfen kann, Bildungsveranstaltungen zu planen und durchzuführen. Sie müssen darüber hinaus dafür sorgen, daß im Unternehmen ständige Lernprozesse organisierter und nichtorganisierter Art initiiert und unterhalten werden. Einer der Wege, auf dem dieses geschehen kann, besteht in der Schaffung von "Qualitätszirkeln im Lernbereich" durch die Einrichtung von sogenannten Lernerbörsen.

Eine Lernerbörse besteht im Grunde genommen aus einer Datenbank, in die aktuell auftretende Lern- und Lehrwünsche eingegeben und dort zusammengeführt werden können. Mit ihrer Hilfe würde es also möglich, spontan und unmittelbar Lernwünsche von Mitarbeitern und ein entsprechendes Lehrangebot zusammenzuführen. Diese Datenbank wird von der Weiterbildungsfunktion verwaltet werden müssen. Ihre Aufgabe wird es weiterhin sein, entweder zusätzlich zu den geplanten Weiterbildungsangeboten spontan neue Weiterbildungsveranstaltungen zu organisieren, oder es einzelnen Lerngruppen zu ermöglichen, sich eigengesetzlich und selbstverantwortlich zusammenzufinden und die eigene Weiterbildung zu organisieren.

Auf diesem Wege wird nicht nur der Lehrer in der Weiterbildung eine neue Identität finden. Darüber hinaus wird bei den Mitarbeitern mit der Zeit auch eine Weiterbildungsmentalität entstehen können, die nicht darauf wartet, weitergebildet zu werden, sondern die die eigene Weiterbildung aktiv und selbstständig in die Hand nimmt.

2.0 Bildungsarbeit in der IBM

2.1 Tradition und Antriebskräfte

Bildungsarbeit in der IBM ist so alt wie das Unternehmen selbst und hat von Anfang an die Mitarbeiter aller Unternehmensbereiche und -ebenen umfaßt.

Ihre Dynamik entsteht durch das Zusammenspiel von drei Einflußgrößen, die sich gegenseitig verstärken:

Unsere personalpolitischen Leitvorstellungen:

Diese bestehen unverändert seit Beginn des Unternehmens. Sie gehen auf den Grundsatz des "Respekts vor dem einzelnen Mitarbeiter" zurück. Aus diesem Grundsatz heraus entstehen eine Reihe wichtiger personal- und führungspolitischer Aufgaben, darunter:

- die Entwicklung der individuellen Fähigkeiten jedes einzelnen Mitarbeiters auf dem Boden der Chancengleichheit,
- Beförderungen aus den eigenen Reihen,
- Sicherheit der Beschäftigung im Wandel des Geschäfts.

Die geschäftliche Notwendigkeit:

Diese ist immer wieder ein mächtiger Einflußfaktor gewesen. Gerade in unserer Branche, in der sich technologische Entwicklung schnell vollzieht, wird die kontinuierliche Weiterbildung aller Mitarbeiter zu einer Überlebensfrage.

Die Einstellungen und Erwartungen unserer Mitarbeiter:

In einem Unternehmen wie dem unsrigen, in dem sich die Mitarbeiter mit der Firma und mit ihrer Tätigkeit in hohem Maße identifizieren, entsteht auch der Wille, die eigene persönliche Entwicklung mit den sich wandelnden Anforderungen immer wieder in Einklang zu bringen. Die Mitarbeiter begreifen dann ihre Arbeit als fortgesetzten Lernprozeß. Sie wissen um ihren Teil der Verantwortung in diesem Prozeß, dessen Ergebnis für sie zu Arbeitszufriedenheit und zu einer dauerhaften Beschäftigung führt.

Am Beispiel der Änderungen des Fertigungsprogramms im IBM Werk Sindelfingen wird schlaglichtartig deutlich, wie groß die Herausforderungen waren, die immer wieder auf Unternehmen und Mitarbeiter zukamen.

Aus Abb. 1 ist zu ersehen, daß dieses Werk mit einer ursprünglich überwiegend mechanischen Fertigung eine rasche Entwicklung über eine elektromechanische und elektronische hin zu einer prozeßorientierten Fertigung auf chemophysikalischer Basis vollzogen hat.

Die hier beschäftigten Mitarbeiter mußten manchen "nächsten Schritt" tun, um nach vielen Weiterbildungs- und Umschulungsphasen die Qualifikation zu erreichen, die sie jeweils benötigten.

Heute sind in den hochkomplexen Fertigungsprozessen, die teilweise die atomare Struktur der Materie berühren, immer noch Mitarbeiter tätig, die als Feinmechaniker bei uns angefangen haben.

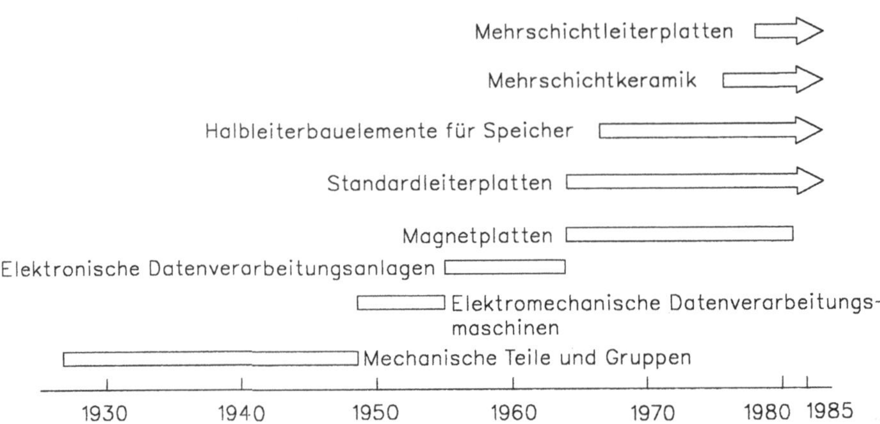

Abb. 1. Wandel der Fertigungsprogramme im Werk Sindelfingen

2.2 Grundzüge

Überall in unserem weltweiten Unternehmen weist Bildungsarbeit die gleichen Grundzüge auf:

2.2.1 Bedarfsermittlung und Zuordnung der Schulungsaktivitäten

Ausmaß und Aufwand unserer Bildungsarbeit erfordern einen sorgfältigen unternehmensweiten Prozeß der Bedarfsermittlung, der Unternehmens- und Mitarbeitererfordernisse berücksichtigt und integriert (Abb. 2).

Bei der Verteilung der Bildungsaufgaben auf nationale und internationale Ebenen gehen wir zuerst einmal davon aus, daß Bildungsmaßnahmen unter Berücksichtigung nationaler, geschäftlicher und sozialer Bedingungen möglichst nahe an dem Ort durchzuführen sind, wo sie entstehen.

Andererseits betreiben wir mit Erfolg eine gezielte internationale Weiterbildung für die Mitarbeiter aller unserer Landesgesellschaften, indem wir ihnen gleiches Wissen auf einem hohen fachlichen Niveau vermitteln. Auf diese Weise erreichen wir einen intensiven Wissens- und Erfahrungsaustausch zwischen allen Landesgesellschaften in Europa und zwischen Europa und den USA.

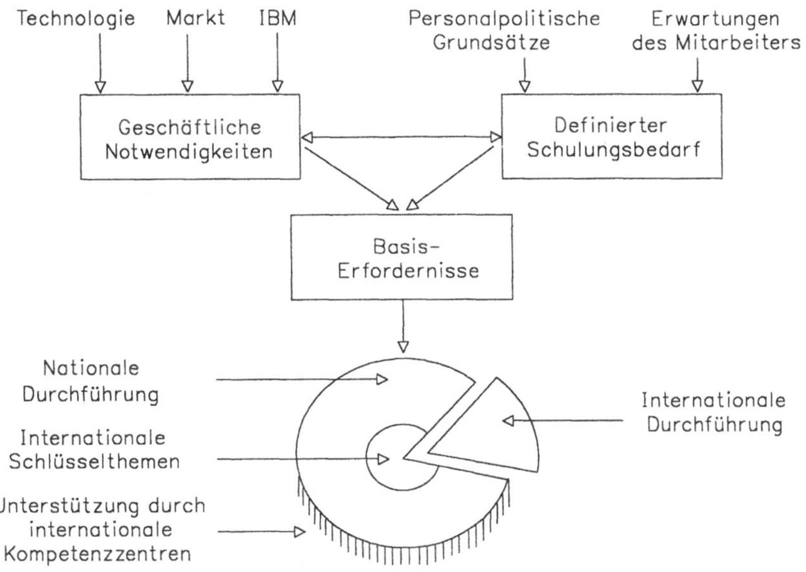

Abb. 2. Bedarfsermittlung und Zuordnung der Schulungsaktivitäten

2.2.2 Internationale Durchführung

Abbildung 3 zeigt wichtige internationale IBM Weiterbildungszentren für Mitarbeiter der europäischen Gesellschaften. Selbstverständlich besuchen sie darüber hinaus eine ganze Reihe externer nationaler und internationaler Institutionen der Weiterbildung.

2.2.3 Management der Schulung

Auch das Management der Schulung erfolgt überall nach dem gleichen Grundmuster. Dabei gilt zuerst: Bildungsarbeit ist Führungsaufgabe!

Jede Führungskraft hat sich intensiv der ständigen Entwicklung ihrer Mitarbeiter zu widmen. Wir haben schon seit langem verschiedene Programme und Verfahren - wie z.B. das Beratungs- und Förderungsgespräch entwickelt, um sicherzustellen, daß von der Basis her die Bildungserfordernisse rechtzeitig erkannt und laufend realisiert werden.

Das für eine Schulfunktion verantwortliche Linienmanagement hat die Aufgabe, die notwendigen Mittel bereitzustellen.

Die Funktionen des Bildungswesens unterstützen Führungskräfte und Mitarbeiter durch qualifizierte Lehrangebote. Sie stellen einen Trainerstab auf einem hohen professionellen Niveau zur Verfügung.

Der Erfolg der Weiterbildungs- und Umschulungsmaßnahmen wird an der Fähigkeit unserer Mitarbeiter ersichtlich, den beruflichen Anforde-

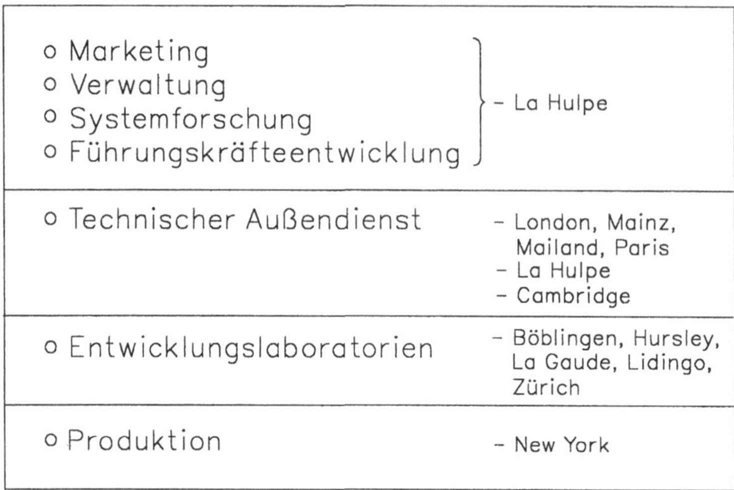

Abb. 3. Internationale Durchführung

rungen gerecht zu werden, und an ihrer Motivation, ihre Qualifikation zu erhalten und zu entwickeln. Unsere innerbetriebliche Meinungsforschung liefert uns ständig verläßliche Hinweise, ob wir auf dem richtigen Wege sind.

2.2.4 Konzept der kontinuierlichen und individuellen Weiterentwicklung

Unser Konzept der kontinuierlichen und individuellen Weiterentwicklung beruht auf einem ständigen Wechsel zwischen Theorie und Praxis.

Jeder neu eingestellte Mitarbeiter erhält die für seine Anfangstätigkeit notwendige Grundausbildung. Im Verlauf seiner beruflichen Entwicklung wechseln sich dann formelle Weiterbildung und Erfahrung am Arbeitsplatz ständig ab. Wir wissen, daß Formalausbildung ohne praktische Anwendung des erlernten Wissens zu Frustrationen führt. Deshalb geben wir dem praktischen Teil der Weiterbildung mit der Zeit einen immer größeren Raum.

Bildungsarbeit vollzieht sich aber nicht nur im Rahmen der Schulung. Sie umfaßt alle Maßnahmen zur Aneignung und Entwicklung von Kenntnissen, Fertigkeiten und Fähigkeiten - am Arbeitsplatz, im Selbststudium außerhalb der Arbeitszeit u. a. m. Auch Rotationen in andere Bereiche oder ins Ausland gehören dazu.

Erst die Gesamtheit aller Maßnahmen bewirkt schließlich die von uns angestrebte ständige Qualifizierung unserer Mitarbeiter für immer neue Aufgaben.

2.2.5 Einsatz des Computers im Unterricht

Viele unserer Lehrgänge behandeln Informationsverarbeitung. Dort sind der Computer und seine Anwendungen Gegenstand des Unterrichts. Darüber hinaus verwenden wir den Computer als Unterrichtsmedium, besonders beim Selbststudium. In beiden Fällen bedeutet das für den Teilnehmer, daß er am Bildschirm lernt.

Im Klassenunterricht, der in den Ausbildungszentren oder vor Ort in den Niederlassungen stattfindet, werden über 400 Lehrgangstypen angeboten, von denen etwa 250 das Bildschirm-Terminal benutzen.

Beim Selbststudium in Lernzentren oder am Arbeitsplatz wird in zunehmendem Maße der Personal Computer verwendet. Vielversprechend sind auch die Erfahrungen mit der Bildplatte, die vom PC gesteuert wird. Die Bildplatte am PC bietet viele zusätzliche Möglichkeiten für das Selbststudium, so z.B. ein Mehr an Anschaulichkeit und Individualisierung.

2.3 Organisation und Aufgabenstellung

Ein Blick auf die Organisationsstruktur des Bildungswesens der IBM Deutschland (Abb. 4) zeigt, daß unsere Fachschulen über das ganze Land verteilt sind. Sie betreiben fachliche Weiterbildung in der Verantwortung des funktionalen Linienmanagements.

Dem Zentralbereich Bildungswesen stellen sich besonders folgende Aufgaben:

- systematische Pflege der professionellen Vitalität unserer Mitarbeiter unter längerfristigen Gesichtspunkten;
- "Bildungstransfer" mit Universitäten, Hochschulen und anderen Bildungsinstituionen bzw. mit den in diesen Institutionen tätigen Fachleuten;
- Ausbau der fachlichen und führungsorientierten Weiterbildung der Führungskräfte;
- Sicherung von Ausbildungs- und Beschäftigungschancen in unserem Land durch die Bereitstellung von qualifizierten Ausbildungsplätzen für junge Menschen im Rahmen der IBM Berufsausbildung und der sonstigen beruflichen Erstausbildung;
- Mitarbeit an der Lösung allgemein wichtiger Bildungsfragen und Bildungsförderung im öffentlichen Bereich im Zusammenhang mit Informations- und Kommunikationstechniken.

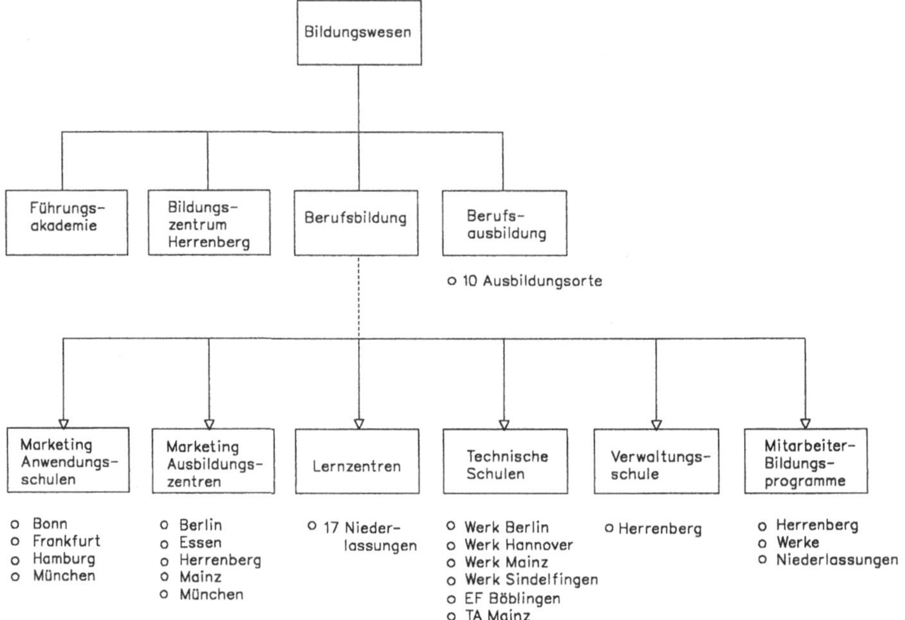

Abb. 4. Organisation und Schulungsorte - Bildungswesen IBM Deutschland

2.4 Schwerpunkte

2.4.1 Unsere Mitarbeiter

Unsere geschäftliche Entwicklung der letzten Jahre führte 1984 zu einem hohen Weiterbildungsvolumen. Die Mitarbeiter wurden im unternehmensweiten Durchschnitt zwischen 10 und 11 Tagen geschult. Die IBM Schulen zählten insgesamt 75 000 Teilnehmer und 300 000 Teilnehmertage.

400 Lehrkräfte waren hauptamtlich im Rahmen der Kunden- und Mitarbeiterweiterbildung beschäftigt. Darüber hinaus hat eine große Anzahl von Führungskräften und Spezialisten unsere Bildungsaktivitäten engagiert unterstützt.

Im Marketingbereich legen wir derzeit besonderes Gewicht auf die Pflege der Professionalität unserer Vertriebsbeauftragten und Systemberater, ausgerichtet auf deren künftige geschäftliche Schwerpunkte.

Der Schwerpunkt der Weiterbildung in den Bereichen Finanz, Planung und Verwaltung liegt auf dem Auf- und Ausbau der Fähigkeiten unserer Mitarbeiter im Umgang mit den neuen Systemen und Anwendungen der Bürokommunikation sowie der Nutzung von Datenbanken.

Gleichzeitig setzen wir neue Akzente für eine vorausschauende zukunftsorientierte Weiterbildung in allen Unternehmensbereichen.

Besonders in Entwicklung und Forschung, Produktion und im Technischen Außendienst intensivieren wir die Vermittlung von Hochschulwissen.

Die hohe Beteiligung von über 8 000 Teilnehmern an den Jahresprogrammen der Freizeitbildung unterstreicht die positive Einstellung vieler unserer Mitarbeiter, auch durch eigene Anstrengungen außerhalb der Arbeitszeit das umfangreiche Angebot wahrzunehmen, welches neben Sprachkursen Themen aus der Allgemeinen Betriebswirtschaftslehre, der Informationsverarbeitung bis zur höheren Mathematik bietet.

Zum Kennenlernen des Personal Computers haben allein in den letzten 18 Monaten annähernd 2 000 Mitarbeiter und deren Familienangehörige an entsprechenden Veranstaltungen unserer Freizeitbildung teilgenommen.

2.4.2 Unsere Führungskräfte

Permanente eigene Weiterbildung, systematische Weitergabe von Wissen und Erfahrung und die Förderung des Lernens ihrer Mitarbeiter gehören zu den vordringlichen Pflichten unserer Führungskräfte.

Daher hat auch im 75. Jahre unseres Bestehens eine Forderung mehr Berechtigung denn je: Jede IBM Fürungskraft widmet jährlich eine Woche der eigenen Schulung, davon 4 Tage dem Thema "Führen von Mitarbeitern". Das ist zunächst die Verpflichtung jedes einzelnen für sich selbst, aber auch die Verantwortung gegenüber den Mitarbeitern und dem Unternehmen.

Die IBM Führungsakademie bietet, ergänzt durch externe Seminare, allen Managementebenen Gelegenheit, kontinuierlich in diese eigene Weiterbildung zu investieren.

Die Seminare zur Mitarbeiterführung gruppieren sich um das Dreieck "Führen mit Zielen - Analyse des Erfolgs - Führen zur Leistung". Der Führungsaufgabe in Zusammenhang mit der Forderung nach Qualität gelten besondere Schulungsanstrengungen. Ein weiterer Schwerpunkt ist die Verbesserung der Kommunikationsfähigkeit als eine der wichtigsten Schlüsselqualifikationen für viele, aber ganz besonders für Mitarbeiter in Führungspositionen.

2.4.3 Unsere Auszubildenden

Die Sicherung von Ausbildungschancen in unserem Land durch die Bereitstellung von Ausbildungsplätzen für junge Menschen ist nach wie vor unsere vordringliche soziale Aufgabe. Das Unternehmen hat auf diese nationale Herausforderung in den vergangenen Jahren durch den kontinuierlichen Ausbau der IBM Berufsausbildung reagiert. Diese blickt in diesem Jahr auf ihr 50jähriges Bestehen zurück. 1935 wurden die ersten Lehrlingswerkstätten in Berlin und Sindelfingen eingerichtet. Heute betreiben wir Berufsausbildung an acht weiteren Orten in der Bundesrepublik.

Mit den 380 Neueinstellungen dieses Jahres werden am Jahresende über 920 junge Menschen bei uns in einem Ausbildungsverhältnis stehen.

Parallel mit dem Ausbau der Berufsausbildung steigern wir auch den Anteil an Ausbildungsplätzen für Körperbehinderte. Diese jungen Menschen sind in die einzelnen Ausbildungszüge voll integriert.

Darüber hinaus werden wir in diesem Jahr ungefähr 1 000 Studenten von Hochschulen und Fachhochschulen einen Platz anbieten, damit sie entweder im Rahmen eines Hochschulpraktikums oder eines IBM Ausbildungsprogramms praktische berufliche Erfahrung sammeln können.

Neben den Mitarbeitern der Berufsausbildung engagieren sich noch etwa 850 Ausbildungsbeauftragte in den verschiedensten Fachfunktionen für die Entwicklung und Heranbildung unserer jungen Generation.

2.4.4 Unsere externen Anstrengungen

Das Programm "Computer in Schulen" unterstützt seit dem letzten Jahr mit bisher 375 Personal Computern gezielt Projekte der Kultusministerien von Baden-Württemberg, Berlin, Hessen, Niedersachsen und Rheinland-Pfalz. Mit Bayern und Nordrhein-Westfalen bahnen sich gemeinsame Vorhaben an. Im Rahmen der Projekte wird untersucht, wie der Personal Computer als Unterrichtsmedium eingesetzt werden kann.

Insbesondere werden pädagogisch-didaktische Anwendungs- und Nutzungsmöglichkeiten des Personal Computers im Unterricht erprobt.

Wir sind sicher, daß diese Projekte und die zu erwartenden richtungweisenden Ergebnisse mit dazu beitragen, den sinnvollen und effektiven Einsatz des Personal Computers als Unterrichtsmedium in vielen Schulfächern entscheidend zu fördern.

Im Rahmen begleitender Lehrer- und Schülerseminare wurden bisher insgesamt annähernd 1 000 Lehrerinnen und Lehrer sowie beinahe 300 Schülerinnen und Schüler in Wochenseminaren in den Ausbildungszentren Herrenberg, Mainz und Kiel während der Schulferien mit den Grundlagen der Informationsverarbeitung sowie der Funktionsweise des Personal Computers als Hilfsmittel bei der Lösung vielfältiger Probleme vertraut gemacht.

Das Projekt "IBMer als Tutoren" unterstützt IBM Mitarbeiter, die in ihrer Freizeit an einer gemeinnützigen Bildungseinrichtung lehren und dafür IBM Personal Computer als Arbeitsmittel einsetzen. Dafür stehen je 20 IBM Personal Computer und die notwendige Software in unseren Niederlassungen Hamburg, Düsseldorf, Frankfurt, Stuttgart und München zur Verfügung.

In Zusammenarbeit zwischen dem Wirtschaftsministerium Baden-Württemberg, dem Landesarbeitsamt, der Verwaltungs- und Wirtschaftsakademie Stuttgart und der IBM Deutschland wurde ein beispielgebendes Projekt zur Umschulung von arbeitslosen Lehramtsbewerbern zum "Anwendungsinformatiker Wirtschaft" konzipiert und im Herbst 1984 begonnen. Die Teilnehmer erhalten während der 19monatigen Umschulung über einen Zeitraum von 12 Monaten bei uns Datenverarbeitungsunterricht und arbeiten in unseren Fachabteilungen mit.

2.4.5 Unser Bildungszentrum Herrenberg

Unser Bildungszentrum Herrenberg hat sich seit 1983 zu einer Begegnungsstätte für IBM Mitarbeiter, IBM Kunden und viele gesellschaftliche Gruppen entwickelt.

Die dort stattfindenden über 1 500 Lehrveranstaltungen besuchen jährlich etwa 30 000 Teilnehmer. Davon sind ein Drittel Mitarbeiter unserer Kunden.

Im Mittelpunkt des Gedanken- und Erfahrungsaustausches mit jährlich weit über 100 Besuchergruppen aus den verschiedensten Bereichen der Wirtschaft und des öffentlichen Lebens stehen Themenkreise wie:

- gesellschaftliche und wirtschaftliche Aspekte der Informationsverarbeitung,
- Trends der Informationstechnik,
- sinnvoller und zweckmäßiger Einsatz der Informationstechnik in Schule und Berufsschule,
- Didaktik und Methodik der Ausbildung,
- Aufbau und Betrieb eines Bildungszentrums,
- Weiterbildung von Dozenten,
- Informationstechnik in der Erwachsenenbildung.

2.5 Einstellung zur Weiterbildung

Wir verstehen berufliche Weiterbildung und Umschulung als Investition für die Zukunft. Wir betreiben eine qualifizierte Weiterbildung unter Einsatz modernster Computertechnologie. Diese beiden Punkte sind wichtig. Kernpunkt aber ist die Schaffung eines Arbeitsklimas, in dem eine positive Einstellung zum Lernen entstehen kann. Daher hat Bildungsarbeit in der IBM im wesentlichen drei Ziele:

- Das Management identifiziert sich mit der beruflichen Weiterbildung und Umschulung, um seine geschäftlichen und personalpolitischen Ziele zu verwirklichen.
- Die Mitarbeiter wissen, daß berufliche Weiterbildung und Umschulung persönliche Entwicklung, Beschäftigungssicherheit und Arbeitszufriedenheit ermöglichen.
- Berufliche Weiterbildung und Umschulung ist als ständiger Prozeß während des ganzen Berufslebens akzeptiert.

Diese Ziele können nur erreicht werden, wenn die Grundlage der Bildungsarbeit eine Personalpolitik ist, die auf eine generelle Bereitschaft und Fähigkeit zum Wandel zielt.

Heute wird viel über Qualität gesprochen. Nach unserer Auffassung entsteht Qualität aus dem Bedürfnis des mit seiner Aufgabe identifizierten Mitarbeiters, eine hervorragende Arbeit zu leisten.

Qualität der Personal- und Bildungsarbeit aber bedeutet, Bedingungen mitzugestalten, die diese Identifikation fördern und Hemmnisse abzubauen, die ihr entgegenwirken.

Literatur

Sparberg, L.F.W.: "Neue Technologien - Wandel in der Bildung". Technische Rundschau, 4.9.1984

Sparberg, L.F.W.: "Informations-Technologie - eine Herausforderung für Wirtschaft und Wissenschaft". Handelsblatt, 21.9.1984

Watson, Jr., T.J.: "IBM - ein Unternehmen und seine Grundsätze". Verlag Moderne Industrie, 1964

"Dynamik durch Weiterbildung". Bericht über Weiterbildungskongress 25.-27. Oktober 1984, Deutscher Industrie- und Handelstag

"Weiterbildung - Herausforderung und Chance". Bericht der Kommission Weiterbildung, erstellt 1984 im Auftrag der Landesregierung von Baden-Württemberg

Autorenverzeichnis

Gerhard Bauer
Dipl.-Chem. Dr. rer. nat.

Studium der Naturwissenschaften in Karlsruhe und Hannover
Tätigkeit als Beratender Chemiker bei der Deutschen Shell Chemie (1959-1962)

Eintritt in die IBM Deutschland (1962)
Vertriebsassistent (1962-1963)
Vertriebsbeauftragter (1964-1965)
Personalleiter im Marketingbereich (1966-1968)
Leiter Personalentwicklung (1969-1983)
Direktor Bildungswesen (seit 1.1.1984)

Mitglied des Berufsbildungsausschusses der IHK Mittlerer Neckar
Mitglied der Bildungskommission 1984 der Landesregierung Baden-Württemberg
Vorsitzender der Ständigen Konferenz der Träger der Weiterbildung in Baden-Württemberg

Roland Beyer

Abgeschlossenes Studium als Diplom-Dolmetscher und -Übersetzer (1962)
Längere Auslandsaufenthalte in Nord- und Mittelamerika
Abgeschlossenes Studium (Ing. grad.) der Hochfrequenz- und Nachrichtentechnik in München (1965)
Studien an der Universität Toronto, Kanada, in Elektrotechnik (1960/61) und an der Universität Bridgeport, Conn. USA, in Literatur und Philosophie (1981/82)

Mitarbeiter der IBM Deutschland im Bereich Entwicklung und Forschung (seit 1965)

Mehrere Abordnungen nach USA; Leiter verschiedener technischer Abteilungen
Personalleiter des Bereichs Entwicklung und Forschung (1978-1984)
Leiter der Druckerentwicklung des Böblinger IBM Labors (seit Februar 1984)

Albrecht Blaser
Dipl.-Math. Dr.-Ing.

Studium der Mathematik, Physik und Theoretischen Mechanik an der Universität Stuttgart (1952-57)
Promotion zum Dr.-Ing. an der Universität Hannover (1960)
Assistententätigkeit an den Universitäten Hannover (Theoretische Mechanik, 1957-61) und Stuttgart (Mathematik, 1961-64)

Eintritt in die IBM Deutschland (1964)
Entwicklung mathematischer Programmprodukte (1964-1967)
Leitung der mathematischen Programmproduktentwicklung (1967-1972)
Dozent für Mathematik und ihre Anwendungen am European Systems Research Institute der IBM Europa in Genf (1972 - 1973)
Leiter des Wissenschaftlichen Zentrums Heidelberg (seit 1973)

Mitglied der Gesellschaft für Informatik (GI)
- Mitglied des Präsidiums (seit 1984)
- Mitglied des Fachbereichs 2 "Softwaretechnologie und Informationssysteme" (seit 1983)
- Mitglied des Fachausschusses 2.5 "Rechnergestützte Informationssysteme" (seit 1983)
- Mitglied des Herausgebergremiums des Informatik Spektrums
- Mitglied mehrerer Fachgruppen
- Organisator mehrerer Fachkonferenzen und Herausgeber von Tagungsbänden

Mitglied der Gesellschaft für Angewandte Mathematik und Mechanik (GAMM)
Mitglied des German Chapter der Association of Computing Machinery (ACM)

Peter Ehret
Dipl.-Phys. Dr. rer. nat.

Abitur in Heidelberg
Studium der Naturwissenschaften an der Universität Stuttgart Abschluß als Dipl.-Physiker (1966)
Promotion an der Universität Stuttgart über das Thema "Elektron-Kern-Doppelresonanz an Triplett-Zuständen des deuterierten Naphtalin-Einkristalls", Dr. rer. nat. (1968)

Eintritt in die IBM Deutschland (1969)
Entwicklung von Packungstechnologien in IBM East Fishkill/USA (bis 1970) und im IBM Laboratorium Böblingen (bis 1971)
Leiter verschiedener Produktentwicklungsabteilungen (Speicher-, Logik- und Packagingkomponenten) im IBM Laboratorium (1971-1981)
Leitung des Bereichs Packaging Entwicklung in IBM Endicott/USA (bis 1984)
Leiter des Bereichs Komponentenentwicklung, IBM Laboratorium Böblingen

Helmut Forner
Dr.-Ing.

Studium der Elektrotechnik, Technische Hochschule Stuttgart, Dipl.-Ing. (1962)
Promotion über das Gebiet der Dynamik von Atomreaktoren, Technische Hochschule Stuttgart (1966)

Eintritt in die IBM Deutschland (1966)
Systemberater (1968)
Leiter Systemberatung Frankfurt (1972)
Vertriebsleiter Frankfurt (1975)
Leiter Produktmanagement Nachrichtentechnik, Stuttgart (1978)
Leiter Nachrichtentechnik, (1982)
Leiter Anwendungs- und Kommunikationssysteme (1984)

Karl E. Ganzhorn
Prof. Dr. rer. nat. Dr.-Ing. E.h.

Diplom-Examen in Physik, Universität Stuttgart (1951)
Doktor-Promotion in Theoretischer Physik, Universität Stuttgart (1952)
Universitätsassistent, Universität Stuttgart (1951-1952)

IBM Deutschland:
Entwicklungsphysiker, IBM Böblingen (1952-1955)
Leiter, Elektronische Entwicklung, IBM Böblingen (1955-1958)
Leiter des deutschen IBM Entwicklungslaboratoriums (1958-1963)
Mitglied der Geschäftsführung der IBM Deutschland GmbH (1963-1986), verantwortlich für Entwicklung und Forschung

Internationale IBM Aufgaben:
Mitglied des Aufsichtsrats der IBM British Laboratories Ltd. (1956-1962)
Direktor der IBM Laboratorien in Deutschland, Österreich und Schweden (1964-1971)
Direktor für Wissenschaft und Technologie der IBM Europa (1973-1975)
Mitglied des Aufsichtsrats der IBM Niederlande (1973-1984)
Vizepräsident, Telecommunication Systems, der IBM System Communications Division (1975-1977)

Externe/Wissenschaftliche Aufgaben:
Lehrauftrag an der Universität Karlsruhe "Struktur digitaler Datenverarbeitungssysteme" (ab 1960)
Honorarprofessor der Universität Karlsruhe (seit 1964)
Mitglied/Vorsitzender der Kuratorien von drei Max-Planck-Instituten
Präsident der Deutschen Physikalischen Gesellschaft (1969-1971)
Mitglied des Stiftungsrates der Stiftung Werner-von-Siemens-Ring (seit 1970)
Mitglied des Executive Committee der Europäischen Physikalischen Gesellschaft, Genf (1971-1976, 1981-1984)
Dr.-Ing. Ehren halber der Universität Stuttgart (1977)
Mitglied des Wissenschaftsrates der Bundesrepublik Deutschland (seit 1978)
Mitglied des Präsidiums des Deutschen Instituts für Normung e.V. (DIN), Berlin (seit 1980)
Ehrensenator der Technischen Universität München (1982)

Großes Verdienstkreuz des Verdienstordens der Bundesrepublik Deutschland (1982)
Verdienstmedaille der Universität Karlsruhe (1984)

Eckart Lennemann
Dipl.-Ing., Ph.D.

Abitur in Bochum (1959)
Maschinenbau Studium an der Rhein. Westfäl. TH Aachen (1960-1965)
Abschluß Dipl.-Ing. (1965)
Promotion (Mechanical Engineering) an der University of Waterloo, Ontario/Kanada
Abschluß Ph.D. (1969)
Gebiet: "Internal Aerodynamics of Radial Turbomachines"
Post doctoral fellow
Beratungstätigkeit in der Turbomaschinen-Industrie (USA, Kanada)

Eintritt in die IBM Deutschland (1970)
Entwicklungsingenieur Grundlagenentwicklung (1970)
Leiter Mechanische Analyse (Druckerentwicklung) (1973)
Leiter Ein-/Ausgabe Systemanschlüsse (Erzeugnisprüfung) (1976)
Leiter Drucker, Plattenspeicher (Erzeugnisprüfung) (1977)
Leiter Systeme, Speicher, Karten (Erzeugnisprüfung) (1979)
Leiter Textverarbeitungssysteme (Drucker-Entwicklung) (1982)
Leiter Druckerentwicklung (1983)
Leiter Systementwicklung (1984)

Verantwortlich für:
Produktplanung, Marktplanung
Hardware-Entwicklung
Betriebssystem-Entwicklung

Gert H. Müller
Diplom-Kaufmann

Eintritt in die Deutsche Hollerith-Maschinen GmbH (1946)

Lehre als Werkzeugmacher
Studium der Wirtschaftswissenschaften, Universität Nürnberg (1949), Abschluß als Diplom-Kaufmann
Sachbearbeiter Organisation (1952)
Assistent des techn. Geschäftsführers (1956)
Leiter Organisation und Berichtswesen IBM Europa, Paris (1958)
Leiter Fertigungssteuerung (1963)
Leiter Werk Sindelfingen (1965)
Leiter Produktion (1975)
Mitglied der Geschäftsführung der IBM Deutschland (1976)
Leiter Technik (1985)

Berlin-Beauftragter der IBM Deutschland GmbH
Mitglied des Industrieausschusses der IHK Mittlerer Neckar
Mitglied des Verwaltungsrates des Helmholtz-Fonds e.V.
Kurator der Fachhochschule Konstanz
Kurator des Fraunhofer-Instituts für Arbeitswissenschaft und Organisation

Lothar F.W. Sparberg

Abitur
Kaufmännische Ausbildung
Wirtschaftsakademie

Eintritt in die IBM Deutschland (1952)
Verschiedene Führungsaufgaben u.a. im Finanzbereich und Auftragswesen (1952-1961)
Leitung Finanzwesen der IBM Deutschland (1962)
Assistent des Vice President Finanzwesens der IBM World Trade Corporation (1962-63)
Controller für die IBM Gesellschaften in Südamerika (1963-1966)
Controller der IBM Deutschland (1966-1968)
Stellvertretender Geschäftsführer der IBM Deutschland (1967)
Area General Manager bei der IBM Europa (1968-1971)
Geschäftsführer bei der IBM Deutschland für Bereich Finanzen und Verwaltung (1971-1980)
Leitung Unternehmensbereich Datenverarbeitung der IBM Deutschland (1980/81)
Stellvertretender Vorsitzender der Geschäftsführung der IBM Deutschland (1981-1983)
Vorsitzender der Geschäftsführung der IBM Deutschland (seit 1983)

Mitglied im Beirat der Allianz Versicherungs AG
Mitglied im Verwaltungsbeirat der Commerzbank AG
Mitglied im Wirtschaftsbeirat der Westdeutschen Landesbank
Mitglied im Beirat der Karlsruher Lebensversicherungs AG
Mitglied im Beirat der Schmalenbach-Gesellschaft
Mitglied im Vorstand des VDMA
Mitglied im Vorstand des Landesverbandes der badenwürttembergischen Industrie
Mitglied im Vorstand des Stifterverbandes für die deutsche Wissenschaft
Ehrensenator der Technischen Universität Karlsruhe
Mitglied der Kommission "Neue Führungsstruktur Baden-Württemberg" (1984/85)

Wolfgang Wild
Prof. Dr. rer. nat.

Studium der Physik an der Ludwig Maximilian Universität München (1948-53)
Diplom-Physiker (1953)
Promotion zum Dr. rer. nat. an der Ludwig Maximilian Universität München (1955)
Habilitation an der Universität Heidelberg für das Fach Theor. Physik (1960)

Wiss. Assistent am Institut für Theor. Physik der Ludwig Maximilian Universität München (Prof. Bopp) (1953-55)
Wiss. Assistent am Laboratorium für Techn. Physik der TU München (Prof. Maier-Leibnitz) (1955-57)
Wiss. Assistent am Institut für Theor. Physik der Universität Heidelberg (Prof. Jensen) (1957-60)
Universitätsdozent an der Universität Heidelberg (1960) Auslandsaufenthalt (MIT, University of Illinois)
Annahme eines Rufes auf eine a.o. Professur für Theor. Physik an der FU Berlin (1. Januar 1961)
Annahme eines Rufes auf eine o. Professur für Theor. Physik an der TU München (16. November 1961)
Mitglied des Strukturbeirats für die Universität Regensburg (1966)
Vorsitzender des Strukturbeirats für die Universität Bayreuth (mit den Funktionen eines Gründungsrektors) (1971)
Vizepräsident der Universität Bayreuth (im Nebenamt) (1973-76)
Ehrensenator der Universität Bayreuth (1977)

Berufung in den Wissenschaftsrat (1979)
Dekan der Fakultät für Physik der TU München (1979)
Präsident der TU München (seit 1. Oktober 1980)

Egon O. Winkelmann

Studium der Elektrotechnik in Essen (1950-1953)

Eintritt in die IBM Deutschland (1954)

Verschiedene Führungsaufgaben im Techn. Außendienst (1954-1965)
Assistent Leitung Techn. Außendienst (1965-1967)
Leiter Technischer Außendienst in Lateinamerika (1967-1970)
Leiter Technischer Kundendienst der IBM Deutschland (1970-1977)
Direktor Technischer Außendienst Service Operations IBM Europe (1977-1980)
Direktor Technischer Außendienst - GBG (General Business Group) (1980-1982)
Leiter Geschäftsbereich Service IBM Deutschland (1982-1984)
Leiter Speicherwerke Mainz und Berlin (seit 1984)